U0104962

古典文獻研究輯刊

三二編

潘美月・杜潔祥 主編

第 15 冊

《周易玩辭困學記》校證
（第三冊）

陳 開 林 著

國家圖書館出版品預行編目資料

《周易玩辭困學記》校證（第三冊）／陳開林 著 -- 初版 -- 新
北市：花木蘭文化事業有限公司，2021〔民110〕
目 4+160 面；19×26 公分
（古典文獻研究輯刊 三二編；第 15 冊）
ISBN 978-986-518-396-7（精裝）
1. 易經 2. 易學 3. 研究考訂
011.08 110000580

ISBN-978-986-518-396-7

9 789865 183967

古典文獻研究輯刊
三二編 第十五冊 ISBN：978-986-518-396-7

《周易玩辭困學記》校證（第三冊）

作 者 陳開林
主 編 潘美月、杜潔祥
總 編 輯 杜潔祥
副總編輯 楊嘉樂
編 輯 許郁翎、張雅淋 美術編輯 陳逸婷
出 版 花木蘭文化事業有限公司
發 行 人 高小娟
聯絡地址 235 新北市中和區中安街七二號十三樓
　　　　　 電話：02-2923-1455 ／傳真：02-2923-1452
網 址 http://www.huamulan.tw 信箱 service@huamulans.com
印 刷 普羅文化出版廣告事業
初 版 2021 年 3 月
全書字數 585776 字
定 價 三二編 47 冊（精裝）台幣 120,000 元
版權所有・請勿翻印

《周易玩辭困學記》校證
（第三冊）

陳開林 著

目
次

第二冊

《周易玩辭困學記》卷八

大壯䷡乾下震上

　　大壯：利貞。壯，強大也。《六書正譌》：從士，強大莫如士也。楊止菴曰〔註1〕：「從土，以土培植寖盛寖長之義。」《石經》從士。

　　《彖》曰：「大壯」，大者壯也。剛以動，故壯。「大壯，利貞」，大者正也。正大，而天地之情可見矣。

　　《易》以陽為大。陽動於《復》，長於《臨》，交於《泰》，至四而後壯。卦以初、二為少，三、四為壯也。天地間，柔者不能壯，惟剛故壯。剛而不動，亦無由見其壯。下乾上震，剛以動，故壯。〔註2〕既值壯盛，更無巧法，惟「利貞」為第一義。卦詞戒其「利貞」，《彖傳》言其本正。齊節初曰〔註3〕：「『大者壯』，以氣言。『大者正』以理言。」

<hr />

〔註1〕楊時喬《周易古今文全書》卷五《大壯》：「左旁從爿，右旁從土。……加以土培植生機，以不發露，預養日生，而上寖長寖盛。」(《四庫全書存目叢書》經部第8冊，第562頁)

〔註2〕楊簡《楊氏易傳》卷十二《大壯》：「陽為大，陰為小。君子為大，小人為小。大壯在天地，則為四陽之長，陽氣甚壯。……天下之柔者不能壯，惟剛故壯。雖剛而不動，亦無由見其壯。下卦乾剛，上卦震動，天然義見，故曰『剛以動』。」

〔註3〕見董真卿《周易會通》卷七《大壯》、胡廣《周易大全》卷十三《大壯》、葉良佩《周易義叢》卷七《大壯》、張獻翼《讀易紀聞》卷三《大壯》。又見姜寶《周易傳義補疑》卷五《大壯》、來知德《周易集注》卷七《大壯》，不言係引用。又見王漸逵《讀易記》卷中，稱「節齋蔡氏曰」。

凡人說到情字，便不正大。聖人說惟「正大」乃見天地之情，不正則不大，不大則不正，「正大而天地之情見」。天地之於人，有何愛憎，蕩蕩平平，並生並育而已。「壯趾」、「用罔」，皆無得於天地之情者也。《傳》言「天地萬物之情」者三：《咸》、《恒》、《萃》也。《壯》止言天地，不言萬物，萬物不能及天地之正大也。

《復》「雷在地中」，陽氣潛藏，「見天地之心」。《大壯》「雷在天上」，陽氣發動，「見天地之情」。

錢塞庵曰〔註4〕：「剛者，壯之德也。動者，壯之時也。時動而動謂之貞。待時而動，二之『貞』也。時至而動，四之『貞』也。非時而動，則初之『壯趾』、三之『用罔』矣。」故《繫辭》曰『大壯則止』。何閩儒曰〔註5〕：「『剛以動故壯』，說者乃以壯不可過剛，當濟之以柔，失成卦之義矣。」

胡仲虎曰〔註6〕：「《觀》四陰不取小者之壯，而以二陽在上為觀。《大壯》則以四陽為大者之壯，而猶恐大者或失其正，小者得以乘之也。戒以『利貞』，其拳拳君子之意可知矣。」

《象》曰：雷在天上，大壯。君子以非禮弗履。

張敬夫曰〔註7〕：「古人云：『自勝之謂強。』〔註8〕夫『酒清人渴而不敢飲，肉甘人饑而不敢食』〔註9〕，非強有力者不能也。」

朱元晦曰〔註10〕：「人之克己，當如雷在天上，方能克去非禮。若半上半落，濟不得事。」

〔註4〕見錢士升《周易揆》卷五《大壯》。

〔註5〕見何楷《古周易訂詁》卷四《大壯》。

〔註6〕見胡炳文《周易本義通釋》卷二《大壯》。

〔註7〕張載《橫渠易說》卷二《大壯》：「克己，下學上達交相養也。下學則必達，達則必上，蓋不行則終何以成德？明則誠矣，誠則明矣。克己要當以理義戰退私己，蓋理乃天德，克己者必有剛強壯健之德乃勝己。『雷在天上，大壯。君子以非禮弗履』，夫酒清人渴而不敢飲，肴乾人飢而不敢食，非強有力者不能。」

〔註8〕語見《韓非子·喻老》。按：《老子》：「勝人者有力，自勝者強。」程頤《伊川易傳》卷三《大壯》：「古人云：『自勝之謂強。』」

〔註9〕語見《禮記·聘義》。

〔註10〕黎靖德《朱子語類》卷七十二：「或問伊川『自勝者為強』之說如何。曰：『雷在天上，是甚威嚴。人之克己，能如雷在天上，則威嚴果決，以去其惡，而必於為善。若半上落下，則不濟事。何以為君子，須是如雷在天上，方能克去非禮。』」

初九：壯於趾，征凶，有孚。

《象》曰：「壯於趾」，其孚窮也。

初陽在下，好剛喜事，既「壯於趾」而「征凶」矣。聖人復書「有孚」，以暴白其心事，蓋不以成敗埋沒其精神也。爻言「壯於趾」，猶未凶也，「征」則凶象。不論其征不征，並不問其凶不凶，只是「壯於趾」知其孚之必窮。夫人患不孚耳，若「壯於趾」則雖孚亦窮，此聖人作《易》之微意也。「初居下，有趾之象。九有壯之象，陽實有孚之象。」〔註11〕私記。

九二：貞吉。

《象》曰：九二「貞吉」，以中也。

《注》〔註12〕：「居得中位，以陽居陰，履謙不亢，是以『貞吉』。」呂伯恭曰〔註13〕：「九二之爻，聖人不加一詞，而直謂之『貞吉』者，蓋直指大壯之體，以示人也。人見說大壯，將謂直是猛屬，不知只在剛柔得中。二，柔也。九，剛也。」居卦之中，中也。不激不阿，是君子所謂吉也。

九二以陽居陰，非貞也，而曰「貞吉」，故《象》歸本於中以發明。中即貞之意。

九三：小人用壯，君子用罔，貞厲。羝羊觸藩，羸其角。

《象》曰：「小人用壯」，君子罔也。

大壯之壯本屬君子，而今乃為小人所用者，何也？上六窮陰，九三重剛，剛壯則輕敵，陰窮則謀深，君子悻悻然自恃其氣類之眾、名義之直，何其壯也！小人從旁睨視，以為此可乘而用也。委蛇異順，令君子之氣益驕而志益滿，毫不以小人為念。是小人用君子之壯以愚君子，君子為小人所愚而用罔也。〔註14〕「用壯」語氣與使貪使詐相似，此絕妙機權，墮其術中而不悟者

〔註11〕見曾朝節《易測》卷六《大壯》。
〔註12〕王《注》見《周易正義》卷六《大壯》。
〔註13〕見呂祖謙《麗澤論說集錄》卷二《門人集錄易說下》。
〔註14〕蘇軾《東坡易傳》卷四《大壯》：「羊，九三也。藩，上六也。羸，廢也。九三之壯施於上六。上六窮陰也，九三壯陽也，以壯陽觸窮陰，其勢若易易然。然而陽壯則輕敵，陰窮則深謀，故小人以是為壯，而君子以是為罔已也。以陽觸陰，正也，而危道也，是以君子不觸也。」
李中正《泰軒易傳》卷四《大壯》：「九三以剛居剛，過於剛而用壯者也。天下之理，革堅則兵利，城成則衝生，恃壯以與物角，未有不為所勝者。夫用壯者，小人之壯；用罔者，君子之壯。用壯者，處壯而用其壯者也；用罔者，

也，雖貞亦厲。「觸藩」、「羸角」，正「貞厲」之象。「羊喜於鬭而狃於勝，喜於鬭故技止於一觸之勇，狃於勝故怒及於無心之藩。藩無心而能繫角，易往而難反。」〔註15〕士君子當為神龍，不當為羝羊；當蕩除城府，不當自樹藩籬。自壞頭角，非正大氣象。《象》稱述爻詞，而去一「用」字，此有二解。一則謂小人用壯由於君子之罔〔註16〕，蓋罪之也；一則謂小人用壯是其本色，不意君子而亦罔也〔註17〕，蓋惜之也。私記。

王輔嗣曰〔註18〕：「《大壯》。未有違謙越禮能全其壯者也，故陽爻皆以處陰位為美。用壯處謙，壯乃全也；用壯處壯，則觸藩矣。」

《彖詞》「利貞」乃處壯之道，爻詞各隨時位發明利貞之義。大抵大壯之時，以不恃其壯為貞〔註19〕。故同一貞也，九二、九四貞而吉，九三貞而厲，則重剛不重剛之故也。《彖》言「剛以動，故壯」，而公於重剛之爻，備言「用壯」、「用罔」之害，兩聖互相發明如此。私記。

胡仲虎曰〔註20〕：「《大壯》九三即《遯》九四，兩爻皆分君子小人。在《遯》者其詞平，在《壯》者其詞危，聖人之意深矣。」

處壯而不有其壯也。壯而用之以罔，則不怒之威甚於鈇鉞，愧人以禮甚於芒刺。剛處剛者，貞也，亦危道也。四陽在下，如群羊狠而上進；二陰在上，如藩籬蔽乎其前。大壯肖兌，故有羊象。三所應者，上也，而志欲去之者，在上之二陰也。夫陽長而壯，陰退而窮，惡用極力以去就盡之窮陰哉？以壯陽觸窮陰，其勢若易。然陽壯則輕敵，陰窮則謀深，以壯陽觸窮陰，正也，危道也，君子不為也。」

〔註15〕楊萬里《誠齋易傳》卷九《大壯》；「九三，強之極也。其強可以果於勿用，不可以果於用，故聖人戒之曰用之則為小人，勿用則為君子。小人如羝焉，喜於鬭而狃於勝，喜於鬭故技止於一觸之勇，狃於勝故怒及於無心之藩。然藩無心而能繫角，易往而難反，終羈縶其角而後已。」

〔註16〕張振淵《周易說統》卷五《大壯》；「鄭孩如曰：『小人之用壯，以君子之罔之也。藐之以為不足滅，而輕與之角，小人將盡力於我矣。蜂蠆有毒，而可輕乎？』」

〔註17〕魏濬《易義古象通》卷五《大壯》；「罔者，不揣事理，不察時勢，似掩了雙目而行，惘惘然視天下事皆若無有，不足關其心目者。不曰君子用壯而曰君子用罔，君子身處壯中，不是用壯，乃為壯所用耳。如此則君子與小人兩相角逐，無復是非邪正之別矣，故曰『小人用壯，君子罔也』。甚之也，亦惜之也。」

〔註18〕見王弼《周易略例‧卦略》。

〔註19〕張振淵《周易說統》卷五《大壯》：「此爻全重一『貞』字。貞只是不恃其壯意。」

〔註20〕見胡炳文《周易本義通釋》卷二《大壯》。

錢塞庵曰〔註21〕：「《論語》：『學而不思則罔。』《少儀》：『衣服不知其名曰罔。』言其冥行不明於事機也。」

卦體似兌，兌為羊。牡羊曰羝，陽象。羸與纍通。震為木、為竹、為萑葦，藩籬之象。

九四：貞吉，悔亡。藩決不羸，壯於大輿之輹。

《象》曰：「藩決不羸」，尚往也。《字書》：決本作決。《石經》作決。從水從夬。俗從冫從夬，誤。

卦以剛動得名，而四為動主，成卦之義在此一爻〔註22〕，必貞然後吉而悔亡。貞即二之貞也。何言乎「吉，悔亡」也？陰者羊之藩，陽者車之輹，藩決則彼壅已通，輹壯則此進甚便，所謂「貞吉，悔亡」者如此。《象》單釋「藩決不羸」一句，蓋藩之決不決、角之羸不羸，在心不在境。胸中不立城府，世路自無荊榛，故曰「尚往」，言如此庶幾其可往也。私記。

《彖》曰「剛以動故壯」，初九、九三以陽居陽，所謂「剛以動」也，而未免「征凶」，未免「羸角」；「『大壯，利貞』，大者正也」，九二、九四以陽居陰，所謂不正也，而二曰「貞吉」，四曰「貞吉」。於此有得，可以談《易》矣。私記。

卓去病曰〔註23〕：「九四『貞吉』與九二同，而四多『悔亡』、『藩決』、『壯輹』諸詞，然不若二之善也。九二言貞之外無剩義，言吉之外無剩占，簡言之而其德全也，淡言之而其旨蘊也。《象》亦約略指之，而其義奧也。」「吉人詞寡」，其斯之謂與？

胡仲虎曰〔註24〕：「《易》、《春秋》美惡不嫌同詞。九二因中得正曰貞吉，許之也；九四不中不正曰貞吉，戒之也。」

輹，車下橫木。四陽在下，輹壯之象。

六五：喪羊於易，無悔。

《象》曰：「喪羊於易」，位不當也。

〔註21〕見錢士升《周易揆》卷五《大壯》。
〔註22〕張振淵《周易說統》卷五《大壯》：「按：卦以剛動得名，九四震主，所以動者，故此爻為成卦之主也。」
〔註23〕見卓爾康《周易全書·大壯》。四庫全書存目叢書補編第90冊，第338頁。
〔註24〕見胡炳文《周易本義通釋》卷二《大壯》。

　　四陽盛長，五爻變即為《夬》矣，是泰之所以為壯者。四而壯之，所以不為夬者，五也。四陽並驅，而前藩決興壯，何等氣象！忽遇柔爻，技無所施，勇無可賈，若「喪羊於易」者然。夫「泰山之高百仞，而跛羊牧其上」〔註25〕，羊何以喪於易也？泰山不如平地，大縱於廣漠之野，遊於無何有之鄉，而後知「觸藩」、「羸角」固羊性使然，亦由編籬插棘有以致之也。私記。

　　此卦四陽爻論用剛之道，二陰爻論御剛之術，無非欲大者無失。其為大壯者，常保其為壯而已。六五於陽盛之世，忽變柔爻，聖人觀象，覺別是一番世界，別是一種道理，而繫之曰「喪羊於易」，向來「觸藩」、「羸角」都化為烏有，豈非善全其壯耶？凡事有以喪而悔者，有以喪而無悔者，有以位當而得者，有以位不當而得者，神而明之，存乎其人，易道之所以為大。

　　潘去華曰〔註26〕：「四以剛居柔，故『藩決』而『悔亡』。六五以柔居剛，故羊喪而『無悔』。四之所決，即九三所觸之藩；五之所喪，即上六不退之羊。」

　　胡仲虎曰〔註27〕：「《旅》上九『喪牛於易』，牛性順，上九以剛居極，不覺失其所謂順。此曰『喪羊於易』，羊性剛，六五以柔居中，不覺失其所謂剛。」

　　昔桓溫盛氣入朝，將移晉室，召謝安及王坦之，欲害之。坦之問計於安，安曰：「晉室存亡，在此一行。」既見溫，坦之倒執手板，安從容就席，謂溫曰：「安聞諸侯有道，守在四隣。明公何須壁後置人耶？」溫笑曰：「正自不得不爾。」笑語移日，卒寢狂謀。以此擬「喪羊」，最為親切。但四陽非桓溫之輩。私記。

　　陸公紀「易」作「埸」〔註28〕，田畔地也。震為大塗埸之象也。《漢·食貨志》「埸」作「易」。〔註29〕

　　上六：羝羊觸藩，不能退，不能遂，無攸利。艱則吉。

　　《象》曰：「不能退，不能遂」，不詳也。「艱則吉」，咎不長也。

〔註25〕語見司馬遷《史記》卷八十七《李斯列傳第二十七》。
〔註26〕見潘士藻《讀易述》卷六《大壯》。按：此語早見項安世《周易玩辭》卷七《大壯·喪羊於易》。張振淵《周易說統》卷五《大壯》亦引，即稱「項平菴曰」。
〔註27〕見胡炳文《周易本義通釋》卷二《大壯》。
〔註28〕項安世《周易玩辭》卷七《大壯·喪羊於易》：「晁說之氏曰：易，古文疆埸字也。今按：埸在兩界之間，常有喪失牛羊之事，故聖人取之以為兩爻相易之象。」
〔註29〕黎靖德《朱子語類》卷七十二：「又曰：『喪羊於易』，不若作疆埸之易。《漢·食貨志》『疆埸』之『埸』正作『易』，蓋後面有『喪羊於易』，亦同此義。」

九三純剛，居乾體之極。上六純陰，居震體之極。「有應於三，不能抑之而使退，懼剛之長，又不能遂之而使進。」〔註30〕三角固被羸，上藩亦終壞，彼此兩傷，故「無攸利」。〔註31〕《象》曰「不詳」，言非羊之故也。若知難而審處，則「吉」而「咎不長」矣。

蘇子瞻曰〔註32〕：「羊，九三也。藩，上六也。自三言之，三不應觸其藩。自上言之，上不應羸其角。二者皆不計其後，而果於發者，方其前不得遂，而退不得釋也。豈獨羊之患？雖我則何病如之。且未有羊羸角而藩不壞者也，故『無攸利』。均之為不利也，則以知難而避之為吉。」

胡仲虎曰〔註33〕：「五、上皆陰，五已喪羊，上又取羝羊觸藩者，五喪羊專以一爻言也，上羝羊合一卦而言也。」上六亦非陰邪小人與君子為難者，但氣類不同，意見各別，猶漢文時絳、灌之屬也。諸陽盛長，喜功名，而上六頗以為多事，不能抑之使退，亦不能延攬而遂其進，分明是賈長沙、董江都局面。私記。

陸庸成曰〔註34〕：「『大者壯』也，故四陽有壯，五、上無壯。『大者正』也，故四陽有貞，五、上無貞。初不言貞，壯之累也。二不言壯，貞之全也。」四與五同義，可以知其近相取也。上與三同辭，可以知其遠相取也。

晉☷坤下離上

晉：康侯用錫馬蕃庶，晝日三接。《說文》：「晉，進也。日出萬物，進也。從日從臸。」毛氏曰：晉字上從兩至，今省作亞，亦省作亞，非亞也。

《象》曰：晉，進也。明出地上，順而麗乎大明，柔進而上行，是以「康侯用錫馬蕃庶，晝日三接」也。

〔註30〕見焦竑《易筌》卷三《大壯》。

〔註31〕胡一桂《易本義附錄纂疏》周易下經第二《大壯》：「愚謂九三居乾體之極，在下卦之上，剛動而欲進；上六居震體之極，在上卦之上，動極而在上。故皆取羝羊用角之義。又三與上為正應，本當有合者也。然三欲進而為四所隔，故羸其角而不能應乎上。上雖與三為應，而窮於上，故既不能退而得乎三，又不能遂而成其進，故無攸利。必艱難自守以待之，庶可成其吉耳。」

〔註32〕見蘇軾《東坡易傳》卷四《大壯》。

〔註33〕見胡炳文《周易本義通釋》卷二《大壯》。

〔註34〕見張振淵《周易說統》卷五《大壯》。

　　「《大有》明在天上，其明最盛，有大之義。《晉》『明出地上』，其明方新，有進之義。」〔註35〕「『明出地上』者，晉之時順；而『麗乎大明』者，晉之人。『柔進上行』者，晉之主也。」〔註36〕

　　胡仲虎曰〔註37〕：「『康侯』者，安民之侯，非以功名顯者也。下之務進者易生事以徼寵，今多受大賜而顯被親禮者，惟治安之侯明不欲以多事擾天下也。君以柔道致治，臣以順德承之，明良一心，其所以為晉明之時乎？」

　　朱康流曰〔註38〕：「易道貴剛，而六五在離體者凡八，聖人無不以柔之得位為美，以其明也。」

　　趙氏曰〔註39〕：「三《象》曰『志，上行』則柔進，『上行』指三明矣。柔之上行凡四：《噬嗑》、《睽》、《鼎》皆言得中，故上行謂六五；惟《晉》不言得中，是六五為下接之君，而六三為上行近五之侯也。」

　　康侯即《考工記》所謂「寧侯」也。〔註40〕民功曰康，《書》所謂「康功」是也。坤為牝馬為眾錫，馬蕃庶之象。離為日而在上，晝日之象。三陰，三接之象。《周官·校人》：「天子十有二閒，馬六種。邦國六閒，馬四種。凡朝覲會同，毛馬而頒之」，「錫馬蕃庶」也。《大行人》：「公之禮，三享，三問三勞」，「晝日三接」也。姚氏小彭曰〔註41〕：「『晝日三接』，王接侯之禮也。覲禮，延升一也。覲畢，致享，升致命，二也。享畢，王勞之，升成拜，三也。」

〔註35〕見張振淵《周易說統》卷五《晉》。按：胡炳文《周易本義通釋》卷二《晉》：「《大有》明在天上，其明最盛。《晉》『明出地上』，其明方新，有進義。」胡氏之說又見胡廣《周易大全》卷十三《晉》、錢士升《周易揆》卷五《晉》。曹學佺《周易可說》卷三《晉》：「『明出地上』，其明方新，有晉之象。」

〔註36〕見沈一貫《易學》卷五《晉》。

〔註37〕見胡炳文《周易本義通釋》卷二《晉》。

〔註38〕見朱朝瑛《讀易略記·晉》。（《四庫全書存目叢書》經部第 24 冊，第 780～781 頁）

〔註39〕趙汝楳《周易輯聞》卷四《晉》：「柔之上行凡四見：如《噬嗑》、如《睽》、如《鼎》皆言得中，唯《晉》不言。蓋三卦之六五本在初與二，進五而得中，故知上行為六五。《晉》六五不動，無所謂得，是六五為俯接康侯之君，三陰為上行近君之侯。故上行不得指為六五，況聖人於六三有上行之辭乎？」

〔註40〕吳澄《易纂言》卷二《晉》：「康侯，安康之侯，猶《考工記》所謂寧侯也。」焦竑《易筌》卷三《晉》：「康侯，《考工記》曰：『毋或若女不寧侯，不屬於王所』，康侯即寧侯也。」

〔註41〕見項安世《周易玩辭》卷七《晉·象》。

《象》曰：明出地上，晉。君子以自昭明德。

胡仲虎曰〔註42〕：「至健莫如天，君子以之自強。至明莫如日，君子以之自昭。」

王汝中曰〔註43〕：「君子之學，欺曰自欺，慊曰自慊，復曰自復，得曰自得，明曰自明，昭曰自昭，知曰自知，甚而暴曰自暴，棄曰自棄，皆非有待於外也。」袁云〔註44〕：「靠講論發揮非自也，靠博問充拓非自也，靠意見窺測非自也。吾德本明，吾自昭之而已。」

胡庭芳曰〔註45〕：「合兩體成一卦。《大象》夫子只以卦之重者論。如此卦，只取離明之義。蓋有不必盡論兩體者，即此亦可以推他卦矣。」

初六：晉如摧如，貞吉。罔孚，裕无咎。裕從衣。

《象》曰：「晉如摧如」，獨行正也。「裕无咎」，未受命也。

六二：晉如愁如，貞吉。受茲介福，於其王母。

《象》曰：「受茲介福」，以中正也。

焦弱侯曰〔註46〕：「仕進之日，剛躁者欲速銳進〔註47〕。初、二皆柔體，初自抑而『如摧』，二自斂而『如愁』，是即所謂貞，是即所謂吉。二『如』字乃擬其難進之意。象如此，非真有摧之愁之者也。『如』，注家所言幾於說夢矣。」「罔孚」者，以其應四而未之信也。「大抵仕進之初，人多有未信。罔孚在人，吾不可以不裕。」〔註48〕薛文清云〔註49〕：「人未己知，不可急求其知。人未己合，不可急求其合。」此名言也。識得「裕」字，減多少躁妄之心，增多少道義之氣。「獨行正」是推原所以摧如之故。「未受命」者，聖人恐後人不

〔註42〕見胡炳文《周易本義通釋》卷四《象下傳》。

〔註43〕見王畿《大象義述》（《王畿集》，第665頁），無「知曰自知，甚而暴曰自暴，棄曰自棄」。

〔註44〕見張振淵《周易說統》卷五《晉》，稱「袁了凡曰」。

〔註45〕見董真卿《周易會通》卷七《晉》、胡廣《周易大全》卷十三《晉》。又見張獻翼《讀易紀聞》卷三，不言係引用。

〔註46〕見焦竑《易筌》卷三《晉》。

〔註47〕「剛躁者欲速銳進」，《易筌》作「無識者或志得意滿以取敗」。

〔註48〕胡炳文《周易本義通釋》卷二《晉》：「凡始進，必資薦引。四應不中正，乃若相摧抑者。進之初，人多有未信者。然摧如在彼，而吾不可以不正；罔孚在人，而吾不可以不裕。」

〔註49〕見谷中虛《薛文清公要言》卷上。

達寬裕之義，故以「未受命」洗發爻外之意。坤體含弘，裕之象。以中正見福，非無因而至愁，有吾斯未信之意。

人不可無志於功名。志功名而欲速媒進，比匪枉道，如柳子厚、劉禹錫之徒，一蹶不收，此亦急功名之殷鑒也。張忠定謂寇公用太早，仕太速，蒼生無福。固知仕進之際，迂迴遲重，非徒身名康泰，國家亦受其福，故皆曰貞吉。私記。

六二，《彖》之所謂「康侯」也。《彖》蕃馬三接，即爻所謂「介福」。《彖》言「錫」，爻言「受」，互文也。介，大也。「六五以陰居尊，故象王母。」〔註50〕

六三：眾允，悔亡。

《象》曰：「眾允之志」，上行也。

三為諸陰之長，與四相比，眾所易疑而曰「眾允」，此非以形跡論也。獲上信友，全憑此志。三志在上，行非碌碌圖富貴之人，眾有何疑？已有何悔？若虛聲鼓動，意氣相附，到底相疑相忌，亦自悔其初心矣。「眾允」與「罔孚」相應。

《晉》與《升》義類相同，皆柔德用事之卦也。《升》之初曰「允升，《象》曰「上合志」；《晉》之三曰「眾允」，《象》曰「志上行」。《升》之初、上隔於二陽，《晉》之三、上隔於一陽。《升》之初與二陽同志者也，《晉》之三與一陽不同志者也，故《升》之初曰「合志」，曰「大吉」；《晉》之三曰「志上行」，曰「悔亡」。私記。

九四：晉如鼫鼠，貞厲。

《象》曰：「鼫鼠，貞厲」，位不當也。

〔註50〕張載《橫渠易說》卷中《晉》：「六五以陰居尊，故稱王母。」丁易東《周易象義》卷五《晉》：「六五以陰居尊，王母也，故有受福王母之象。」呂祖謙《麗澤論說集錄》卷二《門人集錄易說下》：「王母乃六五也。以陰居尊位，乃王母之象。」梁寅《周易參義》卷二《晉》：「王母，以陰居尊者也。」吳澄《易纂言》卷二《晉》：「五君位，以陰居尊，王母之象。」郝敬《周易正解》卷十一《晉》：「五以陰居尊，是為王母。」何楷《古周易訂詁》卷四《晉》：「五君位，以陰居尊，王母之象。」季本《易學四同》卷二《晉》：「王母，以陰居尊位言，指六五也。」楊爵《周易辨錄》卷三《晉》：「王母，祖母，謂六五以陰居尊之象也。」

　　方以類聚，物以群分。柔主在上，康侯在下，四以一陽橫踞於其間，非其氣類。擬之於物，如鼠之夜行晝伏，無大害而有可厭。凡偶而富貴可羞可鄙者，皆此類也。夫鼠亦世間之物，四亦卦中之人，並生並育，未嘗非正也。然人生世上，無論賢愚貴賤，各宜悠然自得。如四者，捫心自愧，亦大危矣。若是者何也？人各有位，人與位相稱則安，不相稱則愈崇高愈觭脆，畏首畏尾，又何怪哉！私記。

　　四處大明之下，晝伏者也。坤晦〔註51〕之上，夜動者也。故曰「鼫鼠」。又離下而上，進退未定，亦首鼠兩端之象。

　　郝仲輿曰〔註52〕：「天下何治無亂？何盛世無小人？聖人憂患作《易》，故於晉明之世，著鼫鼠之戒。」

　　胡仲虎曰〔註53〕：「《解》以陰居陽，象狐。《晉》以陰居陽，象鼠。狐性疑，《解》當去其疑。鼠性貪，《晉》當去其貪。」

　　朱康流曰〔註54〕：「此與《豫》之九四皆下據三陰，上承柔主。於《豫》之六三曰『位不當』，九四曰『志大行』。於此之六三曰『志上行』，九四曰『位不當』。《象》同而義則相反者，何也？《豫》以四為主，此以五為主也。五為主者，正也；四為主者，變也。故《豫》之三陰，四得而有之，故以得眾為四功，不得而私之，故以私比為三罪。此之三陰，四不得而有之，又豈得而阻之？不得而有之，故以上行為三美〔註55〕，不得而阻之，故以阻眾為四責。」

　　鼫鼠，《廣韻》以為螻蛄，則非鼠矣；《玉篇》以為形大如鼠，頭似兔，尾有毛，青黃色，則又鼠之異者也。蔡邕以為五技鼠，能飛不能過屋，能緣不能窮木，能游不能度〔註56〕谷，能穴不能掩身，能走不能先人，則飛鼠也。郭景純以為形大如鼠，好在田中食粟豆，則田鼠也。《廣韻》「鼫」字與「碩」字同類，二字從石，皆音石。《詩‧碩鼠》刺貪。〔註57〕

〔註51〕「晦」，四庫本作「悔」。
〔註52〕見郝敬《周易正解》卷十一《晉》。
〔註53〕見胡炳文《周易本義通釋》卷二《晉》。
〔註54〕見朱朝瑛《讀易略記‧晉》。（《四庫全書存目叢書》經部第24冊，第781頁）
〔註55〕「美」，《讀易略記》作「勸」。
〔註56〕「度」當作「渡」。
〔註57〕此一節見來知德《周易集注》卷七《晉》。

六五：悔亡，失得勿恤。往吉，無不利。

《象》曰：「失得勿恤」，往有慶也。

「眾允」而「悔亡」者，六三是也。不言「眾允」而「悔亡」者，六五是也。悔與恤相為本末，悔則恤，恤則悔，膠膠擾擾，總此得失，一念誤之也。五為大明之主，天下臣民莫不順麗，但恐心體未純，有得有失，非帝王高明廣大之度耳。若「悔亡，失得勿恤」，則「往吉」而「無不利」矣。夫得失亦人情所必謀也，胡以勿恤？「恤失得者，求治必太急，求人必太備，責效於旦夕，而使天下匿情以逃責，贗文以要功」〔註58〕，有何吉利之有？聖人破其障礙，曰「失得勿恤」，則自此而往，心體恬愉，吉也。大政小事，旁行四達，無不利也。《象》復申之以「往有慶」，所以讚美者靡不至矣。嗟乎！不計功謀利則事不成，沾沾計功謀利則事亦不成，此中消息，惟聖人能知之，惟聖人能行之，非可以凡心測也。

凡居官而計升沉，作事而防悔譽，學道而不能忘情於生死，皆失得之類也。有一於此，胸中便凝滯障礙，如何推之而準、動之而化？故《无妄》六二曰「不耕穫，不菑畬」，則「利有攸往」。私記。

胡仲虎曰〔註59〕：「《彖》惟《升》言『勿恤』，《豐》言『勿憂』，爻則《泰》九三、《家人》九五、《萃》初六皆言『勿恤』。事有不必憂者，『勿恤』，寬之之詞也；有不當憂者，『勿恤』，戒之之詞也。」

上九：晉其角，維用伐邑。厲吉无咎，貞吝。

《象》曰：「維用伐邑」，道未光也。

何闓儒曰〔註60〕：「卦惟二剛，四處卦內，為竊弄威福之貴臣；上處卦外，為掌握兵權之重臣。夫橫隔上下之交者，四也。上聲罪伐之，於以斜主慝而開三陰之塗，四敢與抗哉？雖危而獲吉，且於義為无咎。然上有大明之君，下有柔順之臣，彼鼫鼠者貪而無所得，終戰身而退耳，亦何以伐為？故曰『貞吝』，言其義雖正，而道則吝，以明六五之世無所事此也。」蓋鼫鼠五技而窮，聖人不以豺狼蛇蠍擬四，而以鼠擬四，則四原非溫、懿、莽、操之輩也。

〔註58〕見沈一貫《易學》卷五《晉》。
〔註59〕見胡炳文《周易本義通釋》卷二《晉》。
〔註60〕見何楷《古周易訂詁》卷四《晉》。

《象》揆之於道，而曰「未光」，受病在「維用」二字，蓋晉角之象，巍峨岌嶪，如龍首抗殿，原是世間偉人，乃不用之遠者大者，而悻悻然維以伐邑為事，畢竟是急功名、尚意氣之人，非康侯作用，亦非聖賢蕩平之道，故曰「未光」。私記。○〔註61〕「道未光」單釋「貞吝」二字。

卦以柔進得名，故柔爻多吉，晉之道不利於剛也。初、二欲進未能，三始出地上，率眾柔俱進，晉之為晉，六三當之。五為接柔之主。四以剛居下，畏伏如鼠。上以剛居外，嚴毅如角，不得不伐以正之。此六爻之情也。〔註62〕

明夷☷☲離下坤上

明夷：利艱貞。《說文》：明，照也。夷，平也。按：凡物必有所鑱削，然後得平，故轉注為傷。《序卦》曰：「夷者，傷也。」《字書》：夷從大從弓。俗從戈，非。

《彖》曰：明入地中，明夷。內文明而外柔順，以蒙大難，文王以之。「利艱貞」，晦其明也。內難而能正其志，箕子以之。「利艱貞」二句，宜在「明入地中」下。

「以二體言，則離明也，傷之者坤；以六爻言，則初至五皆明也，傷之者上。」〔註63〕文王得全卦之義，箕子得六五一爻之義。文王之難關天下，故曰「大」；箕子之難在同室，故曰「內」。二聖所處不同，所以事暗君者均為盡善，故夫子兩言以發明其義，「利艱貞，晦其明也」，明即貞，晦即艱也，多方韜晦，痛苦自知，故曰艱。內明外順即晦明之意，晦明而明在即志之正。〔註64〕

〔註61〕此處原為空格，今以「○」區分。

〔註62〕此一節見焦竑《易筌》卷三《晉》，稱：「卦以柔進得名，故卦內柔爻多吉，晉之道不利於剛也。初極下，二猶在地，皆欲進而未能。至三始出地上，率眾柔與之俱進，晉之為晉，六三當之。五為接柔之主。四以剛居下，以畏伏如鼠為正。上以剛居外，不得不伐以正之。六爻之情如此。」
另外，金貴亨《學易記》卷三《晉》：「卦內柔爻多吉，晉之道不利於剛也。」金氏之說，潘士藻《讀易述》卷六《晉》援引。除此句之外，焦氏所引見趙汝楳《周易輯聞》卷四《晉》。

〔註63〕胡炳文《周易本義通釋》卷二《明夷》：「以二體則離明也，傷之者坤；以六爻則初至五皆明也，傷之者上。」

〔註64〕錢士升《周易揆》卷五《明夷》：「文王得《明夷》全卦之義，箕子得六五一爻之義。以全卦言，內離外坤，二為內卦之主，互坎在外，故曰『蒙』；以六五一爻言，體陽居陰，是自晦其明也，互坎在內，故曰『內難』。坎為刑獄，故二難皆以幽內言之。文王之難關天下，故曰『大』；箕子之難在同室，故曰

　　論象則內離外坤，「明入地中」，為見傷之世。論德則內離外坤，自晦其明，為善處之道。遇此卦即有此卦之義，不必外求，此《易》之所以為妙。私記。

『內』。二聖所處雖不同，所以事暗君者均為盡善，故夫子兩言之以發明夷之義。『利艱貞，晦其明也』，語意承上起下。內明外順即『晦其明』之意，非專以艱貞屬箕子也。晦明而明在內，即志之正。」

金賁亨《學易記》卷三《明夷》：「卦辭本義是此，卦象傳又是一例。以全卦言，文王事以六五一爻言，箕子事皆發文王言外之意。文王之難關天下，故曰大；箕子之難在至親，故曰內。」

張元蒙《讀易纂》卷三《明夷》：「『利艱貞』者，言在此卦之中，惟艱貞者利也，貞則晦其明是也。加一『艱』字者，人之明出而揚之則順，反而韜之則逆，故必艱始得貞也。傳惟以五言之者，諸爻之可去者尚不須晦其明，唯六五也。至近於晦明之義尤切也。此《象傳》又是一例。以前卦言，文王事；以六五一爻言，箕子事。皆發文王言外意。文王之難關天下，故曰大；箕子之難在至親，故曰內。」張振淵《周易說統》卷五《明夷》：「張叔正曰：『文王之難關天下，故曰大；箕子之難在至親，故曰內。』」

章潢《周易象義》卷三《明夷》：「《象》曰『明入地中，明夷』，離為日，坤為地，日出地則明，日入地則晦，此卦之象也。以一卦言之，內文明而外柔順，以蒙大難。文王以之，文明之德蘊於內為離，而內不失己；柔順之德見於外為坤，而外不失人。是以雖難及天下之大，而不足以禍文王也。以六五一爻言之，利艱貞，晦其明也。內難而能正其志，箕子以之，惟以艱貞為利，固晦其明而辱其身，罹其艱而正其志，是以雖難及一家之內，而不足以禍箕子也。文王之難關天下，故曰大；箕子之難在至親，故曰內。二聖之難雖不同，所以處明夷、事暗君者為盡善矣。」

何楷《古周易訂詁》卷四《明夷》：「離為日，坤為地，日出地則明，入地則晦，此卦之象也。文王得《明夷》全卦之義，箕子得六五一爻之義。以全卦言，內則如離之文明，外之如坤之柔順，二、三、四互坎有難象。六二為內卦之主，互坎在外，故曰蒙。以六五一爻言，五體本陽，以六居之，為陰中藏陽，是自晦其明也；互坎在內，故曰內難。正其志即貞也，晦其明以正其志即艱以運貞也。文王、箕子大概皆是晦其明。然文王外柔順是本分，恁地做不期於艱貞而自貞者也。韓退之為《文王拘幽操》云：『臣罪當誅兮，天王聖明。』此語近諛近愚，而君子稱之，予其保身乎？保身乃聖人事，聖人不爾。聖人不曰『安其身而後動』乎，則未嘗不保身，而第保身不為聖人，此聖人轉移乾坤之道也。將感悟人主，而無以入其中，烏乎其可？雨暴不能入土，風暴不能入木，父不能暴化其子，而況於人臣乎？『內文明而外柔順，以蒙大難』，豈惟保身？抑感移人主而保天下至忠也。卒之力窮於天下，而未嘗不保其身，又《大雅》所稱『明哲』也。五近闇主，至親難去，事之不可，諫之不行，於是納此身於囚虜之中，佯狂於外，而正志於內，處之極艱難，此箕子之事。獨以『利艱貞』歸箕子者，箕子之艱更甚於文王，其生有重於死也。文王之難關天下，故曰大；箕子之難在至親，故曰內。二聖之所處雖不同，然所以事暗君者均為盡善矣。」

玩《象傳》辭義，「利艱貞」二句，宜在「明入地中」二句下，一釋卦名，一釋卦辭，而下引文王、箕子以發明艱貞之義，方為文從理順。《本義》以文王配卦名，以「利艱貞」專指六五，恐非經旨。私記。

《象》曰：明入地中，明夷。君子以蒞眾，用晦而明。

以蒙養正，以晦蒞眾。「蒞眾」者，以離照坤也；「用晦」者，以坤養離也。〔註65〕

質卿曰〔註66〕：「天下事所以破壞而大失人心者，只緣用明，而明何曾用。晦而明，智者用晦，愚者用明。」

初九：明夷。句。于飛，垂其翼。君子于行，三日不食。有攸往，主人有言。

《象》曰：「君子于行」，義不食也。

《明夷》六爻，其傷有遠近淺深之不同，其為利艱貞則一。〔註67〕下三爻，正明入地中者，故句首俱題之曰「明夷」，言其時也，傷之也；四、五則「明夷」在句中；上六不曰「明夷」而直曰「不明晦」。聖人下語，斟酌如此。

王輔嗣曰〔註68〕：「初處卦始，最遠於難。絕跡匿形，不由軌路，故曰『于飛』。懷懼而行，行不敢顯，故曰『垂翼』。志急於行，饑不遑食，故曰『三日不食』。殊類過甚，以斯適人，人必疑之，故曰『主人有言』。」

子瞻曰〔註69〕：「明夷者，自夷以全其明也。將飛而舉翼，必見縻矣，故『垂其翼』，所以示不飛之形也。方其未去，『垂其翼』，緩之至也。及其去，『三日不食』，亟之至也。」馮元敏曰〔註70〕：「辭豐而就約，則庸者怪。

〔註65〕吳澄《易纂言》卷六《明夷》：「蔡氏曰：『蒞，離象。眾，坤象。用晦，坤象。明，離象。』澄謂『蒞眾』者，以離照坤也；『用晦而明』者，以坤養離也。」何楷《古周易訂詁》卷四《明夷》：「『蒞眾』者，以離照坤也。用晦，坤象。明，離象。『用晦而明』者，以坤養離也。」錢士升《周易揆》卷五《明夷》：「《象》言『晦其明』，藏明於晦也。《象》言『晦而明』，生明於晦也。『蒞眾』者，以離照坤也；『用晦而明』者，以坤養離也。」張振淵《周易說統》卷五《明夷》：「羅一峰曰：『蒞眾者，以離照坤也。用晦而明者，以坤養離也。』」
〔註66〕見潘士藻《讀易述》卷六《明夷》。
〔註67〕錢士升《周易揆》卷五《明夷》：「《明夷》六爻，其傷有遠近淺深之不同，其貞亦不同，然利於艱則一。」
〔註68〕王《注》見《周易正義》卷六《明夷》。
〔註69〕見蘇軾《東坡易傳》卷四《明夷》。
〔註70〕馮時可《易說》卷三《明夷說上》。

未傷而先遯，則愚者疑。宜其有言也。聖人特為說破，欲君子不以人言介意。」

楊敬仲曰〔註71〕：「『垂其翼，三日不食』，君子初未嘗置己意於其間。苟彰著其行去之跡，是謂有攸往，是謂不垂其翼，主人將有言矣。」有垂翼之智，則有馬壯之才，天下事固非隱忍貪昧者之所能圖也。

《象》單釋「不食」一句，而以義斷之，蓋去就之際，戀戀不能割者。單為爵祿一念，判斷不下，所謂君親之恩繫縻於前，妻子之計推葺於後，若不以義裁決，則方寸亂矣，安能為脫兔投林之事哉？私記。

卦中六爻，凡七「于」字，其義有二。「于飛」、「于南狩」，于，往也。《周書》：「民獻有十夫予翼，以於。」餘五「于」字，于也，照尋常看。私記。

胡氏曰〔註72〕：「君子去就之義，皆於其初占之。《賁》之初不可乘而不乘，義也。《明夷》之初不當食而不食，亦義也。卦皆下離決去就之義於早，非智者不能也。」

六二：明夷。句。夷于左股。句。用拯。句。馬壯，吉。

《象》曰：六二之「吉」，順以則也。

二居卦中，當用事之地，受傷最切，故不徒曰明夷，又疊一字曰「夷于左股」，身受其痛，視垂翼者相去遠矣。聖人愛其身，以為天下受害既切，救不可緩，故用「拯」。其拯之也，非孱弱者所能，必「馬壯」而後「吉」。吉者，免禍而已。《象》曰「順以則」，聖人舉動，上順天心，下順人事，雖事越尋常，道無軌跡，要不逾於法度，所以杜天下邪行徑竇之念也。「順以則」單釋「吉」字，非順非則，縱免於禍，何吉之有？文王出羑里之事，可以當之。私記。

來矣鮮曰〔註73〕：左右二字，以體而言，則左陽右陰，如東西卯酉之序，陰陽之定位也，世之所以尚左也；以用而言，則右陽左陰，右常用事也，動者為陽，靜者為陰也，古人之所以尊右也。

〔註71〕見楊簡《楊氏易傳》卷十二《明夷》。
〔註72〕見胡炳文《周易本義通釋》卷四《象下傳》。
〔註73〕見蔡清《易經蒙引》卷五下《明夷》。非來知德之說。

九三：明夷。句。于南狩，得其大首。不可疾貞。

《象》曰：「南狩」之志，乃大得也。

朱元晦曰〔註74〕：「以剛居剛，在明體之上，而屈於至暗之下，正與上六闇主為應，故有得其首惡之象。」此武王之事也。武王以不可疾為貞，箕子以利艱為貞，各當其事也。離，南方之卦，故曰「南狩之志，乃大得也」。曰「志」，曰「大得」，其非富天下可知，其不以臺為口實可知，亦不必諄諄於疾貞之戒矣。

六四：入于左腹，獲明夷之心，于出門庭。

《象》曰：「入于左腹」，獲心。句。意也。

「離坤異體，為異姓之臣，故曰『翼』、曰『股』。四五同體，為同姓之臣，故曰『腹』、曰『心』。坤為腹，自離而入於坤也。心藏於腹，『入于左腹』，晦其明也。能入左腹，所以能出門庭。」〔註75〕不曰獲心而曰「獲明夷之心」，其心何心也？欲哭則不敢，泣則近婦人，啞子吃瓜，惟於出門之際，一步一心折而已。《本義》謂得意遠去，忒煞快活。私記。

「入于左腹，獲明夷之心」，取象甚奇。《傳》恐人之泥於文句，直以一字釋之曰「意也」。知其為意，則所謂「獲明夷之心」者，不言而喻矣。六十四卦惟《蠱》、《明夷》用兩「意」字。私記。

劉去非曰〔註76〕：「四之『出門庭』，與初之『于行』若同若異，有無可奈何之計，萬不得已之行，一腔熱血欲灑無地，不可言亦不必言，故爻不著吉凶，《傳》亦不作解語，惟曰『獲心意』。此心自獲，亦自信耳，又誰得知之哉？蓋文、箕之心易見，微子之心難知。六四爻辭，亦可解不可解。」

〔註74〕見朱熹《周易本義》卷二《明夷》。

〔註75〕見錢士升《周易揆》卷五《明夷》：「離坤異體，為異姓之臣，故曰『翼』、曰『股』。四、五與上同體，為同姓之臣，故曰『腹心』。坤為腹，入於左腹，自離入坤也。初、二、三皆明在暗外，四則入暗中矣。坤，偶門象。互震，動為出、為大塗。『于出門庭』，謂去而出乎坤也。『獲明夷之心』者，微子之自靖。『出門庭』者，微子之行遯也。」

〔註76〕謝旻《雍正江西通志》卷六十九：「劉定國，初名是，字去非，南昌人，泆之次子。萬歷辛丑會魁，改名定國。初授全椒知縣，以能調江都，行取兵部主事，歷尚寶少卿，尋陞太僕寺少卿、光祿寺正卿，遷兵部侍郎。以修理皇陵功，陞南京工部尚書。致政歸。所著有《奏疏》、《學易簡記》、《鴻雪館集》行世。」

六五：箕子之明夷，利貞。

《象》曰：「箕子」之貞，明不可息也。

居至暗之地，近至暗之君，救之不能，去之不可，分明是箕子〔註77〕，故曰「箕子之明夷」。既值箕子地位，當為箕子之貞，故曰「利貞」。《象》不言其地位，直言「箕子之貞」，而曰「不可息」，非但謂精忠大義炳然天日也，委曲以冀君心之悟，即萬苦艱難之中，此念未嘗一毫回曲，一毫間斷，故不曰不息，而謂之「不可息」。「不可息」正在耿耿一念處見得，夫子特深贊之，不必申以艱貞之戒〔註78〕。

李宏甫曰〔註79〕：「大難，外難也。外難可以計較求出，亦可以晦明不入。若內難則出不得，入不得，真難矣。故曰『箕子之明夷』。」

上六：不明晦。初登于天，後入于地。

《象》曰：「初登于天」，照四國也。「後入于地」，失則也。

上為卦主，卦之所以為明夷者，皆上為之也。《象》言「晦其明」，此言「不明晦」，惟上不明晦，諸爻之所以晦其明也。

焦弱侯曰〔註80〕：「《明夷》，《晉》之倒卦也。明出地上，故曰『初登于天』。明入地中，故曰『後入于地』。」

「自古亡國敗家之人，起初何嘗不高視遠覽，所謂「照四國也」。只是失為君之則，究竟成個極懵懂漢。」〔註81〕「則」者，不可逾之理。「失則」所以為紂，順則所以為文王。徐衷明曰〔註82〕：「君為元首，以賢人為羽翼，忠臣為股肱，大臣為腹心。羽翼傷，股肱折，腹心離，元首可知矣。」丘行可曰〔註83〕：「詳玩六爻，皆合商紂時事。上六，紂也。五為箕子之奴，四為微子

〔註77〕朱熹《周易本義》卷二《明夷》：「居至闇之地，近至闇之君，而能正其志，箕子之象也。」

〔註78〕李贄《九正易因·明夷》：「故『箕子之明夷』，晦不息，明亦不息，夫子特深贊之，不必申以艱貞之戒也。」

〔註79〕見李贄《九正易因·明夷》。按：「故曰箕子之明夷」一句，《九正易因》無「曰」字，此句後之文字，參上一條腳注。

〔註80〕見焦竑《易筌》卷三《明夷》。

〔註81〕見張振淵《周易說統》卷五《明夷》。

〔註82〕不詳。

〔註83〕見章潢《周易象義》卷三《明夷》、何楷《古周易訂詁》卷四《明夷》，不言係引用。陸奎勳《陸堂易學》卷六《明夷》云：「建安邱氏曰：上一爻極暗，為紂之昏棄。五近晦焉，箕子之囚奴。四與上同體，避暗就明，為微子之避

之去，三為武王之牧野，二為文王之羑里，初為伯夷、太公之居海濱。各爻雖未明言，義則備矣。」

家人☲☴離下巽上

　　家人：利女貞。周伯溫曰〔註84〕：「豕居之圈曰家。故從宀從豕。後人借為室家之家，猶牢本牛屋，後人借為牢獄之牢。」《爾雅》：室內謂之家。《紀聞》曰〔註85〕：「宀，古家字。家無二尊，一人在二人之上，一人為主之意。小篆訛從豕。」

　　《彖》曰：家人，女正位乎內，男正位乎外。男女正，天地之大義也。家人有嚴君焉，父母之謂也。父父，子子，兄兄，弟弟，夫夫，婦婦，而家道正。正家，而天下定矣。

　　何閩儒曰〔註86〕：「為卦離下巽上，乃二女之卦。以陰陽爻相比為夫婦，無相應之義。二為內卦之主，三居二上，則為離女之夫。二為內，三為外。四為外卦之主，五居四上，則為巽女之夫。四為內，五為外。以六畫卦言，三、四為人位。以三畫卦言，二、五為人位。統而名之為家人。家人以女為奧主，故曰『利女貞』。蓋指二、四而言也。離中女而位二，巽長女而位四，以柔居柔，婦德恊矣。長女位上，中女位下，少不陵長，名分肅矣。是皆正像正家之效。」「觀乎女正家之道，責乎男。」〔註87〕男女舉一家而言，下文父子、兄弟、夫婦皆是。父母其綱領也，故歸本於父母。

　　趙氏汝楳曰〔註88〕：「父義母慈，母何以亦稱嚴？蓋母之不嚴，家之蠱也，瀆上下之分，庇子弟之過，亂內外之別，嫚帷簿之儀。父雖嚴，有不能盡察者。必父母俱嚴，內外齊肅，然後父尊子卑、兄友弟恭、夫制婦聽，各盡其

去。三與上應，以明魁暗，為武王之伐紂。二在大臣之位，藏明於暗，為文王之羑里。初去暗稍遠，見傷即避，其伯夷、太公居東北海之事乎？明夷六爻之義，於此可見矣。」

按：馮椅《厚齋易學》卷二十《明夷》云：「案：自六五其子轉為箕子，而孔子《象傳》又以文王箕子言之，言易者遂傅會其說。以初為伯夷；二為文王，或以為大顛、閎夭；三為武王，或以為文王；四為微子；五為箕子；上為紂夫。」

〔註84〕見張自烈《正字通》卷三。
〔註85〕見張獻翼《讀易紀聞》卷三《家人》。
〔註86〕見何楷《古周易訂詁》卷四《家人》。
〔註87〕見錢士升《周易揆》卷六《家人》。
〔註88〕見趙汝楳《周易輯聞》卷四《家人》。

道而後『家道正』。」正家而天下定矣。正天下易，正家難，正婦女尤難。正女以男，正男以身，正身以言行。

朱康流曰〔註89〕：「家不難有嚴父，而難有嚴母不難；有嚴母，而難有順父之嚴母。父所振飭，母奉以行，而後家道之正，無或有不正者以敗之。其嚴也，乃所以為順也。故《彖傳》曰『嚴君』而六四之《傳》曰『順在位』。苟或不順，是二君也其能治乎？」

陸庸成曰〔註90〕：「巽德為順，離德為明，通卦不言明者，以家人非用明之地也。」

《象》曰：風自火出，家人。君子以言有物而行有恆。

孔《疏》〔註91〕：「巽在離外，是風從火出。火出之初，因風方熾。火既炎盛，還復生風。內外相成，有似家之義。」

叔正曰〔註92〕：「風者，火氣之所化。炎氣上衝，猛急飄揚，即風也。廣中颶風大作，則空中飛火。火極明處，風亦極盛。蓋氣所奮激皆風也，口鼻之噓亦然。」

「物必有自出，風自火出，教自家出，家自身出。」〔註93〕

來矣鮮曰〔註94〕：「有物者言之不虛，言孝則實能孝，言弟則實能弟也。有恆者行之不變，孝則終身孝，弟則終身弟也。言有物則言顧行，行有恆則行顧言。」

初九：閑有家，悔亡。

《象》曰：「閑有家」，志未變也。

此卦上下二爻，以卦之初終取義。二、三、四、五爻，各以剛乘柔。初為儲貳，二、三為家督，四、五為嚴君，上則一家之耆老也。

〔註89〕見朱朝瑛《讀易略記·家人》。（《四庫全書存目叢書》經部第 24 冊，第 783
～784 頁）

〔註90〕見張振淵《周易說統》卷五《家人》。

〔註91〕見《周易正義》卷六《家人》。

〔註92〕見張元蒙（字叔正）《讀易纂》卷三《家人》。此引文又載崔銑《讀易餘言》
卷三《家人》。崔銑年輩早於張元蒙。

〔註93〕見楊萬里《誠齋易傳》卷十《家人》。

〔註94〕見來知德《周易集注》卷八《家人》。又見曹學佺《周易可說》卷三《家人》，
不言係引用。

教婦初來，教子嬰孩，家潰而後嚴之，志變而後治之，悔之晚矣。初剛正，有齊家之本，離體有先見之明，能及志之未變而豫為防閑，必無傷恩敗義之事，何悔之有？〔註95〕

禮猶短垣，千頃之陂汪洋防濫而不潰者，以數尺之隄為之限也。治家以閑為主，內外之制、尊卑之分、親疎之辨，此是人家三鐵門限，所謂「閑」也。閑則有家，不閑則無家矣，雖富何益？私記。

六二：無攸遂，在中饋，貞吉。

《象》曰：六二之「吉」，順以巽也。

二居內處中，履得其位，《彖》所謂「女貞」者也。「遂」，《韻書》：「往也」、「從志也」。《公羊傳》「大夫無遂事，在者不離其位」之謂。「無攸遂，在中饋」，《詩》所謂「無非無儀，惟酒食是議」也。即此是貞，即此是吉。孟母曰：「婦人之禮，精五飯，羃酒漿，養舅姑，縫衣裳。有閨門之修，無境外之志。」〔註96〕巽，從也。出嫁從夫是分內事，然須順於理而從，非阿諛詭隨之謂，故不徒曰巽而曰「順以巽」。

俞玉潤曰〔註97〕：「《蒙》六五曰『順以巽』，事師之道。《漸》六四曰『順以巽』，事君之道。《家人》六二曰『順以巽』，事夫之道。」木上火下，烹餁之象。順是二之體。巽謂上卦。

九三：家人嗃嗃，悔厲吉。婦子嘻嘻，終吝。

《象》曰：「家人嗃嗃」，未失也。「婦子嘻嘻」，失家節也。

胡庭芳曰〔註98〕：「六爻獨九三稱家人，以其居下體之極，介二陰之間，有夫道焉，一家之主也。」

治家易失之寬，嚴是正理。然過嚴則無和樂之味，尊而不親，亦非吉祥善事。故於重剛不中之爻曰悔、曰厲、曰吉、曰終吝，斟酌言之。唐凝庵曰

〔註95〕張振淵《周易說統》卷五《家人》：「彥陵氏曰：『正家之法，莫重於始。始而不閑，後必至於相瀆相夷，悔不可勝言者。秉眾志之未流而豫防之，明長幼之習，慎男女之別，惟能閑，方成一個家，故曰『閑有家』。『有』字宜玩。閑於始終，必無傷恩敗義之事矣，何悔之有？』」

〔註96〕見《列女傳》卷一《母儀傳·鄒孟軻母》。

〔註97〕見俞琰《周易集說》卷二十三《家人》、錢一本《像象管見》卷三上《家人》。又見焦竑《易筌》卷三《家人》，不言係引用。

〔註98〕見董真卿《周易會通》卷七《家人》、胡廣《周易大全》卷十三《家人》。

〔註99〕：「節以調劑其寬嚴之中也。立於始則為閑，劑於中則為節。言節於三者，以三在內外之界耳。」

胡仲虎曰〔註100〕：「悔自凶而趨吉，吝自吉而向凶。」九三以剛居剛，若能嚴於家人者，比乎二柔，又若易昵於婦子者。三其在吉凶之間乎！故悔吝之占兩言之。

「嘻，《字書》『歎也』。《禮》〔註101〕『嘻其甚也。』、《周頌‧噫嘻》皆歎辭，無訓笑者。」〔註102〕「嬉笑」之「嬉」從女。「噫嘻」，嘻字從口。「宋王回疑重剛無嬉笑理，得卦情矣。」〔註103〕

六四：富家，大吉。

《象》曰：「富家，大吉」，順在位也。

陽實陰虛，六四乘承應皆陽，以虛受實，富家之象。富家與家富不同。家富是享已成之業，富家是講生財之道。富家不難，難於大吉。陰性吝嗇刻核，聚斂最易賈怨招尤。四富家而復大吉，其必有在術數之外者矣。《象》曰「順在位」，惟順則能調上下之情，惟在位則各守耕織之業。《禮運》：「父子篤，兄弟睦，夫婦和，家之肥也。」諺曰：「十人一心，有財買金。十人十心，無錢買鍼。」私記。

方獻夫曰〔註104〕：「父主教化，母主貨財。儀刑表帥，父道也。收藏謹節，母道也。故五言假家，四言富家。」

李去非曰〔註105〕：「初閑之，二饋之，三治之，四則享其富，此治家之序也。」○〔註106〕巽為近利市三倍，富家象。

〔註99〕見唐鶴徵《周易象義》卷三《家人》。(《四庫全書存目叢書》經部第10冊，第337頁)

〔註100〕見胡炳文《周易本義通釋》卷二《家人》。其中，「悔自凶而趨吉，吝自吉而向凶」二語早見於朱熹《周易本義》卷三《繫辭上傳》。

〔註101〕見《禮記‧檀弓上》。

〔註102〕見熊過《周易象旨決錄》卷三《家人》。

〔註103〕見熊過《周易象旨決錄》卷三《家人》、何楷《古周易訂詁》卷四《家人》。

〔註104〕見陳祖念《易用》卷三《家人》、張振淵《周易說統》卷五《家人》。又見錢士升《周易揆》卷六《家人》，未言係引用。

〔註105〕見馮椅《厚齋易學》卷二十《家人》、胡廣《周易大全》卷十三《家人》、潘士藻《讀易述》卷六《家人》、張獻翼《讀易紀聞》卷三《家人》。

〔註106〕此處原為空格，今以「○」區分。

九五：王假有家，勿恤，吉。

《象》曰：「王假有家」，交相愛也。

「假，即『奏假無言』之『假』」〔註107〕，潛孚嘿化，並閒與節之跡而融之矣。「有家」謂所有之家，內則母妻妾媵諸婦，外則父兄子弟諸子。《彖》言「嚴君」，此言「相愛」，至嚴中真愛融洽，不獨夫婦相愛合，父子兄弟而無不愛矣，故曰「交相愛」。〔註108〕卓去病曰〔註109〕：「『勿恤』者，存大體，舉大綱，不屑屑於小節之拘也。王者以天下為家，宜以天下為公。」憂慮太過，亦是治家一病。

蘇子瞻曰〔註110〕：「王者以天下為家。家人之家近而相瀆，天下之家遠而相忘。知其患在於相瀆也，故推嚴別遠，以存相忘之意。知其患在於相忘也，故簡易勿恤，以通相愛之情。君臣欲其如父子，父子欲其如君臣，聖人之意也。」

人孰無家？家正則可謂之有，不正雖謂之無可也。自古有天下者多矣，孰能有家？「初九『閑有家』，家道之始；九五『假有家』，家道之成。」〔註111〕

上九：有孚威如，終吉。

《象》曰：「威如」之「吉」，反身之謂也。

「此家道之終也。」〔註112〕上以剛陽居長老之位，誠實篤至，可敬可畏，一家之人儮服而不敢為誕妄之事，故曰「有孚威如」。「如」者，不怒而威之謂。家道至此而成，故曰「終吉」。《象》言「反身」，正發明「威如」之旨。孔子家兒不知有怒，所謂「威如」非大聲色作威福之謂，「反身之謂」

〔註107〕見熊過《周易象旨決錄》卷三《家人》。

〔註108〕錢士升《周易揆》卷六《家人》：「假，即『奏假無言』之『假』，潛孚嘿化，並閒與節之跡而融之矣。《彖》言『家有嚴君』，此言『交相愛』者，至嚴中真愛流洽，不獨二愛五之刑家，五愛二之助順，合父子兄弟而無不愛矣。」

〔註109〕見卓爾康《周易全書·家人》。四庫全書存目叢書補編第90冊，第358頁。

〔註110〕見蘇軾《東坡易傳》卷四《家人》。

〔註111〕見胡炳文《周易本義通釋》卷二《家人》。

〔註112〕李過《西溪易說》卷八《家人》：「上言為人父之道。父子相遇必以誠，故曰『有孚』；義方之訓必以嚴，故曰『威如』。此家道之終也。一卦六爻皆善，父子、夫婦、男女皆得其正也。一家皆正，則有終而吉矣。」

也。「反身」謂何？言有物，行有恆而已。前五爻是家法，未及身教，故此象探本言之。〔註113〕

張彥陵曰〔註114〕：「吝曰終吝，吉曰終吉，計及於所終，而後知治家者不可苟且於目前。」

吳幼清曰〔註115〕：「此卦初上二爻以初終取義。下體在下之家也，以有家之臣而言，三為夫，二為婦。上體在上之家也，以天下之君而言，五為主，四為後。不取遠應為配，而取近比者，家道尚親也。」

睽☲ 兌下離上

睽：小事吉。睽音奎。《說文》：「睽從目癸聲。目不相視也。」凡人情好隔絕，則相對而目不相視也。

《彖》曰：睽，火動而上，澤動而下，二女同居，其志不同行。說而麗乎明，柔進而上行，得中而應乎剛，是以「小事吉」。天地睽而其事同也，男女睽而其志通也，萬物睽而其事類也。睽之時用大矣哉！

「火性上動而愈上，澤性下動而愈下」〔註116〕，物理之睽也。「二女同居，志不同行」，人情之睽也。故名為「睽」。言乎卦材，則睽而必合矣。以「動而下」者言，則「說而麗」，上之明，下之合於上也。以「動而上」者言，《家人》六二進而上行於五，得中應剛，上之合乎下也，「是以小事吉」。何以言小事也？兩皆柔卦，合睽之主，又柔當睽之時，不可復以剛強處之，惟寬裕和平，則睽者自合，故曰「小事吉」。剛為大，柔為小，即小心翼翼之意，非不可大事之謂。

鄭孩如曰〔註117〕：「緣不和說，故睽。說者去，睽之善道也。而麗乎明，

〔註113〕錢士升《周易揆》卷六《家人》：「此家人之要終也。刑于寡妻，以著於外，故曰有孚。九三『嗃嗃』，處家之過嚴。上九『威如』，律身之自嚴。『威如』之謂『嚴君』。《象》言『反身』，正發明威如之旨。『反身』謂何？言有物，行有恆而已。前五爻是家法，未及身教，故此爻探本言之。」

〔註114〕見張振淵《周易說統》卷五《家人》。

〔註115〕見吳澄《易纂言》卷二《家人》、熊過《周易象旨決錄》卷三《家人》、潘士藻《讀易述》卷七《家人》、陳錫《易原》卷五《家人》、逯中立《周易箚記》卷二《家人》、又見錢士升《周易揆》卷六《家人》，未言係引用。

〔註116〕見胡炳文《周易本義通釋》卷十二《象下傳》。

〔註117〕見張振淵《周易說統》卷五《睽》。

則不苟說，又說之善者也。天下不可以柔主也，剛柔不遇，所以睽也。得中應剛，睽以合矣，『是以小事吉』。」

蘇子瞻曰〔註118〕：「人苟惟同之知，若是必睽。人苟知睽之足以有為，若是必同。是以自其同者言之，則二女同居而志不同，故其吉也小；自睽而同者言之，則天地睽而其事同，故其用也大。」

馮元敏曰〔註119〕：「自古豪傑處於卑小而以安國定眾者何限，如平之交勃、寔之弔讓、子產之賂伯石、仁傑之交二張是也。漢之袁、何，唐之李、鄭，欲討君側之惡而張皇其事，遂至於睽散而不可解，則無得於《易》之義者也。」

「《家人》諸卦，『二女同居』者多矣。因卦以睽立義，故以『不同行』明之。」〔註120〕孔子設卦觀象，往往如此。不然卦中之蘊，豈能一一而言？亦豈可盡比而同之哉？

朱康流曰〔註121〕：「『小事』者，不大其事也。事之未乖，當慎小如大。事之既乖，當化大為小。睽，《說文》云：『目不相視也。』舉天下悖亂縱橫，紛紛搆鬪，入於明且說者之胸中，直視為家人反目之事，則不俟調劑，自然漸次冰釋矣，故曰『小事吉』。」

睽有必不可無者，等威明白，所以和合，混瀆無別，必致陵異。水火以尅而相濟，鹽梅以反而相成。諸葛武侯云：「若違復得中，是棄瓦礫而得金玉也。」〔註122〕故聖人極其時用而言之。若散不可復聚，離不可復合，則無以見易道之大。

《象》曰：上火下澤，睽。君子以同而異。

離火兌澤，二陰同體，而炎上潤下，所性異趨，睽之象也。君子體之，以同而異。不能大同者，亂常拂理之人也。不能獨異者，隨俗習非之人也。〔註123〕同一君臣父子而忠孝異，同一飲食男女而貪廉異，所謂堯、舜與人同，

〔註118〕見蘇軾《東坡易傳》卷四《睽》。
〔註119〕見何楷《古周易訂詁》卷四《睽》、黃正憲《易象管窺》卷八《睽》、張振淵《周易說統》卷五《睽》。
〔註120〕見胡炳文《周易本義通釋》卷十二《象下傳》。
〔註121〕見朱朝瑛《讀易略記·睽》。（《四庫全書存目叢書》經部第24冊，第785頁）
〔註122〕沈一貫《易學》卷五《睽》：「睽之不可以已也如是。諸葛武侯曰：『違復而得中，是棄瓦礫得金玉也。』」
〔註123〕程頤《伊川易傳》卷三《睽》：「上火下澤，二物之性違異，所以為睽離之象。君子觀睽異之象，於大同之中而知所當異也。夫聖賢之處世，在人理之常，

－333－

而堯、舜與人異也。

初九：悔亡，喪馬勿逐，自復。見惡人，无咎。

《象》曰：「見惡人」，以辟咎也。

「《彖傳》言睽，物性之定分；六爻言睽，物我之私情。」〔註124〕故下體三爻在下則睽，上行則合；上體三爻在上則睽，下行則合。

此聖人合初九、九四之睽也。人情先親後疎，皆因悔其初交之誤，種種見人不是，不期睽而自睽。初為一卦之始，五為一卦之主，劈頭言「悔亡」，所以拔睽之病根也。試以人情論之，凡有所喪而必逐者，內自歉也。「悔亡」則不以得失動其心，而睽者終合，有「喪馬勿逐，自復」之象。凡不相得而不相見者，內自疑也，「悔亡」則不以同異動其心，而睽情頓釋，有「見惡人，无咎」之象。初九剛德兌體，剛動而正，不起疑妄；兌悅而和，不生乖違；故能相安相忘如此。〔註125〕

陸君啟曰〔註126〕：「睽是不好時節。情之疑者，解之則愈疑；言之悖者，

莫不大同，於世俗所同者則有時而獨異，蓋於秉彝則同矣，於世俗之失則異也。不能大同者，亂常拂理之人也。不能獨異者，隨俗習非之人也。要在同而能異耳，《中庸》曰『和而不流』是也。」

〔註124〕見潘士藻《讀易述》卷七《睽》。「私情」，《讀易述》作「私嫌」。另外，又見查慎行《周易玩辭集解》卷五《睽》，稱「張幼于曰」。「私情」，《周易玩辭集解》作「相嫌」。

〔註125〕潘士藻《讀易述》卷七《睽》：「初九之處睽也，夫睽之時，人情離矣。斯時也，人分上一毫討求不得，惟自己分上自盡其道。而初九陽德兌體也，剛動而正，不起疑妄，兌初而和，不生乖違。身心之悔皆亡，而無歉然不足之意，則天定矣。天定則人情自順，有『喪馬勿逐，自復』之象。喪馬動，而成睽之跡。凡有所喪而必逐者，內自歉也。悔亡則不以得失動其心，而睽者終合，有『見惡人，无咎』之象。惡人動，而相睽之人。凡不相得而不相見者，內自疑也。悔亡則不以同異動其心，而睽情頓釋。初九陽剛有主，故能相安相忘如此。」

〔註126〕陸夢龍《易略·睽》（《四庫全書存目叢書》經部第19冊，第501～502頁）：「陸君啟曰：『睽是不好時節，故初與五皆以悔言。馬，陽象在下。馬為人乘，而初所應之陽，乃在上而遠，則喪馬矣。雖然，不可逐也。揭揭然奔而追之，方駭而益遠。靜以聽焉，彼將自至。處睽亦然。情之疑者，解之則愈疑；言之悖者，辯之則愈悖；交之離者，強之則愈離。所以流言之變，姬公不辯故自明；惠帝之事，子房不爭之以口舌故自定。況四與初雖旬而本應，豈能終外我哉？』又，「惡人亦謂四也。以其去而不為我乘，曰馬喪。以其應而不與我好，曰惡人。交有迫之而不可強者，寬以待其復；逆有避之而不可得者，款以折其兌。處睽之用微矣。」又見張振淵《周易說統》卷五《睽》。

辯之則愈悖；交之離者，強之則愈離。寬以待其復，欵以折其凶，處睽之用微矣。」

天下之咎，莫大於睽。天下之睽皆始於惡人。起人風波，離人骨肉，皆惡人之為也。周公言「見惡人，无咎」，太近自然。相見之際，未免安意肆志。孔子言以「辟咎」，有憂危慮患之意。自然不露圭角，可以化睽為同，故略去「喪馬」之象，而單言「見惡人」。私記。

朱康流曰〔註 127〕：「人競趨利而避害，此世之所以睽也。不知利或失於過求，害或生於過拒。初以剛正居兌體，不以利之遠我而過求之，利者自在，是『喪馬勿逐，自復』也；不以害之迫我而過拒之，害者自消，是『見惡人，无咎』也。」

質卿曰〔註 128〕：「馬所以行，行有不得，吾不可以求之人。惡人世所嫉，人所共嫉，我不可以不容。」**洪覺山曰**〔註 129〕：「世道之睽，皆起於邪正太明、好惡太峻。故必量足以容天下，乃可以託於天下；仁足以養天下，乃可以寄於天下。」**林素庵曰**〔註 130〕：「白香山交牛、李之間；郭汾陽處程、魚之際；溫嶠見任於王敦，謬為勤敬；陳寔行弔於張讓，竟免禍胎；皆辟咎之義也。」

楊廷秀曰〔註 131〕：「初動而下，四動而上，捨我而去，喪馬之象。九四之火值初九之水則息，初九之水值九四之火則涸，彼爨而我涸，惡人之象。」

或曰：權奸當國，嚬笑之間，俱關禍福，見乎？不見乎？曰：所謂見者，非欵門求謁，望塵稽首也。班行之中，道途之際，率爾相逢，平懷酬接，不作悻悻面孔，此遇陽貨家法也。若藉口經傳以自文其佞說，則聖經為諂脅之嚆矢矣。私記。

九二：遇主於巷，无咎。

《象》曰：「遇主於巷」，未失道也。

此聖人合二、五之睽也。睽之爻，俱就正應上取。二、五正應，然彼此失

〔註 127〕見朱朝瑛《讀易略記‧睽》。(《四庫全書存目叢書》經部第 24 冊，第 785 頁)
〔註 128〕見潘士藻《讀易述》卷七《睽》。
〔註 129〕見張振淵《周易說統》卷五《睽》。又見潘士藻《讀易述》卷七《睽》，未言係引用。
〔註 130〕不詳。
〔註 131〕見楊萬里《誠齋易傳》卷十《睽》。又見焦竑《易筌》卷三《睽》，稱「楊氏云」。又見錢士升《周易揆》卷六《睽》，稱「《易筌》云」。

位，居睽之時，必委曲相求而得會遇〔註132〕，故曰「遇主於巷」。「巷」者，委曲之塗。「遇」者，會逢之便。遇巷跡似詼詭，然術在悟君，未為失道，所以教人臣，無好為攖鱗之事也。

呂子木曰〔註133〕：「巷，閭閻小徑，內可以達朝廟，外可以通四海。」○〔註134〕一里八十戶，八家共一巷。離中虛，有巷之象。〔註135〕

六三：見輿曳，其牛掣，其人天且劓。無初有終。曳，《字書》：音裔，從申從丿，無點。掣，《說文》作「觢」。觢音誓，角一俯一仰也。天乃「而」字之誤。古篆文，「天」與「而」相近。而，古「耏」字，從彡，頰旁毛也。罪輕不至髡則耏。

《象》曰：「見輿曳」，位不當也。「無初有終」，遇剛也。

此聖人合三、上之睽也。人在寂寞中，懷想最切，猜疑亦最易生。三與上正應，望上甚切，而隔於四、五，陰性多疑，因上之不下交也，若輿已駕而復曳，牛已服而更掣。「其人」，猶昔人也。而髡首劓鼻，面目可憎。不知上之輿，何嘗曳牛，何嘗掣人，亦何嘗劓哉？三之處位不當，妄見使然耳。幸而遇上九之剛，是高明豁達之人。其初也形跡可疑，便風旋電激；其終也心跡一明，便霧釋冰消。故曰「無初有終」，遇剛也。睽之成卦在陰，而合睽必以陽為主。程《傳》曰〔註136〕：「合以正道，無終睽之理。故賢者順理而安行，智者知幾而固守。」「其人」，御車服牛之人也。

「一陰之卦，唯兌以柔乘剛，澤體含垢，少女狎邪，故凡兌六三爻象多險怪，睽所以反家人者，徒以兌；兌所以反巽者，徒以三。故《象》曰『不當位』。」〔註137〕

九四：睽孤。遇元夫，交孚，厲无咎。

《象》曰：「交孚」「无咎」，志行也。

〔註132〕朱熹《周易本義》卷二《睽》：「二、五陰陽正應，居睽之時，乖戾不合，必委曲相求而得會遇，乃為无咎，故其象占如此。」

〔註133〕見呂柟《周易說翼》卷二《睽》。

〔註134〕此處原為空格，今以「○」區分。

〔註135〕熊過《周易象旨決錄》卷三《睽》：「主謂五。《說文》：『巷，里中道。』何休云『一里八十戶，八家共一巷』是也。離中虛，有巷之象。」熊過之說，潘士藻《讀易述》卷七《睽》又引錄。按：吳澄《易纂言》卷二《睽》：「主謂五也。巷者，里中之道。離中虛，有巷之象。」

〔註136〕見程頤《易傳易傳》卷三《睽》。

〔註137〕見郝敬《周易正解》卷十一《睽》、錢士升《周易揆》卷六《睽》。

四處二陰之間，上處高亢之地，居無所安，比非吾與，故皆稱「睽孤」。「元夫」謂初。初，陽德也。〔註138〕九四性情孤僻，舉世無一當意之人，然冷面熱心，志在濟睽，以天下為己任，故一「遇元夫」，便如以膠投漆，若許遠之與張巡，本非統屬，乃以同心為國，彼此推誠，至死不變。

林次崖曰〔註139〕：「人之相與，在大同之時，則安常處順，而黌蘗無門；處乖異之世，則變故橫生，而風波易起，故危厲乃得无咎。」敬承曰〔註140〕：「異我者，惡人也。計詭而疑貳易滋，必寬其量以杜其隙，故見則无咎。同我者，元夫也。勢孤而讒間易乘，必危其心以固其交，故厲乃无咎。」

《象旨》〔註141〕：「初、四皆無應，而四稱『睽孤』，在下猶可獨立，在上不可無輔也。」

凡爻以正應為相與，敵應為不相與。此獨取其同德者，處睽之時，貴其同，不貴其異也。

六五：悔亡，厥宗噬膚，往何咎？

《象》曰：「厥宗噬膚」，往有慶也。

處睽只在「悔亡」，「悔亡」則於己無憾，而睽有可合之道。六五柔中應剛，柔中為文明之體，應剛無偏繫之私，復何悔於心哉？聖人推原其故，謂五之未免有悔者，當睽之時，恐往而二未必合耳。不知二乃五之宗也，彼方

〔註138〕焦竑《易筌》卷三《睽》：「初以四為惡人，四以為元夫。初、四皆無應，而四稱『睽孤』，在下猶可獨立，在上不可無輔也。處無所安，比非吾與，以氣類相求，故曰『遇』。初陽德，故曰『元夫』。未遇之時，失位而孤立，不免於厲。遇則彼得所依，此得所助，是以『交孚』。」
潘士藻《讀易述》卷七《睽》：「《象旨》：『初、四皆無應，而四稱睽孤，在下猶可獨立，在上不可無輔也。處無所安，比非吾與，必以氣類相求為助，故遇元夫。元夫謂初，陽德也。』」

〔註139〕見張振淵《周易說統》卷五《睽》。原出林希元（字懋貞，又字茂貞，號次崖）《易經存疑》卷五《睽》，云：「九四，陽也。與初九本相應之爻，不合亦是陽，與己不相應，是睽離孤立者也。當睽之時，人情患於無與，各欲求合以相濟，而四與初以陽遇陽，乃以同德而相與，故為『遇元夫，交孚』之象。然人之相與，在無事之時，則安常處順，而黌蘗無門；處多事之秋，則變故橫生，而風波易起。故九四之於元夫，又必危以處之，委之腹心以致其誠，惆慎其舉錯以杜其嫌疑，則終合而无咎矣。」

〔註140〕見張振淵《周易說統》卷五《睽》，稱「程敬承曰」。

〔註141〕見熊過《周易象旨決錄》卷三《睽》、潘士藻《讀易述》卷七《睽》。又見焦竑《易筌》卷三《睽》，未言係引用。

委曲求遇，意味之合如「噬膚」，然往有何咎而濡滯不往乎？《象》復贊以「有慶」，君臣同心，社稷蒼生之福，非區區補過之事，故再提「往」字，以贊決之。「厥宗」謂二，離兌同出於坤。「曰『宗』者，二以五為主，尊之也，下以分嚴上也；五以二為宗，親之也，上以情親下也。」〔註142〕

汝吉曰〔註143〕：「四言『志行』，大臣以得人合睽為志也。五言『有慶』，王人以得人合睽為慶也。」

凡爻之上稱往。此五上以之下稱往者，火動而上，澤動而下，所以為睽。若不往下則睽，何由得合？抑躅前為慕勢，王前為趨士。五固當先往，聖人懼其疑而阻之也，故決之以「何咎」，鼓之以「有慶」。

上九：睽孤。見豕負塗。載鬼一車。先，讀。張之弧；後，讀。說之弧。匪寇婚媾，往遇雨則吉。

《象》曰：「遇雨」之吉，群疑亡也。

「睽孤」謂六三，為二陽所制，而己處睽極明極剛極之地。睽極則拂戾而難合，剛極則躁暴而不詳，明極則過察而多疑。〔註144〕與三正應，妄生瘡痏。「見豕負塗」，見其污也。「載鬼一車」，以無為有也。張弧，欲射之也。說弧，疑稍釋也。「匪寇婚媾」，知其非寇而實親也。「往遇雨則吉」，疑盡釋而睽合也。上九與六三先睽後合如此。曰「群疑亡」，則上與三之疑亡，而二與五、四與初之疑皆亡。一疑則無所不疑，一亡則無所不亡，一睽則無所不睽，一合則無所不合，故諸爻止言无咎，而上獨言吉。兌為澤雨之象。

卦以睽得名，獨九四、上九稱「睽孤」，則睽之為睽，實此二爻當之矣。蓋四與上居高危之位，朝夕在君左右，所當開載布公，休休有容。而俱屬離體，抱剛強之性，擅明察之才，善惡太分，界限太嚴，但知破朋黨之門，不覺成孤立之勢。於是上疑下，下亦疑上，雖欲不孤，不可得矣。所以不至終睽

〔註142〕 胡炳文《周易本義通釋》卷二《睽》：「《同人》六二以九五為宗，《睽》六五以九二為宗，皆以離中陰爻言之。陰從陽，支子從宗子也。二五剛柔得中，故五以二為宗，其合也如噬膚之易；二以五為主，其合也有於巷之遭。宗，親之也，上當以情親下也；主，尊之也，下當以分嚴上也。」

〔註143〕 見潘士藻《讀易述》卷七《睽》。

〔註144〕 程頤《伊川易傳》卷三《睽》：「上居卦之終，睽之極也。陽剛居上，剛之極也。在離之上，用明之極也。睽極則乖戾而難合，剛極則躁暴而不詳，明極則過察而多疑。」

者，柔進上行，得中應剛，二有「於巷之遇」，五有「噬膚」之味，二以五為主，五以二為宗，君臣同心，非獨三與上之疑亡，一卦六爻之疑亦無不亡矣。蓋四與上皆秉忠為國之人，但賦性狷狹，「天地睽而事同，男女睽而志通，萬物睽而事類」，此等大道未之或知，而妄生意見，自起疑城，今見二、五之交孚，能不渙然冰釋哉？嗟乎！為大臣者，躬延攬則恐其植黨，杜私交又慮其睽孤，皆疑為之祟也。杯中蛇影，去其弓而後可；甕內人形，破其甕而後可濟。睽在決疑，決疑在自斷。私記。

馮時行曰〔註145〕：「內卦皆睽而有待，外卦皆合而不睽。初『喪馬勿逐』，至四『遇元夫』，而初、四合矣。二委曲求遇，至五『往何咎』，而二、五合矣。三『輿曳』、『牛掣』，至上『遇雨』，而三、上合矣。天下之理，固不能久合，亦未有終睽也。」

蹇䷦ 艮下坎上

蹇：利西南，不利東北。利見大人，貞吉。《說文》：「蹇，跛也。從足，寒省聲。」

《彖》曰：蹇，難也，險在前也。見險而能止，知矣哉！蹇「利西南」，往得中也。「不利東北」，其道窮也。「利見大人」，往有功也。當位「貞吉」，以正邦也。蹇之時用大矣哉！難，平聲。

李子思曰〔註146〕：「震、坎、艮相遇為《蹇》、《解》，而坎常在焉。二卦皆以坎為義。艮下坎上，則是止乎險中，故為《蹇》。坎下震上，則是動而出乎險中，故為《解》。命名大率以出險不出險為義也。」

鄭申甫曰〔註147〕：「《蹇》以遇險而止得名，則九三為成卦之主。《解》以居險能動得名，則九四為成卦之主。」

卦名以止為義，能止則不入於險。卦傳以往為義，往則可以出險。止曰「能止」，有力量，有作用。「能止」者，能往也，見得到，便站得定，赴得捷，故曰「往得中」、「往有功」。

聖人作《易》，因人情引而歸諸大道。當蹇之時，人思避難，有東西南北

〔註145〕董真卿《周易會通》卷八《睽》、熊良輔《周易本義集成》卷二《睽》。

〔註146〕見董真卿《周易會通》卷八《蹇》、胡廣《周易大全》卷十四《蹇》。

〔註147〕見張振淵《周易說統》卷十二《蹇》。按：此指二十五卷本《周易說統》，十二卷本無。

之意〔註148〕，當決擇其利與不利而從事焉，則可以出險而成功。故《易》於此指其所之而避其所忌，曰西南則利，東北則不利。所以西南利、東北不利者何也？艮居東北，艮為山，山川險阻之地也。東北與西南對，西南坤方，坤為地平易之鄉也。士君子欲有為於天下，必先立身於無險之地，而後可以出險。苟所遇者險，而所行又險，是僥倖於岩牆之下，必無濟矣。故曰「利西南，不利東北」。孔《疏》云〔註149〕：「世道多難，率物以適平易，則蹇難可解。若入於險阻，彌加壅塞。去就之際，理宜如此。」

張中溪曰〔註150〕：「『往得中』指五也。五以乾剛之才，往居坤而得其中。坤為西南，西南平地，此西南所以利也。『其道窮』指三也。三為艮主，艮為東北，止而不進，則常在險中，此東北所以不利也。」

唐凝庵曰〔註151〕：「《蹇》之利西南與《解》之利西南，皆指上卦言。坤位西南，坎、震二卦皆乾所索於坤，坎一陽居坤二陰之中，故《蹇》言得中；坤為眾，震一陽得坤二陰之眾，故《解》言『得眾』。」皆在上卦，故皆曰「往」。《解》則坎在下卦，故曰「乃得中」。

周氏光德曰〔註152〕：「《坤》卦之象有西南而無東北，《蹇》卦之象有東北而無西南。文王各舉對方而發明之，不必卦內有所取也。」

楊敬仲曰〔註153〕：「《易》於《坎》、《蹇》、《睽》三卦皆言『時用』，聖人

〔註148〕楊簡《楊氏易傳》卷十三《解》：「解者，蹇之反。蹇阻於險，因險而動，動而免乎險，辭蹇難解矣。聖人作《易》，因筮設教，因人情引之而歸諸道，明則為聖人，幽則為鬼神，其道一也。因人之蹇難，思以避難，有東西南北之意。」

〔註149〕見《周易正義》卷七《蹇》。

〔註150〕陸心源《宋詩紀事補遺》卷八十載：「張清子，字希獻，號中溪。福建建安人。宋亡不仕。箸有《易本義通釋》附錄《集注》十一卷。」見胡廣《周易大全》卷十四《蹇》。

〔註151〕見唐鶴徵《周易象義》卷三《蹇》。（《四庫全書存目叢書》經部第10冊，第341頁）

〔註152〕不詳。

〔註153〕楊簡《楊氏易傳》卷十三《蹇》：「『蹇之時用』，其詳釋已見於《睽》前諸卦。六十四卦也，《坎》、《睽》、《蹇》皆非善吉之卦。凡眾於此，往往得於險難，勤於憂思，汩於事情，安知為至大之道哉？故聖人特明之，使天下後世知如坎、如睽、如蹇之類，無非大易之妙，不可以為險難、憂思、事情也。不特此，凡曰時、曰時義，與其餘不言之卦，皆一也，皆大也，皆易之妙也。」

按：錢士升《周易揆》卷六《蹇》：「《易》於《遯》、《睽》、《蹇》三卦皆言時用。《遯》之時用，『好遯』、『嘉遯』、『肥遯』是也；《睽》之時用，『見惡人』、『遇元夫』、『往遇雨』是也；《蹇》之時用，『利西南，不利東北』是也。」

慾使天下後世知如坎、如睽、如蹇之時，無非大易之妙用，不可以險難而自喪其學問也。」

《象》曰：山上有水，蹇。君子以反身修德。

張中溪曰〔註154〕：「『反身』取艮之背，『修德』取坎之心。」

林寒泉曰〔註155〕：「天下之水，皆發源於山，未有不導山而可以導水者。天下之蹇，皆歸咎於身，未有不反身而可以修德者。」

顏應雷曰〔註156〕：「孟子曰：『行有不得者，皆反求諸己。』處頑嚚之親，則子職無違；遇手足之釁，則友愛愈篤；當橫逆之交，則仁禮靡懈。推而至於天下之蹇，則藏身於固以全哲，養德於愚以知幾，讓善於無以遠害，皆『反身修德』之謂也。」

初六：往蹇來譽。

《象》曰：「往蹇來譽」，宜待也。

王《注》〔註157〕：「處難之始，居止之初，獨見前識，覩險而止，以待其時，智矣哉！故往則遇蹇，來則得譽。」

險難之世，惟見幾遠引之士為人歎賞，故曰「來譽」。夫子恐人誤認為沽名釣譽，故以「宜待」申明之。「待字」十分鄭重，「宜」字十分斟酌。

《別傳》曰〔註158〕：「《彖〔註159〕》言『往得中』、『往有功』，是蹇貴往也。然往與來跡似相反，機實相成，故諸爻皆先言往而後言來。」來正往中作用，來所以成其往，非謂往則必蹇而竟不往也。

質卿曰〔註160〕：「士君子處君臣父子兄弟朋友之倫、及上下治亂去就離合之際，情之所不能通，理之所不可化，勢之所不可禁者，皆蹇也。斯時措足足難，措手手難，開口口難。第一要審察往來，若不審情，不度理，不察勢，

有是時起是用，所以為易。若待委於無可奈何，而坐受其斃，豈時用哉？故《易》者，聖人所以前民用也。」稱《遯》「言時用」，誤。

〔註154〕見胡廣《周易大全》卷十四《蹇》。按：此語早見趙以夫《易通》卷四《蹇》。

〔註155〕不詳。

〔註156〕不詳。

〔註157〕見《周易正義》卷七《蹇》。

〔註158〕見張振淵《周易說統》卷十二《蹇》。按：此指二十五卷本《周易說統》，十二卷本無。

〔註159〕「彖」，《周易說統》作「蹇」。

〔註160〕見潘士藻《讀易述》卷七《蹇》。

徑往赴之，必遭陷害，莫可救藥。惟迴心忍耐，始有商量，所以諸爻只貴其來，不貴其往。」

六二：王臣蹇蹇，匪躬之故。

《象》曰：「王臣蹇蹇」，終無尤也。

蘇子瞻曰〔註161〕：「初六、九三、六四、上六，彼四爻者，或遠或近，或視其勢之可否，以為往來之節。獨六二有應於五，君臣之義深矣，是以不計遠近，不慮可否，無往無來，『蹇蹇』而已。」

以柔居柔，忠順有餘，才力不足，捐軀蒙難，感激群情，以來諸賢之助〔註162〕，「蹇蹇」之象。「匪躬」句是推原「蹇蹇」根由，其所以歷盡艱辛，不肯休歇者，皆緣委身致命，不自有其身家，所以至此。《象》又申之曰「終無尤」，蓋起初發心如此，雖糜爛其軀，亦復何恨！

九三：往蹇來反。《舉正》據輔嗣本作「來正」。

《象》曰：「往蹇來反」，內喜之也。

「卦以九三成義，居乎險止之間，往則陷，止則免，間不容髮。往來之當謹，莫謹於此爻。」〔註163〕蓋三有剛實之才，可以濟蹇，但與五非比非應，切近於二，二乃蹇蹇之王臣，三來就之，應上致初，可以反危而為安，故曰「來反」。蹇一反即成解矣。夫子慮三之懷疑也，故以「內喜」慰之。內謂初二。蓋二獲「匪躬」之助，初得所待之人，戮力時艱，同舟共濟，何喜如之！

「在四而『來連』者，比三也，故言『當位實』。在上而『來碩』者，應三也，故言『志在內』。」〔註164〕

六四：往蹇來連。

《象》曰：「往蹇來連，當位實也。」

〔註161〕見蘇軾《東坡易傳》卷四《蹇》。
〔註162〕郝敬《周易正解》卷十二《蹇》：「五以君在險，二以臣急君。初、三、上皆與二同心助之，惟六四一陰當上下結之。二捐軀蒙難，力不能進，義不可退，故爻獨不言往來，困頓守死，執節不屈，所以感激群情，來諸賢之助也。故在《蹇》，仗義執節莫如六二。」
〔註163〕見趙汝楳《周易輯聞》卷四《蹇》。趙氏之說，潘士藻《讀易述》卷七《蹇》援引。
〔註164〕見焦竑《易筌》卷三《蹇》。

如連衡之連連，連三與五也。卦惟三、五二陽，各當其位，四居其間，來而連三，往而輔五，眾正夾持，出險可必。**鄒汝光曰**〔註165〕：「連齊桓、管仲之交者，鮑叔也。連簡公、子產之交者，子皮也。連漢高、韓信之交者，蕭何也。」

程叔子曰〔註166〕：「處蹇難，非誠寔何以濟？當位不曰正而曰實，上下之交，主於誠實，用各有其所也。」

四與上皆賴三以為援，以其為內艮之主，下三爻皆倚以為重也。實與貴皆主陽言，上六以九五為貴，六四以九三為實。實者，陽實而陰虛也。若但言當位，則六四亦當位，故加「實」字以別之。〔註167〕

九五：大蹇朋來。

《象》曰：「大蹇朋來」，以中節也。中，平聲。

一身一家之蹇小，天下之蹇大。〔註168〕蹇者，人之所避也。九五剛健中正，無往無來，屹然立於其中而不避，此必有以任天下之難者矣。是以鼓動群賢，合「來譽」、「來反」、「來連」、「來碩」之才翕然而至，共濟時艱〔註169〕，謂之大人，不亦宜乎？「諸爻之來，自外反內也，朋來自下趨五也。」〔註170〕

〔註165〕按：此語實出錢士升《周易揆》卷六《蹇》。鄒汝光《易會》卷四《蹇》（《四庫全書存目叢書》經部第13冊第707頁）：
連咸公、管仲之交者，鮑叔也。連簡公、子產之交者，子皮也。變兌為麗澤，卦變《咸》。陰陽相感，亦來連象。
何楷《古周易訂詁》卷四《蹇》引「鄒汝光云」，與《易會》同。
〔註166〕見程頤《伊川易傳》卷三《蹇》。
〔註167〕此一節見焦竑《易筌》卷三《蹇》。按：此說糅雜而成。俞琰《周易集說》卷七《蹇》：「『反』，當依郭京作『正』，以九居三，正也。又為內體艮之主爻，在下二陰皆倚之為重者也。」項安世《周易玩辭》卷八《蹇·六四上六》，云：「六四當位，實也。上六以從，貴也。實與貴皆指陽言之。六四以九三為實，以九居三，非當位實乎？六四則連之而已。上九以九五為貴，以九居五，非貴乎？上九則從之而已。若但言當位，則六四亦當位也，故加實字以明之。」
〔註168〕焦竑《易筌》卷三《蹇》：「一身一家之蹇，其蹇小；天下之蹇，其蹇大。」
〔註169〕胡廣《周易大全》卷十四《蹇》：「中溪張氏曰：『九五以陽剛而陷於坎中，是遺大投艱於朕身，夫豈小蹇也哉？斯時也，正望群賢之來，出其險以拔其禍，幸而下有六二柔順之大臣為之正應，必能朋合，『來譽』、『來反』、『來連』、『來碩』之才翕然而至，與同心協力，共濟九五大蹇之難。』」
〔註170〕焦竑《易筌》卷三《蹇》：「朋來之來與諸爻異，諸爻之來自外反內，朋來之來自下趨五也。」原出鄭剛中《周易窺餘》卷九《蹇》。

天下無不來，不言濟蹇，而蹇之濟可知矣。自本爻言之，所謂「當位貞吉，以正邦也」。自上下諸爻言之，所謂「利見大人，往有功也」。

郝仲輿曰〔註171〕：「二以柔應五，三與二同體，故三助二，亦以助五。上以柔應三，上與五同體，故上應三，亦以輔五。此五所以『朋來』也。」

《象》以「中節」申言「朋來」之故，當此大險大難之世，而能使諸賢翕然而至，非徒富貴網羅，聲名鼓動。九五身當重任，材智之士視為進止，剛而得中，文武張弛，妙合機宜；功名之士靡不心服，雲集響應，寧顧問哉？私記。

上六：往蹇來碩。吉，利見大人。

《象》曰：「往蹇來碩」，志在內也。「利見大人」，以從貴也。

項平甫曰〔註172〕：「上六之往，猶初六之來。上六本無所往，特以不來為往耳。初六本無來，特以不往為來耳。三，內卦也，上應之，故曰『志在內』。五，大人也，上利見之，故曰『從貴』。」「志內所以尚賢，從貴所以明分。」〔註173〕

諸爻不言吉，獨上言吉，謂出蹇之時也，上居卦外，與五無名分之拘，下應九三。九三，五之碩人。上因三而見五，向時往往來來靡有依歸，今日得見龍行虎步之人，自此有天有日，共享升平之樂矣，故曰「利見大人」。《象》申之以「從貴」。自今爾公爾侯，非復向時貧賤。卦惟三、五兩陽，五為主，三為用。五，身當大難者也。三，才知之臣也。二、四與三比上，與三應，三來則眾爻皆來，而險可濟矣。獨初六才柔位卑，故象以「宜待」明之。

〔註171〕見郝敬《周易正解》卷十二《蹇》。
〔註172〕見項安世《周易玩辭》卷八《蹇‧往來》。
〔註173〕見錢士升《周易揆》卷六《蹇》。

《周易玩辭困學記》卷九

解 ䷧ 坎下震上

解：利西南。無所往，其來復，吉。有攸往，夙吉。《說文》：解，判也。從刀判牛角。

《彖》曰：解，險以動，動而免乎險，解。「解，利西南」，往得眾也。「其來復，吉」，乃得中也。「有攸往，夙吉」，往有功也。天地解而雷雨作，雷雨作而百果草木皆甲坼。解之時大矣哉！坼，《石經》作「坼」。

《解》之西南即《蹇》之西南也。在《蹇》為展布之方，在《解》為休息之地。在《蹇》謂之「得中」，在《解》謂之「得眾」。世固有難解而人仍反側者，必得眾然後為解也。來復、往夙，聖人設此兩端，以發明利西南之義。「無所往」者，險既解則無所往矣，無所往則當「來復」。來復於坎，為九二之中，得中故「吉」。《蹇》五之得中在上，故曰「往」。此之得中在下，故曰「來」。天下既平，地大人眾，時有意外，故曰「有攸往」。「攸往」指四。震為雷，鋤奸去暴，如疾雷破山，不及掩耳，方可奏功，故曰「夙吉」。褚氏曰〔註1〕：「世有無事求功，故戒以無難宜靜。亦有待敗乃救，故戒以有難宜速。」

《蹇》、《解》反對。九二即《蹇》九五。嚮往而在上，今則來而在下。九四即《蹇》九三，向艮止不動，今則進而在四上。下二卦皆以陽為主，惟陽能解乎陰也。〔註2〕

〔註 1〕見《周易正義》卷七《解》。

〔註 2〕潘士藻《讀易述》卷七《解》：「《蹇》、《解》本相反之卦。《蹇》九五往在上，今來居二，是陽復於下卦之中矣，故『無所往，其來復，吉』。《蹇》九三為

胡仲虎曰：「《蹇》言『不利東北』，《解》不言者，艮東北，《蹇》有艮，《解》無艮。《蹇》方止於險中，故言利平易，不利險阻。《解》已出險外，故但言平易之利，不言險阻之不利。」「得中」、「有功」，《本義》皆指九二。九二猶在坎中，未出險也，何功之有？險之所以出者，以震也，九四為成卦之主，「有功」宜指四。

「來復」不止安靜，整頓紀綱皆復如舊，故曰「復」。「乃」之為言，申明「來復」之義，言「來復」非畏事，必如此乃得中道耳。「夙」者，敏捷決斷，不移時而定，豈不有功？

《象》曰：雷雨作，解。君子以赦過宥罪。

《周禮》〔註3〕：「司刺〔註4〕掌赦宥之法。一赦曰幼弱，再赦曰老耄，三赦曰蠢愚；一宥曰不識，再宥曰過失，三宥曰遺忘。」

初六：无咎。

《象》曰：剛柔之際，義「无咎」也。

初六有占無辭，一片無字碑也。當解之初，穢惡滌蕩，湯火清冷，故曰「无咎」。《傳》明之曰「剛柔際」，剛謂二，柔謂初，際即泰天地際、坎剛柔際之際。解難之初，剛柔不接，後將畸勝而不可救矣。此即卦中無事來復、有事夙往之旨。

何閩儒曰〔註5〕：「卦以二、四為《解》之主，以去小人為解之工夫，天下多事，敵國外患，雜然並作，此亂之形也。小人用事，則亂之本也。漢唐之

艮止不動，今往居四，其體震動為往，故『有所往，夙吉』。上下二卦皆以陽為主，惟陽能解乎陰也。褚氏云：『世有無事者求功，故誡以無難宜靜。亦有待敗乃救，故誡以有難須也。』」

章潢《周易象義》卷三《解》：「《蹇》、《解》本相反之卦。《蹇》九五往上，今來居二陽，復於下卦之中矣，故『無所往，其來復，吉』。惟其來復，所以無所往也。《蹇》九三為艮止不動，今往居四，其體震動為往，可謂夙而早矣，故『有所往，夙吉』。上下二卦皆以陽為主，惟陽能解乎陰也。」

此前，俞琰《周易集說》卷七《解》：「九二即《蹇》九五，向也往而在上，今則來而在下，是為『來復』。九四即《蹇》九三，向也艮體止而不動，今則進而在四，變為震體之動，是為『有攸往』而『夙』。」俞琰之說又見焦竑《易筌》卷三《解》，未言係引用。

〔註3〕見《周禮·秋官司寇·司刺》

〔註4〕「刺」，原作「剌」。據四庫本、《周禮》改。

〔註5〕見何楷《古周易訂詁》卷四《解》。

祚不訖於曹、朱，而始於閹宦之擅權；宋之鼎不移於金、元，而起於王、呂之新法。故諸爻皆以君子小人立論。然所以處之者，亦自有道。罪未形而深文以誅之，則彼之辭直；惡有首而株連以盡之，則我之釁深。『無所往，來復，吉，有攸往，夙吉』，此《解》之善道也。」

胡仲虎曰〔註6〕：「《恒》九二『悔亡』，《大壯》九二『貞吉』，《解》初六『无咎』，三爻之詞只二字，其言甚簡，象在爻中，不復言也。」

九二：田獲三狐，得黃矢，貞吉。

《象》曰：九二「貞吉」，得中道也。

孔仲達云〔註7〕：「狐者隱伏之物，三為成數，舉三言之，搜獲備盡矣。」按：「凡物不獲則兩失，獲則兩得。黃矢所以取狐，狐獲則黃矢亦返矣。黃，中色。矢，直物。」〔註8〕此去小人而得君子也。坤，黃色。二以一陽互於坤陰之中，黃矢之象。

狐者，多疑之物。君子之不能解小人，皆疑為之累也。疑則昵於情而不忍，懾於勢而不敢，委於力而不能，小人何由得解？君子於此，當如田者焚林竭澤，種種疑情搜獲殆盡，中道自見，正氣自伸，有何不貞？有何不吉？爻言去疑，則中道自得。《象》言「得中道」，則自然廓清，疑不必論。兩聖互相發明如此。私記。

解天下之難，自小人始，然非柔者所能辦，亦非剛過者所能辦。九二有剛中之德，果而不激，用能審幾以靖亂源，故有「田獲」之象〔註9〕，而《傳》以「得中道」明之。

「狐以言其媚惑，負乘以言其僭竊，拇以言其附麗，隼以言其鷙害。」〔註10〕蕩天下之反側易，去君側之僉壬難，故赦宥寬於百姓，而田射加於小人。

〔註6〕見胡炳文《周易本義通釋》卷二《解》。
〔註7〕孔《疏》見《周易正義》卷七《解》。
〔註8〕見何楷《古周易訂詁》卷四《解》。
〔註9〕何楷《古周易訂詁》卷四《解》：「天下之難，率自宵人始。欲解天下之難者，必有以處宵人，然後可。然非柔者所能辦，以其濡也。又非剛而過者所能辦，以其激也。九二以陽居陰，秉剛中之德，果而不激，用能審幾酌畫，使羣奸皆就我籠絡之中，以靖亂源，故有『田獲三狐』之象焉。」
〔註10〕見胡廣《周易大全》卷十四《解》、洪鼐《讀易索隱》卷三《解》，稱「建安丘氏曰」。

　　章本清曰：「《解》二『田獲三狐，得黃矢』，坎中陽畫像矢，故云『得』。《旅》五『射雉，一矢亡』，離中虛，故云『亡』。」〔註11〕坎為狐，故《既濟》亦坎，取狐象。離為雉，《鼎》三亦因上離取「雉膏」之象。各卦須會通觀之，象義自見。

　　六三：負且乘，致寇至，貞吝。

　　《象》曰：「負且乘」，亦可醜也。自我致寇，又誰咎也？

　　負者，小人之事。乘者，君子之器。負者負四，乘者乘二。曰「貞吝」者，「乘君子之器，則勉為正；懷小人之心，則終為可吝也」〔註12〕。

　　余銘缶曰〔註13〕：「負雖醜，未必可醜。『可醜』者，負而且乘也。說『可醜』，便有致寇意。在。『誰咎』着一『又』字，正見咎自我作，更埋怨人不得。」

　　九四：解而拇，朋至斯孚。

　　《象》曰：「解而拇」，未當位也。

　　此震動之始，《象》所謂「攸往，夙吉」者也。卦惟二、四兩陽任解之責，而三介處其間，故為告四之詞曰必解汝之拇，而後朋之至斯相孚信。拇不解，未有相信者也。「斯」字重看。震為足拇，居足下。三居四下，奔走趨附之象。〔註14〕曰「而拇」者，見其為四所親也。《象》曰「位未當」，木必先蠹而後蠹生之，不然，拇其如之何哉？二、四同德為朋。「未當位」，《傳》、《義》謂以九居四，失位不正，則何以處九二？若謂指六三，則何以處六五？此皆未觀其會通者也。九二，《象傳》以為「得中道」，則此之「未當位」指不中而

〔註11〕潘士藻《讀易述》卷九《旅》：
　　章氏曰：「《解》二『田獲三狐，得黃矢』，坎中陽畫像矢，故云『得』；《旅》五『射雉，一矢亡』，離中虛，故云『亡』。」
　　按：此處當據《讀易述》引。經查，章潢書中未見此語。而胡居仁《易像鈔》卷十二：「《解》二『得黃矢』，坎中陽畫像矢，故『得』。《旅》五『一矢亡』，離中虛，故云『亡』。皆實象。」
〔註12〕見呂巖《呂子易說》卷下《解》。「正」，《呂子易說》作「正事」。
〔註13〕余叔純，字與文，別字銘缶，遂安人。《經義考》卷六十二著錄其《周易讀》五卷。
〔註14〕何楷《古周易訂詁》卷四《解》：「卦惟二、四兩陽爻，皆任解之責者，而三實介處於其間。二雖能以黃矢獲之，而猶慮四與之暱也，故為告四之辭曰必解汝之拇，而與朋相孚則可而汝也。拇，足大指也。震為足，拇居足下。三比於四而居其下，拇之象也。」

言。然不曰不當位而曰未當者，四居高臨下，自謂與小人毫無比昵，而不知藕斷絲聯，有隱隱難割之處，故以「未」字提醒之，欲其忍痛割愛，一刀兩斷。私記。

六五：君子維有解，吉。有孚於小人。
《象》曰：君子「有解」，小人退也。

六五柔中居尊，二剛輔之狐已獲、拇已解矣。所慮者，君子胸中未能冰消霧釋，則群小猜疑，從此復起。故此時更不用他術，維有蕩然廓然，無纖毫芥蒂，則豈惟朋至而孚，小人亦信之而不疑矣。〔註15〕質卿曰〔註16〕：「『君子維有解』，只是自治便吉，便有孚於小人。小人之孚，正是吉處。在小人惟有結，在君子維有解。維有解而天下無不可化之人，無不可為之事矣。」《象》曰「君子有解，小人退也」，總責成君子身上。

朱康流曰〔註17〕：「柔中居尊，以溫厚和平之德解險釋難，如春氣至而堅冰渙，惟見其解，不見其所以解之故。如此為解，不惟屈其勢，且有以服其心。小人之退，非九五退之，蓋自退也，故曰『有孚於小人』。」

李宏甫曰〔註18〕：「小人之心，其初亦願交歡君子，以保富貴。唯君子之怒不解，故反噬之毒愈深。然則小人之禍卒不可解者，皆君子之不解者先之。此千古治亂之大機，故聖人於此復致意焉。」

上六：公用射隼於高墉之上，獲之，無不利。
《象》曰：「公用射隼」，以解悖也。

〔註15〕錢士升《周易揆》卷六《解》：「六五柔中居尊，二剛輔之，震動之後，狐已獲，拇已解矣。君子相維繫已孚矣，然維繫患其不孚，又患其不解。君子之維不解，則小人之疑不化。已解者將復結，而終不能退。『君子維有解』，其無偏無黨，蕩平正直之王道乎？朋至之孚，孚於君子也。有孚於小人，則小人化為君子矣。」

〔註16〕見潘士藻《讀易述》卷七《解》。「在小人惟有結」後之文字見焦竑《易筌》卷三《解》，未言係引用。

〔註17〕見朱朝瑛《讀易略記·解》。（《四庫全書存目叢書》經部第24冊，第788頁）

〔註18〕李贄《九正易因·解》：「蓋小人之心，其初亦願與君子為歡，以保其富貴。不願與君子為仇，以失其富貴。唯君子之怨小人也不解，故小人常患恐失之，而反噬之毒始深，而不可解。然則小人之禍卒於不可解者，皆以君子之不解者先之。此千古治亂之大機，故聖人於此復致意焉。」

或以隼為上六，公指二四。玩《繫詞》則義主本爻。鄭申甫曰〔註19〕：「隼，六三也。『射之』者，上六也。上六在上，高墉之象，不是隼集高墉，乃據高墉以射隼，得機得勢，故『無不利』。當解之時，百姓之過罪可原，小人之奸惡難恕〔註20〕。三以陰險之才，啟天下之難，故稱之以『悖』。『悖』之一字，其罪大矣，不解則害有不可言者。上豈有所私忿？亦豈好事而為此哉？」

《解》之諸爻皆不當位，惟上以當位收解之全功。上蓋元老重臣，任天下之事者。君側之惡，非上其孰能殲之？

隼，祝鳩也，鷐屬，鷙鳥之害物者。○〔註21〕《爾雅》：牆謂之墉，《書》曰「既勤垣墉」。

損☲兌下艮上

損：有孚，元吉。无咎，可貞。利有攸往。曷之用，二簋可用享。《說文》：「損，減也。從手員聲。」楊止菴曰〔註22〕：「凡物皆以手持，持而不定，必有所失，故象損。」

《彖》曰：損，損下益上，其道上行。損而「有孚，元吉。无咎，可貞。利有攸往」。「曷之用，二簋可用享」，二簋應有時，損剛益柔有時。損益盈虛，與時偕行。

舊說《損》從《泰》，《益》從《否》，此祖卦變之說，非也。但據見在之象，《損》之下兌上艮，乃損下卦之三為上卦之上；《益》之下震上巽，乃損上卦之四益下卦之初。至於命名之義，其說有三。凡陽為有餘，陰為不足，故損下益上、損上益下皆主損陽益陰言。〔註23〕蓋陽屬剛強，陰屬謙柔，剛強可損而謙柔不可損，謙柔可益而剛強不可益也。此其一。《損》、《益》二卦皆就下言，聖人不以損上為損，而以損下為損不以益上為益，而以益下為益。貴以賤為本，高以下為基，故損下則下與上俱損，益下則下與上俱益，所謂君

〔註19〕不詳。

〔註20〕張振淵《周易說統》卷六《解》：「陸庸成曰：『當解之時，百姓之過罪可原，而小人之奸惡難恕。』」

〔註21〕此處原為空格，今以「○」區分。

〔註22〕楊時喬《周易古今文全書》卷六《損》。（《四庫全書存目叢書》經部第8冊，第613頁）

〔註23〕何楷《古周易訂詁》卷四《損》：「凡陽為有餘，陰為不足，故損卦之損下益上，益卦之損上益下，皆主損陽益陰言。」。

子務知大者遠者。損下以自益，君子以為自損；自損以益下，君子以為自益也。〔註24〕此其二。《損》卦不損二與初而損三，《益》卦不益三與二而益初，損殺其盈，益培其本也。〔註25〕此其三。私記。

王《注》〔註26〕：「損之為道，『損下益上』，損剛益柔也。損下益上，非補不足也。損剛益柔，非長君子之道也。損而可以獲吉，其惟有孚乎？『損而有孚』，則『元吉，无咎，可貞，利往』矣。『損剛益柔』，不以消剛。『損下益上』，不以盈上。損剛而不為邪，益上而不為諂，則『无咎可貞』。以斯有往，物無距也。」

卦辭曰「損，有孚」，《彖辭》曰「損而有孚」，加一「而」字，其義曉然。「曷」，何也，自為問答之詞，言將何所用乎？可用二簋而享也。以喻損下益上，惟在乎心，何必竭於不足而補有餘也？〔註27〕「文王發損之理，孔子明損之用，故揭過『元吉』、『无咎』諸辭，而直解『二簋』一語。又因『二簋』，及卦畫之時，而歎損益盈虛與時偕行之妙。」〔註28〕蓋「非特二簋之用有時，以卦畫推之，損剛益柔有時，以天下之理推之，凡損益盈虛皆有時也」〔註29〕。《疏》云〔註30〕：「鳧足非短，鶴脛非長，何須損我以益人，虛此以盈彼？」但時之所在，不能不爾。

朱康流曰〔註31〕：「剛必至三乃損，柔必至上乃益，所謂『損剛益柔有時』也。然一卦有一卦之時，一爻有一爻之時，故損不獨在三，益不獨在上，所謂『消息盈虛，與時偕行』也。」

〔註24〕蘇軾《東坡易傳》卷四《損》：「自陽為陰謂之損，自陰為陽謂之益。兌本乾也，受坤之施而為兌，則損下也。艮本坤也，受乾之施而為艮，則益上也。惟益亦然。則損未嘗不益，益未嘗不損。然其為名則取一而已，何也？曰：君子務知遠者大者，損下以自益，君子以為自損；自損以益下，君子以為自益也。」

〔註25〕何楷《古周易訂詁》卷四《損》：「金汝白云：『《損》卦不損二與初而必損三，《益》卦不益三與二而必益初者，損殺其盈，益培其本也。』」

〔註26〕見《周易正義》卷七《損》。

〔註27〕李鼎祚《周易集解》卷八《損》「崔憬曰：『曷，何也。言『其道上行』，將何所用？可用二簋而享也。以喻損下益上，惟在乎心，何必竭於不足而補有餘者也？』」

〔註28〕見張振淵《周易說統》卷六《損》，稱「陸君啟曰」。按：陸氏之說見隆夢龍《易略·損》。

〔註29〕見胡炳文《周易本義通釋》卷十二《象下傳》。

〔註30〕見《周易正義》卷七《損》。

〔註31〕見朱朝瑛《讀易略記·損》。（《四庫全書存目叢書》經部第24冊，第789頁）

　　陸君啟曰〔註32〕：「損之為道，可以養德，可以居功，可以處高，可以節用，故以『元吉』、『无咎』、『可貞』、『利往』許之。然天下固有呴呴於聲色，鼀鼀於節文，可謂之實能損乎？損之妙全在『有孚』，有若無，實若虛，非惟無一毫矯飾，並無一毫矜持，所謂『損而有孚』，乃備此諸美耳。」

　　馮元敏曰〔註33〕：「以陰損乾之陽而為兌，以陽益坤之陰而為艮，艮陽止於上而受益，兌陰說於下而甘損，『有孚』之義也。」

　　胡仲虎曰〔註34〕：「『元吉』、『无咎』、『可貞』、『利往』占之，辭繁而不殺。自《坤‧象》外，未有如此反覆詳悉者。損本拂人情之事，損下未必大吉，未必無過，未必可固守，未必可有往，惟損其所當損，於理可行，而下信之，其占乃如此耳。」又曰〔註35〕：「上下經陰陽各三十畫，然後為《否》、《泰》，為《損》、《益》。《咸》，男女之交，變而《損》則不交；《恒》，男女之不交，變而《益》則交。咸者，夫婦之情。情之感也，極必損。恒者，夫婦之道。道之久也，極必益。」

　　《損》之釋《彖》曰「損下益上」，不言損民，諱之也。《益》之釋《彖》曰「損上益下」，民說無疆，快之也。〔註36〕然此特設卦觀象之一義耳，非全卦本旨。私記。

　　享主燕享說。禮：陳饋八簋為盛，四簋為中，二簋為簡。〔註37〕

〔註32〕陸夢龍《易略‧損》：「伐善無施勞，皆損之說也，可以養德，可以節用，可以居功，可以處高。損之為義，焉所不善哉？以『元吉』、『无咎』、『可貞』、『利往』許之。然天下固有呴呴其聲色以為下人，鼀鼀於節文以為持己者，可謂之實能損乎？損之妙全在孚，有若無，實若虛，真能下人，真能忘己，非惟無一毫矯飾，並無一毫矜持，所謂『損而有孚』，乃備此諸美耳。減省者，損之用也。孚者，損之實也。有此實心，則儀文俱可減省。享祀且然，況其他。」《四庫全書存目叢書》經部第19冊，第505頁。

〔註33〕馮時可《易說》卷三《損說上》。又見於托名呂巖《呂子易說‧損》。

〔註34〕見胡炳文《周易本義通釋》卷二《損》。

〔註35〕見胡炳文《周易本義通釋》卷二《損》。

〔註36〕胡炳文《周易本義通釋》卷二《損》：「然損九三益上六為損，初九上而為四為五，胡不謂之損？損九四益初六謂之益，上九下而為三為二，胡不謂之益？益在下卦之下，民爻也。下之上，容可損。下之下為民，決不可損也。故《損》之釋《象》曰『損下益上』，而不言損民；《益》之釋《象》曰『損上益下』，民說無疆，則其為益民也可知矣。民惟邦本，可益而不可損。」

〔註37〕胡一桂《易本義附錄纂疏‧損》：「徐氏曰：（略）『曷之』，用問辭。『二簋享』，答亂。下之奉上，槩謂之享。燕禮之重，亦謂之享。古者享禮以四簋為中，

《象》曰：山下有澤，損。君子以懲忿窒欲。

「山下有澤，其山日損。人有忿欲，其德日損。」〔註38〕「忿起象山，當懲其勢。欲流象澤，當窒其源。」〔註39〕

「陸子靜曰：『學者未知道，縱令懲窒得忿欲全無，亦未是學問。』此言當深味之。」〔註40〕

初九：己事遄往，无咎，酌損之。己音紀。

《象》曰：「己事遄往」，尚合志也。

損之為道，損下益上，損剛益柔者也。內三爻同以益上為事，三已往上，二、五剛柔相當，惟初以剛居剛，四以柔居柔，正損剛益柔、損下益上之時也。損益之際，一分人我，便遲回觀望，補救不力。聖人親切而告曰「己事」，言此非人之事，乃己事也，「遄往」則「无咎」，少遲則有咎矣。匹夫不獲，時予之辜〔註41〕。聖人視天下後世郍〔註42〕一件不是己身上事。禹、稷過門不入，只為己溺己饑故耳。既曰「遄往」，又曰「酌損」，就遄往中示以損之良法，救病如救火，固須遄往。用藥時，或補或泄，或緩或急，又須細細商量，故曰「酌」。酌即酌以二之中耳。二之志惟欲剛柔得中，初之遄往，正損剛益，柔以合二之志，故曰「尚合志」。尚，庶幾也。遄往，庶幾可合，不則不能合矣。曰「遄往」、曰「酌損」，輕重疾徐各當其可，所謂「損剛益柔有時。損益盈虛，與時偕行」也。私記。

胡仲虎曰〔註43〕：「益道在人，損道在我。益人必欲其盡，損己須擇其可。

陳饋八簋為盛。當損之時，二簋雖薄，而亦可用享也。」又見董真卿《周易會通》卷八《損》。胡炳文《周易本義通釋》卷二《損》：「古者，享禮陳饋八簋為盛，四簋為中，二簋為簡。」

〔註38〕 見楊簡《楊氏易傳》卷十三《損》。

〔註39〕 見焦竑《易筌》卷三《損》。

〔註40〕 見潘士藻《讀易述》卷七《損》，係引劉調甫之說，原出（明）劉元卿（字調甫）《大象觀》。（彭樹欣編校《劉元卿集》，上海古籍出版社2014年版，第695～696頁）。

　　按：陸九淵《象山先生全集》卷三十五《象山先生語錄》：「江泰之問：『某每懲忿窒慾，求其放心，然能暫而不能久，請教。』答曰：『但懲忿窒慾，未是學問事。便懲窒得全無後，也未是學。學者須是明理，須是知學，然後說得懲窒。知學後懲窒，與常人懲窒不同。常人懲窒，只是就事就末。』」

〔註41〕 《尚書·說命下》：「一夫不獲，則曰時予之辜。」

〔註42〕 「郍」，四庫本作「那」。

〔註43〕 胡炳文《周易本義通釋》卷二《損》：「通曰：初九以剛居剛，而當損之初，

如酌酒者，量其所受，隨器而止，不傷其本。」

九二：利貞，征凶。弗損益之。

《象》曰：九二「利貞」，中以為志也。

《彖》言「損剛益柔有時」，損益有過不及，故損一益一，以求中如。初之過剛，四之過柔，當遄往以益是也。二以剛居柔，五以柔居剛，兩得其中，若更有增損，則反失其中矣，故守貞則利，有往則凶。夫一往耳，何以便凶？不宜往而往，則枉道徇人，無所不至，此名義所關，風氣所繫，為害不小。「弗損益之」，乃申明利貞之義。子瞻曰〔註44〕：「以損己者益人，其益止於所損。以無損於己者益人，則其益無方。《損》之三、《益》之四皆以損己者益人，而《損》之二、《益》之五皆以無損於己者益人。《象》曰『二簋可用享』，夫祭祀之設簋也，亦以其意而已，我豈予之，神豈取之哉？君子之益人也，蓋亦有無以予之，而人不勝其益者，故初可『遄往』，而九二『征凶』。」

以人事論，則初乃捐軀徇國之勞吏，二乃直己守道之大人，地位不同，作用亦異。下之所以益上，不過此二者而已。然初之益上易見，二之益上在功名氣節之外。《象》曰「中以為志」，「志」者，堅而不可動者也，必不損己徇人可知矣。私記。

六三：三人行，則損一人。一人行，則得其友。

《象》曰：「一人行」，「三」則疑也。

《本義》〔註45〕：「下卦本乾，而損上爻以益坤，『三人行』而『損一人』也。一陽上而一陰下，『一人行』而『得其友』也。兩相與則專，三則雜而亂。」

此爻，損之所以成卦也。聖人不取損下益上之義，就卦體看出剛柔上下不測之妙。兩「則」字有不期然而然之意，損固無心，得亦無意也。敬仲云〔註46〕：「天下之理，消與長聚門，損與益同根。三人同行，其眾可喜也，而

惟其以剛居剛，則為之過，故可自己其所為，而遄往以益四；惟其當損之初，則又未可自損之過，故當酌其深淺之宜，而不自傷其本。量其所受，隨器而止，酌之義也。」按：此說早見鄭汝諧《易翼傳·損》，云：「量其所受，隨器而止，酌之義也。」

〔註44〕見蘇軾《東坡易傳》卷四《損》。
〔註45〕見朱熹《周易本義》卷二《損》。
〔註46〕見楊萬里《誠齋易傳》卷十一《損》，非楊簡之說。

見疑於二人。一人獨行，其孤可弔也，而得友於一人。豈惟損益無定形哉？親疏眾寡亦無定與矣。」《小象》繫詞則不泥著卦體，又就爻辭中發明兩則一、三則疑之理。君禹云〔註47〕「三而損一，兩也。一而得友，亦兩也。」「兩相與則專」，專則一。天地之化醇，男女之化生，皆一而兩，兩而一，有何疑之有？損貴有孚，疑正與孚相反。

鄧汝極曰〔註48〕：「目兩以視一而明，耳兩以聽一而聰，足兩以布一而行，手兩以端拱而恭。牝牡相從，馬牛其風。施於禽蟲，交交嚶嚶。巨虛蛩蛩，形行景從。大之而，天地和同，明穆愊衷。」

陸與偕曰〔註49〕：「『三則疑』者，謂三爻同往而與上爻則疑，非謂乾三為偶，遂有疑象也。」

焦弱侯曰〔註50〕：「下乾上坤，陰陽皆應，何待三、上二爻相易，而後為兩相與哉？蓋下體三陽無陰，上體三陰無陽，疑於不相交者。今一陽既行而之上，一陰又來而之下，其相交之象益明，而初與四、二與五不待言矣。故孔子以『天地絪縕，男女搆精』釋之。」

六四：損其疾，使遄有喜，无咎。

《象》曰：「損其疾」，亦可喜也。

上三爻皆處損而受益者。《書》曰「沉潛剛克，高明柔克」〔註51〕，陰陽不得中皆為疾。六四以柔居柔而不中，偏於柔者，下與初應，損剛益柔，對證之藥。蓋柔之為疾，常失諸緩，緩則佩弦。四之損疾，如刮骨療毒，毫無畏憚，使遄往而益我者亦踊躍稱快，《彖》之「无咎」歸諸斯人矣。夫子見諱疾忌醫者眾，故言「亦可喜」以鼓舞之。「亦」之為言，謂無疾固可喜，能損其疾，與無疾等，亦可喜也。張中溪曰〔註52〕：「初言『遄往』，四言『使遄』。初之遄，四實有以使之也。」

〔註47〕見蘇濬《生生篇‧損》。
〔註48〕見何楷《古周易訂詁》卷四《損》。
〔註49〕《四庫全書總目》卷九陸位時《義畫憤參》二十五卷稱：「陸位時，字與偕，錢塘人。在前明嘗官鄞縣訓導。是書成於順治丙戌，前有位時自序。」
〔註50〕見焦竑《易筌》卷三《損》、何楷《古周易訂詁》卷四《損》。又見錢士升《周易揆》卷六《損》，無「故孔子以『天地絪縕，男女搆精』釋之」一句，不言係引用。
〔註51〕見《尚書‧洪範》。
〔註52〕見胡廣《周易大全》卷十五《損》。

六五：或益之十朋之龜，弗克違，元吉。

《象》曰：六五「元吉」，自上祐〔註53〕也。

子瞻曰〔註54〕：「六五者，受益之主，非受益之地也。以受益之主而不居受益之地，不求益者也。不求益而物自益之，故曰『或』。『或』者，不知所從來之詞也。」何以曰「十朋之龜」？龜之為寶，謂其知吉凶而前民用，猶國之有賢也。國以賢為寶，人主受益莫過得賢。「十朋之龜」謂上九也。何以不言九二？九二正應，不得言「或」。六五坤體，質本柔暗，損三益上而為艮，艮德光明，龜之象也。原非招之而來，豈能違之而去？德與福俱，人與我合，天與人全，而損與益復通為一，大善而吉之道也。《象》推原於「上祐」，賢才之生，帝簡嶽降，子房所謂「天以臣賜陛下」，豈凡情常理所可擬議哉？二卦之受益者，不在九二、九五，而在六五、六二，以柔中故也。「謙受益」之義可知矣。私記。

質卿曰〔註55〕：「人之益必有所自。六五之『元吉』，為『或益』之意者，自上祐乎？思若啟，行若翼，其必有默感而默受者，天地鬼神所不能違也。」

「《損》損三以益上者也，而五受其益，故曰『自上祐』。《益》損四以益初者也，而二受其益，故曰『自外來』。」〔註56〕上謂上九，外謂外卦。

《否》、《泰》之初、上相易，故「茅茹」象同。《損》、《益》之二、五相易，故龜朋象同。《既濟》《未濟》之三、四相易，故「鬼方」象同。卦變之道，於是乎觀。〔註57〕

徐子與曰〔註58〕：「班固《食貨志》：『元龜岠冉長尺二寸，直二千一百六十為大貝十朋。』注：『冉，龜甲緣也。岠，至也。度背兩邊緣尺二寸也。』」

〔註53〕「祐」，《周易集解》同。《周易正義》、《伊川易傳》、《周易本義》均作「祐」。

〔註54〕見蘇軾《東坡易傳》卷四《損》。

〔註55〕見潘士藻《讀易述》卷七《損》、張振淵《周易說統》卷六《損》。又見曹學佺《周易可說》卷三《損》，未言係引用。「思若啟，行若翼」，三書所引均作「思若啟之，行若翼之」。

〔註56〕見焦竑《易筌》卷三《損》、錢士升《周易揆》卷六《損》、胡居仁《易像鈔》卷十一《損》。其中，《易筌》後另有「『上祐』乃上爻之上」一句。《易像鈔》引文前注《易筌》。

〔註57〕此一節見邵寶《簡端錄》卷二《易》。又見張獻翼《讀易紀聞》卷三《損》、潘士藻《讀易述》卷七《損》，均未言係引用。

〔註58〕不詳。

〔註59〕古者以貝為貨，『兩貝為朋，朋直二百一十六，元龜十朋，故二千一百六十也』〔註60〕。」

朱元晦曰〔註61〕：「汪彥章說離為龜，故卦言龜處皆有離象。如《頤》之『靈龜』，《損》、《益》『十朋之龜』，以其卦雖無離，而有中虛之象，通體似離也。此其求之巧矣。然《頤》猶取龜義，而無取於離；《損》、《益》則但言其得益之多，而義亦不復繫於龜矣。今乃不論其所以得益之故，以為求益之方而必求其龜之所自來，亦可謂枉費心力矣。」讀《易》者不可不知此說。

上九：弗損益之，无咎。貞吉，利有攸往，得臣無家。
《象》曰：「弗損益之」，大得志也。

上為卦主，損下而受益者也，而曰「弗損益之」，所謂「弗損者」何物、「益」者何物也？《彖》言「元吉。无咎，可貞。利有攸往」為「有孚」也，此亦曰「无咎。貞吉，利有攸往」，則知此弗損之益，即《彖》之「有孚」也。孚者，心也。孟子曰：「得其民者，得其心也。」此心在天地間，取之不禁，用之不竭。上不為淫刑暴斂以損傷其心，民亦不忍自損傷其心以欺其上，忠君愛國之念充滿盈溢，有纖毫之損否？既無纖毫之損，即是鉅萬之益，更有何咎？有何不貞、不吉、不利往？不「大得志」耶？不然，民自反此中，君親之念剝削殆盡，將以何者而益上乎？「得臣無家」謂三。三棄其同類以上行，是無家也。上有無家之臣，下有弗損之民，雖欲不永安長治，不可得矣。私記。

「三曰『得友』，以陰從陽言。上曰『得臣』，以陽乘陰言。」〔註62〕項平甫曰〔註63〕：「六三所以損也，故爻詞極論損之精義。上九受損之益者也，故爻詞備言損之成效。」

楊敬仲曰〔註64〕：「弗損而益，心之中正始為得，始為大得，謂不失本心之大全，非世俗所謂得志也。」錢塞庵曰〔註65〕：「『大得志』者，初之合志、二之中志，至此乃大得也。」

〔註59〕《漢書》顏師古注稱「孟康曰」。
〔註60〕《漢書》顏師古注稱「蘇林曰」。
〔註61〕見朱熹《晦庵集》卷六十一《答林德久》。
〔註62〕見錢士升《周易揆》卷六《損》。
〔註63〕見錢士升《周易揆》卷六《損》。項安世《周易玩辭》無此語。
〔註64〕見楊簡《楊氏易傳》卷十四《損》。
〔註65〕見錢士升《周易揆》卷六《損》。

損之為卦，損下以益上也。二下體而曰「弗損益之」，不損己而益人也。上上體而曰「弗損益之」，弗損人而益己也。天下未有益人而不損己、受益而不損人者，而此曰「弗損」，何也？以學問言，不斲喪天機，天機自長；以政事言，不掊克民力，民力自裕。不枉道以事君，則君日進於聖明；不徇黨以內交，則交自敦於膠漆。不觀於龜乎？龜之於人，豈有以與人，而人有以取之哉？亦効其知而已。不觀於二簋乎？二簋之於神，豈有以與神，而神取之哉？亦取其意而已。故損之益有限，而弗損之益無窮。知弗損之益者，可以語損益矣。私記。

孔子讀《易》至《損》、《益》，喟然而歎。子夏避席而問，荅曰：「夫自損者益，自益者損，吾是以歎也。」〔註66〕又《淮南子》引孔子讀《易》至《損》、《益》，喟然而歎曰：「或欲利之，適足以害之。或欲害之，適足以利之。利害，禍福之門，不可不察。」〔註67〕

東漢向長字子平，讀《易》至《損》、《益》卦，喟然歎曰：「吾已知富不如貧，貴不如賤，但未知死何如生耳。」中歲嫁娶畢，遂與禽慶遊五嶽，不知所終。〔註68〕

益☲☳震下巽上

益：利有攸往，利涉大川。《說文》：「益，饒也。」《六書正譌》：益，器滿也。從水從皿。會意。

《彖》曰：益，損上益下，民說無疆。自上下下，其道大光。「利有攸往」，中正有慶。「利涉大川」，木道乃行。益，讀。動而巽，日進無疆。天施地生，其益無方。凡益之道，與時偕行。

「《損》卦則損下，《益》卦則益下，得名皆就下而不據上者。」〔註69〕凡卦以內為主，凡物以下為本，草木之根、牆屋之基、人之氣血，皆從下始也。〔註70〕

〔註66〕見劉向《說苑》卷十《敬慎》。

〔註67〕見《太平御覽》卷六百九《學部三》。

〔註68〕見《後漢書》卷八十三《逸民列傳》。

〔註69〕見《周易正義》卷七《益》孔《疏》。

〔註70〕項安世《周易玩辭》卷八《損益》：「凡物以下為本，故損下則謂之損，益下則謂之益，而上之損益皆不與焉。草木之根、牆屋之基、人之氣血皆然。凡稱損益盈虛者，皆以下言也。山下有澤，損，山非不實也，上實而下虛，故

益下本於損上，則所謂益者，不是虛名。故事：一切仁政，俱自勞心節用中來。「民說無疆」，固其宜也。「自上下下」，又言其所謂益下者，乃自上卦而下於下卦之下，則是遐陬僻壤，無不沾溉，非若霸者之狹小卑暗，故曰「其道大光」。聖人於《損》不過曰「其道上行」而已，至《益》則不勝讚歎，情見乎詞若此。

天下惟大中至正，到處可往。偏僻之性，寸步難行。二、五中正相應，何事不辦？震巽屬木，五行金火土入水則滅。木性任重善浮，風濤可濟。「木道乃行」，「乃」字可玩，見惟大川乃見木之作用，置諸溝澮則膠矣。

「動巽」句就卦德言人事之益。「巽」者，沉潛深入之謂。學貴奮迅，若不細心理會，終難長進。「施生」句就卦變言造化之益，乾施一陽於坤而為震，坤一陰上應乎乾而為巽，震巽於時為春夏，正天施地生，雷雨益物之時也。凡益之道，總言造化人事。學到工夫足處，自然「無疆」。物到氣候足處，自然「無方」。〔註71〕所謂「與時偕行」也。

鄒黍回曰〔註72〕：「凡益之有形者有方，無形者無方。雷動風散，不過太虛鼓蕩，而萬物生機潛為開暢，人莫窺其朕兆，亦莫測其涯際。故曰『天施地生，其益無方』。雨露之施生易見，風雷之施生，人孰得而知之？」

陸君啟曰〔註73〕：「因損而知盈之必虛，聖人不能圉其時之去，能為不盈。因益而知虛之必盈，聖人不患其時之不來，患其欲速。」

《象》曰：風雷，益。君子以見善則遷，有過則改。從己從攴。攴音樸。擊也。李陽冰曰：己有過，攴之則改。

遷善改過稍涉遲回，善不為吾有，過遂成吾過矣，何益之有？聖人所以取義於風雷也。〔註74〕

其卦為損。風雷，益，風非不散也，外散而內盈，故其卦為益。皆主下卦言之也。山吸澤之氣，亦損下也。風助雷之威，亦益下也。」
〔註71〕張振淵《周易說統》卷六《益》：「夫學到得工夫足處，進自然『無疆』。物到氣化足處，益自然『無方』。可見益不外乎時也。」
〔註72〕鄒忠胤，一作忠允，字肇敏，武進人。萬曆四十一年（1613）進士。《乾隆江南通志》卷一百九十《藝文志》著錄其《周易揆》。
〔註73〕陸夢龍《易略·益》。《四庫全書存目叢書》經部第19冊，第506頁。
〔註74〕潘士藻《讀易述》卷七《益》：「劉調甫曰：『風烈則雷迅，雷激則風怒，二物本相益也。君子觀象於風雷，而求所以益己者。見善則遷，無繫吝之心；有過則改，無遷延之意。雷屬風行，亦不過此。此舜之所以若決江河，子路之所以聞過則喜也。是可見君子所以受益，全在一見則遷，一有則改。若稍涉

「益莫益於遷善改過。風雷一過，宇宙改觀。人心一新，面目皆別。故遷改者，起死回生之神劑，超凡入聖之捷法也。」〔註75〕

初九：利用為大作，元吉，无咎。

《象》曰：「元吉，无咎」，下不厚事也。

五為卦主，損四以益初，然則初者奉五之命以益下者，所謂「自上下下」也。以陽居陽，為震之主，是大有作為之人。五用之以興大事，成大功，決不負所託所處者，功名念重，意氣方新，不能盡善盡美，開萬世無疆之福，故必「元吉」乃得「无咎」。初剛，「大」象。震動，「作」象。何閩儒曰〔註76〕：「下民愚賤，不能自厚於所事，非陽剛自上來而為之所，則下何賴焉？故必『元吉』而後『无咎』。卦之所謂『損上益下』，在此爻也。」

當初、四之未交，上乾下坤，有否之象，乾坤始交而成益，則轉否為泰。實惟斯時，苟不能大有作為，置天下於久安長治之域，後雖欲為之，無及矣，故「利用為大作」。〔註77〕附錄。

六二：或益之十朋之龜，弗克違，永貞吉。王用享於帝，吉。

《象》曰：「或益之」，自外來也。

「六二即《損》之六五也。在《損》卦益上，五承上，故受上益。在《益》卦益下，二乘初，故受初益。」〔註78〕擬諸人事，二與五應，藩屏之臣以柔居柔而得中，德量有餘，才略或不足，當益下之時，求賢若渴之際，初九大有作為之人，自外而來，所謂「或益之十朋之龜」也。天作之合，不膠自固，誰能違之哉？虛心任賢，二之貞也。二惟「永守」，此貞勿二勿三，子孫黎民胥賴之矣。如此人薦之於天而天受之，故曰「王用享於帝，吉」。《書》所謂「咸

繫吝遲回，善不為吾有，過遂成吾過矣，何益之有？斯聖人所以取義於風雷也。」張振淵《周易說統》卷六《益》亦引劉調甫之說，無「斯聖人所以取義於風雷也」。

按：原見劉元卿（字調甫）《大象觀》上篇。（彭樹欣編校《劉元卿集》，上海古籍出版社2014年版，第696頁）

〔註75〕見高攀龍《周易易簡說》卷二《益》，首句作「天下之有益者，莫過遷善改過」。又，錢士升《周易揆》卷六《益》：「益莫要於遷善改過。風雷一過，宇宙改觀。人心一新，面目皆別。」

〔註76〕見何楷《古周易訂詁》卷四《益》。

〔註77〕此一節見何楷《古周易訂詁》卷四《益》。

〔註78〕見郝敬《周易正解》卷十二《益》。

有一德，克享天心」是也。《象》云「自外來」，初九自外卦之四而來。合諸人事，大臣好善，士輕千里而來，不必其素相識也。五曰「元吉」，二曰「貞吉」，位有剛柔之殊，分有君臣之異也。

六三：益之用凶事，无咎。有孚中行，告公用圭。圭從二土。

《象》曰：益「用凶事」，固有之也。

陸君啟曰〔註79〕：「卦益下而三居下之上，損上而三居上之下。四，卦之所損也，而三近之。上欲自專，其益者也，而三應之。此其於益，豈復有善事哉？」張有如曰〔註80〕：「《益》之三，《損》之四也。下益上則損疾，上益下則凶事。」

初剛正，二柔中，其受益宜也。三不中不正，更加寵利，是為美疢滋毒愈甚。五為益主，栽培傾覆，惟其所用，投之艱大，加以譴告，動心忍性，在此一舉。是凶事非益，用以震動切磋乃為益也。洗金以鹽，攻玉以石，其无咎矣。「有孚中行」乃「无咎」之故。「告公用圭」乃「有孚中行」之象。凡遇大疑大難，只是至誠，只是和平，自然化凶為吉，此萬世良法。孚，信也。圭，所以通信。禮之用圭也，卒事則反之。用圭者以此始，以此終，不渝其初也。

凡人遇凶事，輒以為分不當得，怨天尤人。聖人先以「无咎」安其心，而後告以處凶之道。至《象傳》則不驚不怖，直視為固有矣。夫益之以「十朋」也，則曰「外來」；益之以「凶事」也，則曰「固有」。合觀之，可以識受益之道。此曰「固有」，以事勢言也。《无妄》曰「固有」，以德論也。

林黃中曰〔註81〕：「凶事有三：有劗瘞之政，有死喪之禮，有甲兵之事。歉歲曰凶。今益之時，損上益下，其為凶荒劗瘞之政乎？」胡潛齋曰〔註82〕：「《周禮》：『珍圭以徵守，以恤凶荒。』杜云：『珍作鎮』。鄭康成云：『王使人徵諸侯，憂凶荒則授之以徃，致王命焉。』」去病曰〔註83〕：「圭義，《周禮》既如此。先儒又曰平常用璋，興作用圭。凶荒之事，或發倉，或赦宥。後代多持節，三代則用圭。告公用圭。」蓋受命而出，成命而返也。

〔註79〕見陸夢龍《易略·益》。《四庫全書存目叢書》經部第 19 冊，第 506 頁。

〔註80〕不詳。

〔註81〕見馮椅《厚齋易學》卷二十一《益》。

〔註82〕見胡廣《周易大全》卷十五《益》。

〔註83〕見卓爾康《周易全書·益》。四庫全書存目叢書補編第 90 冊，第 403 頁。

六四：中行告公從，利用為依遷國。

《象》曰：「告公從」，以益志也。

王輔嗣曰〔註84〕：「居益之時，處巽之始，體柔當位，在上應下。卑不窮下，高不處亢，位雖不中，用『中行』者也。以斯告公，何有不從？以斯『依遷』，誰有不納也？」

二體以二、五為中，全體以三、四為中。損上益下之時，所以聯上下之交，在於三、四，故特稱「中行」，以明上下一體之義。四乃損上益下之爻，初之「大作」全賴於四。四者居中調護，通上德，達下情之臣也，不激不阿，無偏無黨，人適政間，無不轉圜，則上獲其君矣。萬一國有大難，用之「遷國」，必能防其患難，周其緩急，如周之依晉、鄭，邢、衛之依齊，豈非緩急有用之人哉？《象》推本於志，使五有惠民之心，而四無益下之志，言稱先王，徒具文耳，孰信之而孰從之？

大臣於官所曰公。不曰告王而曰「告公」，公事公言之也。「從」者，君從，卿士從，庶民從也。這一「中行」，「告公」則從，「遷國」則利，中行之道若此。

「坤為國。四下之初，有遷國象。」〔註85〕張有如曰〔註86〕：「《益》之四即《損》之三。往來之交也，故《損》三曰『行』，行而上；《益》四曰『遷』，遷於下。」

焦弱侯曰〔註87〕：六三告公在用凶事之後，用而後告也。六四告公在遷國之先，從而後遷也。

初大役，二大禮，三大災，四大遷，皆國重事，益以興利〔註88〕，《象》所謂「利有攸往，利涉大川」也。

九五：有孚惠心，勿問元吉。有孚惠我德。《字書》：惠從叀省。《石經》從叀。

《象》曰：「有孚惠心」，勿問之矣。「惠我德」，大得志也。

〔註84〕王《注》見《周易正義》卷七《益》。

〔註85〕見胡炳文《周易本義通釋》卷二《益》。

〔註86〕不詳。

〔註87〕見焦竑《易筌》卷三《益》。按：此說早見於趙汝楳《周易輯聞》卷四《益》。

〔註88〕見焦竑《易筌》卷三《益》。「益以興利」之前，《易筌》有「故曰」。

王輔嗣曰〔註89〕:「得位履尊,為益之主者也。益莫大於信,惠莫大於心。」不待問而元吉,以誠惠物,物亦應之,故曰「有孚惠我德」。謚法:柔質慈民曰惠,愛民好與曰惠。初曰用作,二曰用享,三曰用凶,四曰用遷,誰用之?五用之也。人主益民,全在用人。人主用人,全憑此心。五有真實惠民之心,則諸賢自為之用,不必朝發一令,夕下一詔,諄諄然問其如何如何,而得元吉。我,五自謂也。五既有孚,則諸臣亦有孚。以實心行實事,五之德意彰彰,見諸行事而惠及於民矣。豈非人君大得志之事乎?中實為孚,施下為惠,根心為德。〔註90〕志者,心之堅而有力者也。《損》二曰「中以為志」,上曰「大得志」,《益》四曰「以益志」,五曰「大得志」。私記。

唐凝庵曰〔註91〕:「益道以孚為本,五有益下之誠心,而損四為初以益下,初遂能體五之心以益之,則不必更問其益之自我出與否矣。」此「自上下下」之本,所以「元吉」。錢塞庵曰〔註92〕:「三、四曰『告公』,五曰『勿問』。『告公』者,事君之禮。『勿問』者,任下之誠。」

鄭申甫曰〔註93〕:「《損》之六五,受下之益者也。下何以益君?益之以善而已。《益》之九五,益下者也。君何以益下?惠之以心而已。勞心以為民,即損上以益下也。」又曰:「《損》六五受益而獲元吉,《益》九五但知民之當益,並元吉亦置勿問,此真所謂有孚惠民者也。」

上九:莫益之,或擊之。立心勿恒,凶。

《象》曰:「莫益之」,偏辭也。「或擊之」,自外來也。

卦以損上益下,損剛益柔為義。上九當卦之極,剛強高亢;處巽之成,進退無常。不肯自損益人,誨盜施奪,擊所時有,若是則已凶矣。而復推本於「立心勿恒」者,當益下之時,上亦或有慕義好施之事,但天性刻薄,非其本

〔註89〕王《注》見《周易正義》卷七《益》。
〔註90〕錢士升《周易揆》卷六《益》:「初曰『用作』,二曰『用享』,三曰『用凶』、『用圭』,四曰『利用遷國』,誰用之?五用之也。五,心位。五有其心,始得盡諸爻之用。中實為孚,施下為惠,根心為德。」
〔註91〕見唐鶴徵《周易象義》卷三《益》。(《四庫全書存目叢書》經部第10冊,第350頁)
〔註92〕見錢士升《周易揆》卷六《益》。
〔註93〕張振淵《周易說統》卷六《益》:「鄭孩如曰:『《損》之六五,受下之益者也。《益》之九五,益下者也。《損》六五受益而元吉,九五但知民之當益而已,勿問元吉矣,此惠心之出於有孚者也。』」

懷，朝與暮奪，是其故態，故曰「立心勿恒，凶」。「嗚呼！九五之吉，由中心之『有孚』。上九之凶，由『立心』之『勿恒』。吉凶之道，孰有不自心生哉？」〔註94〕私記。

《損》上九「弗損」則吉，此上九「莫益」則凶。見下可無損，上不可不益也。損下之道，暫時而已，故曰「損剛益柔有時」。益下之道，不可不久，故曰「立心勿恒，凶」。〔註95〕

雷風恒，風雷益。《益》之上九即《恒》之九三，故其詞同。三、上皆巽體。《說卦》：巽為不果，為進退，為躁卦。此「立心勿恒」之驗。〔註96〕

「莫益」謂上無以益人也。此特就其慳吝一節而言。若概論其生平，更有巧取強奪，罄竹難書者矣，豈特「莫益」一端而已哉，故曰「偏辭」。「或擊之，自外來也」，人人得而擊之也。或益之，自外來也，人人得而益之也。私記。

李九我曰〔註97〕：「卦主益下，下三爻皆受益也，上三爻皆益下也，故初、二受寵用之益，三受凶事之益，皆益也。四，大臣，有益下之志；五，大君，有益下之孚；皆益下也。惟上求益不已，不能益下。非徒無益，而又害之也。」

李荊陽曰〔註98〕：「損益，盛衰之始也。損極則益，交而成泰；益極則損，不交成否。損益乃泰否所由來也。泰過盛，用減法，損曰德之修所以防否。否過衰，用增法，益曰德之裕所以致泰。損益又泰否所由轉也。」此卦變之說也。「震春，巽夏，兌秋，艮冬。秋冬屬陰，為消為損；春夏屬陽，為長為益。風雷，氣也。山澤，形也。有形必敝，山嶽有時而傾，河海有時而竭，故主

〔註94〕胡廣《周易大全》卷十四《益》，稱「雲峰胡氏曰」。然胡炳文《周易本義通釋》未見此語。

〔註95〕此一節見錢士升《周易揆》卷六《益》。

〔註96〕董真卿《周易會通》卷八《益》：「雙湖先生曰：『（略）蓋益之上九即恒之九三，不安於恒，陵躐等級，超於震上，以求益者也，故其辭同。三上皆巽體。《說卦》謂巽為不果，為進退，為躁卦，其『立心勿恒』之驗歟？』」又見胡廣《周易大全》卷十五《益》。

〔註97〕李廷機，字爾張，號九我，晉江人。《經義考》卷五十九著錄其《易經纂注》四卷、《易答問》四卷。

〔註98〕李奇玉（字元美，號荊揚）《雪園易義》卷三《損》：「以損益為盛衰之始也。損極則益，交而成泰；益極則損，不交而成否。損益乃泰否所自來。泰過盛，用減法，損曰德之修所以防否。否過衰，用增法，益曰德之裕所以致泰。則損益又泰否所由轉也。」（《四庫全書存目叢書》經部第23冊，第506頁）

損。風雷鼓動，惟有生長，何曾虧減？故主益。」〔註99〕「山下有澤，上非不實也，上實而下虛，故為損。風雷益，風非不散也，外散而內盈，故為益。」〔註100〕此卦象之說也。「損有餘，補不足，各視其盈虛。益自上而下，則四在上之下者為虛，初以陽居陽為盈。損自下而上，則三在下之上者為盈，上以陰居陰為虛。損三益上，上艮陽。損四益初，初震陽。陽變陰為損，陰變陽為益。損處皆陰，兌巽也；益處皆陽，艮震也。陽饒而陰乏也。」〔註101〕「盈則損，虛則益，是損益之對。損極必益，益極必損，是損益之行。益培其下實，損披其上浮，是損益之地。損不常損，故曰『有時』；益則不損，故曰『無疆』。損兼言益，益不言損，是損益之時。不消不長，即消是長。損非真損，益乃真益，是損益之一。」〔註102〕「損下益上者，上亦損；損上益下者，上並益」〔註103〕；是損益之反也。損益之義，天道人事無一不該。專以君民賦稅立論，非冒道之旨也。

〔註99〕李奇玉《雪園易義》卷三《損》：「震春，巽夏，兌秋，艮冬。秋冬屬陰，為消為損；春夏屬陽，為長為益。風雷，氣也。山澤，形也。有形必敝，山嶽有時而傾，河海有時而竭，故主損。風雷鼓動，只有生長，何曾虧損分毫？故主益。」（《四庫全書存目叢書》經部第 23 冊，第 506 頁）

〔註100〕係潘雪松之說，見下注。

〔註101〕李奇玉《雪園易義》卷三《損》：「損有餘，補不足，各視其所盈虛。上體自上而下，則四在上之下者為虛，初以陽居下為盈，《益》四初變。下體自下而上，則三在下之上者為盈，上以陰居陰為虛，《損》三上變。《損》三益上，上艮陽；損四益初，下震陽。陽變陰為損，陰變陽皆益。損處皆陰，益處皆陽，陽饒而陰乏也。」（《四庫全書存目叢書》經部第 23 冊，第 506 頁）

〔註102〕李奇玉《雪園易義》卷三《損》：「盈則損，虛則益，是損益對待之數。損極必益，益極必損，是損益流行之運。益培其下實，損披其上浮，是損益所受之地。損不常損，有時而損；益則不損，無時非益；是損益自然之時。不消不長，即消是長。損非真損，益乃真益，是損益一致之機。自損者必益，自益者必，是損益必致之理。」（《四庫全書存目叢書》經部第 23 冊，第 506 頁）

〔註103〕李奇玉《雪園易義》卷三《損》：「潘雪松曰：『損下益上者，上亦損；損上益下者，上並益；是損益皆以下為基。艸木之根、牆屋之基、人之氣血皆然。凡稱損益盈虛者，皆以下言也。山下有澤，上非不實也，上實而下虛，故為損。風雷益，風非不散也，外散而內盈，故為益。』」（《四庫全書存目叢書》經部第 23 冊，第 506～507 頁）

按：潘士藻《讀易述》卷七《損》：「《象》曰：『益，損上益下。』按：損益二卦，凡物以下為本，故損下則謂之損，益下則謂之益，而上之損益皆不與焉。草木之根、牆屋之基、人之氣血皆然。凡稱損益盈虛者，皆以下言也。山下有澤損，山非不實也，上實而下虛，故其卦為損；風雷益，風非不散也，外散而內盈，故其卦為益。皆主下卦言之也。山吸澤之氣，亦損下也。風動雷之威，亦益下也。觀損益之卦，而聖人之行事見矣。」

夬☰ 乾下兌上

夬：揚於王庭，孚號有厲。告自邑，不利即戎，利有攸往。《說文》：「夬，分決也。從▇從丨。象形。」趙凡夫曰〔註104〕：「《左傳》：『賜之環則還，賜之玦則決。』圜者為環，缺者為玦。從▇，▇象環玦之形。從丨，丨者索形，所以決之也。從又，又為手，所以持之也。」

《彖》曰：夬，決也，剛決柔也。健而說，決而和。「揚於王庭」，柔乘五剛也。「孚號有厲」，其危乃光也。「告自邑，不利即戎」，所尚乃窮也。「利有攸往」，剛長乃終也。

「夬，決也」，為卦五剛一柔，五剛如彭蠡孟諸，波濤洶湧，有必決之勢；一柔如附贅懸疣，膿血飽滿，有必決之機。故曰「決也」。當此之時，自恃黨援，以為孤雛腐鼠則不肯決，睹其披猖，以為城狐社鼠則不敢決，當斷不斷，坐失機會，天下事從此去矣，故曰「夬，決也，剛決柔也」。說到夬決，未免尚意氣，動聲色。卦德乾健兌說，健則能決，說則能和，髮落距脫而人不知，此夬之至德妙道，一卦六爻之大旨也。下正申明此義。私記。

吳叔美曰〔註105〕：「『夬，決也』，『決』字義要看得分明，無決而去之義。五剛在下，一柔在上，勿謂其在上是方退之候也。以其地則居高，得了上乘之勢。以其氣則兌肅，全是消陽之氣。若要去他，如何去得？所以要決。『決』者，因勢利導，潛移默奪，不言去，自然去，而又無激與潰之患者也。」

「揚」者，小人飛揚跋扈之意，以一柔而乘五剛，又在君之左右，「揚於王庭」之象，卦中三「號」字，皆指上六。兌為口舌，小人辯口佞舌，號之象。孚謂五也。五陽剛中實，有孚之象。五與上近，能蠱惑君心。五孚於上，必有危厲。聖人即於危處，看出一種精爽，曰「其危乃光」。人君若與小人相孚，心事何等曖昧。今因其號而抱臨履之意，此等心事，全為社稷蒼生起見，何等光明！觀五象之未光，則此之孚號斷指五可知。

五剛類聚，有如同邑，最易蔑視小人朋謀起釁，故戒以不要去管小人，但諄諄告自己邑人以即戎之不利而已。即迫而治之也，我即戎，戎必即我，何利之有？小人所尚者，鬭智角力，我不生事起釁，山鬼伎倆何所用之？故曰「所尚乃窮」。既「不利即戎」矣，又言「利有攸往」，即戎則有躁進之凶，

〔註104〕見趙宧光（字凡夫）《說文長箋》卷七十六。
〔註105〕見吳桂森《周易像象述》卷六《夬》。

不往則失事機之會。陳、竇之去曹節，即戒者也。五王不去三思，不攸往者也。剛必長乃為純，乾乃為完局，所謂除惡務盡也。不則死灰復然，能無慮乎？他利往以儆言，此利往以事言。聖人於五剛一柔之卦，諄諄告戒者如此。

兌德為說，兌象為口舌。《咸》之上六曰「滕口說」，此辯言博學利口覆邦之人，故二聞之而惕，五近之而孚。惕則勿恤，孚則有屬。

胡仲虎曰〔註106〕：「《易》於剛乘柔不書，柔乘剛則書，志變也。《復》：『利有攸往，剛長也。』《夬》：『利有攸往，剛長乃終也。』小人有一人未去，猶為君子之憂。人慾有一分未盡，猶為天理之累。」李子思曰〔註107〕：「『孚號有厲』，『有』之為言，不必然之辭也。知其有而戒之，斯有萬全之勢，無一跌之虞矣。」徐衷明曰〔註108〕：「三『乃』字，有然而未必然，不然而卻然之意，要人睨視諦審。《復》一陽在下，其詞平。《夬》一陰在上，其詞危。」

朱元晦曰〔註109〕：「今人謂陽不能無陰，中國不能無寇盜，君子不能無小人，故小人不可盡去。今觀『剛長乃終』之言，則聖人豈不欲盡去耶？但所以決之者，自有道耳。」

楊庭秀曰〔註110〕：「唐之德宗，其志有一日不在平藩鎮者乎？然不勝其忿，銳於遣三將，而生朱泚之變，則不敢言及藩鎮者終其身以至於亡。文宗之志，有一日不在誅宦官者乎？然不勝其忿，銳於任訓、注，而生甘露之變，則不敢言及宦官者終其身以至於亡。」此皆不識《夬》卦之義者也。

蘇君禹曰〔註111〕：「甘露之變，以小人攻小人也。元祐之朋，以十人制千虎也。以手推席，徒犯壯頄之凶；產、祿猶存，不防莫夜之戒。何進征董卓之群，而卒以釀禍；昌遐結朱溫之援，而竟以啟災。決之而不勝也，則禍集於君子；決之而勝也，則禍貽於國家。世亦何賴此人哉？」項平甫曰〔註112〕：「君子去小人而不假餘力者，古惟王沂公。公之詭言乞恩而留身進說則非道也，借題山陵以並逐丁、雷則非法也。然天下不惜崖州之非罪，而快大

〔註106〕見胡炳文《周易本義通釋》卷十二《象下傳》。
〔註107〕見馮椅《厚齋易學》卷二十二《夬》。
〔註108〕不詳。
〔註109〕見黎靖德《朱子語類》卷七十二。
〔註110〕見楊萬里《誠齋集》卷八十七《君道中》。四部叢刊景宋寫本。
〔註111〕蘇濬《生生篇・夬》。
〔註112〕出項煜《王沂公論》，見鄭元勳《媚幽閣文娛二集》卷六。按：王曾，北宋仁宗時名相，曾封沂國公。《宋史》卷三百一十有傳。此處稱「項平甫曰」，顯誤。

奸之距脫，信乎去小人之有其術矣。夫去小人而必以其罪罪之，又必以君子之道治之，則小人終不可治，而君子常倒授之柄。毒遍清流，禍延社稷，非不幸也。沂公所以善藏其用而莫闚其際者，豈旦夕之故，僥倖之謀？當寇公遠竄之日，居停唧〔註113〕憾之際，彼也目攝，此也口噤，謹避其鋒，姑示以弱，而蓋世神奸早入其彀中矣。鷙之將擊也必伏，龍之將飛也必潛，蓋兵機也，亦易道也。」

《象》曰：澤上於天，夬。君子以施祿及下，居德則忌。

陸次婁曰〔註114〕：「『雲上於天』，必須待然後成雨，故為需。『澤上於天』，一決注便為雨，故為夬。」

「施祿及下」，亦夬中之一事，所以小人既畏其威，復懷其德。若居而不施，或施而自以為功，非徒不感，且以為忌。君子為小人所忌，而天下多事矣。

初九：壯於前趾，往不勝，為咎。
《象》曰：「不勝」而往，咎也。

四陽為壯，五陽為夬。《大壯》之初曰「壯趾」，故因《大壯》「初趾」而加「前」以別之。公論之不平，常在無位之人，故初不勝其憤，然往必不勝，且為咎。「為」者，挑釁速禍之謂。孫武子曰〔註115〕：「勝兵先勝而後求戰，敗兵先戰而後求勝。」爻曰「往不勝」，不勝在往後。《象》曰「不勝而往」，不勝在往前。「不勝而往」便是咎。胡潛齋曰〔註116〕：「京房欲去恭、顯而卒困於恭、顯，劉蕢欲去宦官而卒困於宦官，皆不勝而往也。」

九二：惕號，莫夜有戎，勿恤。
《象》曰：「有戎」「勿恤」，得中道也。

三與上應，四與上同體，五與上比，皆上之所號，而三、四、五所幾幾欲信之者也。二為決主，以剛居柔而得中，因上六之號而惕然戒備，此無事而

〔註113〕「唧」，四庫本作「衙」。
〔註114〕見何楷《古周易訂詁》卷五《夬》、錢一本《像象管見》卷三下《夬》，均未言係引用。
〔註115〕見《孫子・軍形第四》。
〔註116〕見董真卿《周易會通》卷八《夬》、何楷《古周易訂詁》卷五《夬》、胡廣《周易大全》卷十五《夬》。

若有事也。小人陰謀不測，卒然而起，如暮夜之戒，二惟靜以鎮之，不為張皇，無間可乘，此有事而若無事也。《象》曰「得中道」，見「有戒，勿恤」者不是漫不經心，亦不是姑示閒暇，只是得中道。中道有無數作用，「其危乃光」者如此。

郝仲輿曰〔註117〕：「二之惕，非惕於上之來三也，惕於三之欲往上耳。蓋三本重剛，勢欲決上，而二與之隣，恐其挑禍越禮，如《大壯》九三觸藩則凶矣。故不憂上之難去，而憂三之興戎。老成持重，臨事幾密，三、上所以得免於搆者，皆二之力也。」「兌西，於日為暮。乾西北，於時為夜。」〔註118〕

有戒與即戒相應，惟平日不即戒，故暮夜有戒而勿恤也。周亞夫軍中夜驚，堅臥不動。

九三：壯於頄，有凶。君子夬夬，獨行遇雨，若濡有慍，无咎。

《象》曰：「君子夬夬」，終无咎也。

此聖人設兩端以告，如此則凶，如此則无咎，欲人臨事斟酌。「九三過剛應上，過剛故有『壯頄』之戒，應上故有『夬夬』之戒。兌為澤，卦惟三與上應獨行，遇雨之象。獨行而不暴其意，遇雨而不避其嫌，若濡而暫晦於形跡，有慍而見疑於同類。」〔註119〕王允之於董卓，溫嶠之於王敦，仁傑之於武氏，李文正之於劉瑾似之。

人之邪正，全不在形跡上。「壯於頄」，雖未必凶，而有凶之道〔註120〕，故曰「有凶」。《象》單提「夬夬」，而以「終无咎」斷其疑二之念。蓋「壯頄」者，其氣浮逞，原無堅忍之力，不過隨眾肆其剛暴耳，故必以「夬夬」為主。「『夬夬』是心，遇雨若濡是跡，有慍是因跡而疑其心，『无咎』是心白而跡不足以纍之也。」〔註121〕

〔註117〕見郝敬《周易正解》卷十三《夬》。

〔註118〕見錢一本《像象管見》卷三下《夬》。

〔註119〕見高攀龍《周易易簡說》卷二《夬》，後錢士升《周易揆》卷七《夬》加以引用。「若濡而暫晦於形跡，有慍而見疑於同類」，《周易易簡說》、《周易揆》作「若濡而見疑於正人，有慍而暫晦於形跡」。

〔註120〕楊簡《楊氏易傳》卷十四《夬》：「言君子道長、小人已衰之時，雖未必至於凶，而有凶之道焉。」

〔註121〕見張振淵《周易說統》卷六《夬》，稱「張雨若曰」。

三、五皆言「夬夬」者，三應陰，五比陰，非倍其決不可也。「三之『夬夬』以心言，五之『夬夬』以事言。」〔註122〕**陸君啟曰**〔註123〕：「自古無術以處小人者，皆曰調停。不知君子於小人，當其時之不利、勢之不和，寧可伏而待時，不可和而失勢。一曰調停，君子所以制小人，與所以防小人者俱盡。譬之黑白同器，不盡黑不已。又如鴻溝之約，項羽既退一步，則沛公必進一步。此處豈容通情放手？故知壯之凶，而不知和之害者，烏足以當小人哉！」

「乾為首。三，乾之上畫，頄象。頄，顴也。」〔註124〕

九四：臀無膚，其行次且。牽羊悔亡，聞言不信。

《象》曰：「其行次且」，位不當也。「聞言不信」，聰不明也。

九四不中不正，與上同體，欲決不能，下逼「壯頄」之三，意氣激昂，名義正大，難與之忤，不決不敢，居則不安，因而行則不進，為「臀無膚，其行次且」之象。羊指上六，兌為羊。四居上之下，羊在前而人牽之象也。「牽羊」非挽拽之謂。當其前而與之爭，則羊與人抗。惟縱之前而牽制其後，欲逸則繩約在手，欲止則鞭策在手，陽順之而陰實制之，不激不隨，此牽羊之術，駕馭小人之法也。〔註125〕「聞言不信」，有深望之辭，有慨惜之意。**胡仲虎曰**〔註126〕：「牽羊則悔亡，而九剛無下人之志。聞牽羊之言當信，而四柔無克己之功。」蓋時之迫人也如此，氣之難下也如此。

「三、四頄臀倒置，與《咸》、《艮》異。《咸》、《艮》合六爻成象，《夬》分二體取象。三在下卦之上，為頄；四在上卦之下，為臀。」〔註127〕

〔註122〕見何楷《古周易訂詁》卷五《夬》。另外，曹學佺《周易可說》卷三《夬》：「九三『夬夬』以心言，以應爻而言也。九五『夬夬』以事言，以親比而言也。」
〔註123〕見陸夢龍《易略·小畜》。《四庫全書存目叢書》經部第19冊，第477頁。又見張振淵《周易說統》卷二《小畜》。
〔註124〕見錢士升《周易揆》卷七《夬》。
〔註125〕何楷《古周易訂詁》卷五《夬》：「羊指上六。兌為羊，倒巽為繩。四為人位，羊居前而人在後，牽之之象。張子云：『牽羊讓而先之，蓋『牽羊』者，非挽拽之謂也。當其前而與之爭，則羊與人抗。唯縱之前而牽制其後焉，欲逸則繩約在手，欲止則鞭策在手，陽順之而陰實制之，不激不隨，此牽羊之術，正駕馭小人之法也。』」
〔註126〕見胡炳文《周易本義通釋》卷二《夬》。
〔註127〕見錢士升《周易揆》卷七《夬》。

林素庵曰〔註128〕：「王旦之於丁謂，欲諫則業已同之，欲去則上遇之厚，非居不安而行不進乎？李膺不能聽荀爽之言，卒以名高賈禍，非言不信而聰不明乎？若公孫弘奏事，必待汲黯先發而已推其後；盧懷慎當事，則讓姚崇身退薦宋璟；庶乎得『牽羊悔亡』之義矣。」

九五：莧陸夬夬，中行无咎。莧音現。

《象》曰：「中行无咎」，中未光也。宋咸曰〔註129〕：「詳注驗經，誤增『中』字。」

莧指上六。「《夬》，三月之卦，莧始生之時也。亦如瓜五月生，故《姤》取瓜象。」〔註130〕地之高平曰陸，喻小人比於剛中之五也。莧陸而夬夬，即斬草除根之意。張彥陵曰〔註131〕：「人君之去小人與人臣異。人臣去君側之奸，有無數顧忌。人君操屏逐之權，但視心之斷與不斷耳。」馮元敏曰〔註132〕：「五最近上，勢接則彼易靡，情昵則此難斷。即過於決，其於中無過咎。天下有過剛而中者，五之中行是也。」陸君啟曰〔註133〕：「爻許其中行之夬，《象》原其莧陸之私。」「谷永所謂『公志未專，私好頗存』」〔註134〕，蓋激之也。

郝仲輿曰〔註135〕：「『夬夬』者，取之以時用之有節，非過時而不採，亦非一拔而遽盡。既不滋其長，又能盡其用。中行之道，是以无咎。」此乃今所食之莧也。李東璧謂「莧三月播種，六月後不堪食」〔註136〕，此與《夬》三月卦之義相近。且不能久生，亦小人凋落之象，故用其說而別以陸，為陸地之陸，謂莧所生之處也。餘說紛紛，不勝枚舉。

《源流至論》曰〔註137〕：「范忠宣主持平之論，而小人之魂返。呂汲公持內恕之心，而小人之脈盛。清臣一用，而首倡紹述；楊畏一用，而盡援邪黨。元祐諸賢皆海隅嶺表矣。嗚呼！冰炭同處，必至交爭；薰蕕共器，久當遺

〔註128〕不詳。

〔註129〕見李衡《周易義海撮要》卷五《夬》、俞琰《周易集說》卷二十四《夬》。

〔註130〕見胡炳文《周易本義通釋》卷二《夬》。

〔註131〕不詳。

〔註132〕馮時可《易說》卷三《夬說下》。

〔註133〕見陸夢龍《易略·夬》。《四庫全書存目叢書》經部第19冊，第507頁。

〔註134〕見潘士藻《讀易述》卷七《夬》。

〔註135〕見郝敬《周易正解》卷十三《夬》。

〔註136〕李時珍（字東璧）《本草綱目》卷二十七《菜之二·莧》：「時珍曰：『莧，並三月撒種，六月以後不堪食。』」

〔註137〕見林駧《源流至論》後集卷四《去小人》。

臭。使熙寧之初，沮抑金陵，亦如慶歷十八疏攻夏竦之力，則熙、豐餘孽不為異日之宣、靖。使元祐之初，斥逐舊黨，亦如乾、興諸公逐丁謂群邪之決，則元祐善政不為異日之紹聖。惜哉！」

上六：無號，終有凶。

《象》曰：「無號」之「凶」，終不可長也。長去聲。

上六以一陰處五剛之上，恃三為應，恃五為比，恣其口舌，嘵嘵不已，自謂可以免禍。今正應「夬夬」，則三不可號矣；近比亦「夬夬」，則五不可號矣。故絕之曰「無號，終有凶」，言無以號為也。〔註138〕一時獲免，到底有凶，此小人一生結果處。《象》曰「終不可長」，當夬之終，陽盛而陰將盡，豈有復長之理？〔註139〕困獸猶鬪，故以為君子戒。

人窮則呼天，疾痛則呼父母。至於「無號」，蓋孽自己作，無一憐憫之者。小人亦悔之晚矣。私記。

余酩缶曰〔註140〕：『終不可長』是足剛，長乃終意。一陽之《剝》曰『終不可用』，慮其變為純坤也。一陰之夬曰『終不可長』，恐其不得為純乾也。

夬者，決也。以五陽而決一陰，故六爻以上陰為主，而下五陽則皆以上取義。三、五皆以剛居剛，而復曰「夬夬」者，五比三應，恐繫累於陰也。二與四俱以剛居柔，而詞之美惡殊者，四不中而二得中也。夬以中為主〔註141〕，而五不如二者，五與上比也。然則夬之盡善者，惟二而已。初乃新進喜事之人，如癰疽初起，一決而命亦隨之者。「健而說，決而和」，旨哉言之也。

喻安性曰〔註142〕：「陰窮則變，剛長則終。天地有自然消長之數，君子

〔註138〕呂巖《呂子易說》卷下《夬》：「上六以一陰處極其，黨將盡，其勢將孤，而恃三為應，恃五為比，俱不相協，是有號咷求免之意。然戒之曰『無號』，因終當有凶，不能免也。」張振淵《周易說統》卷六《夬》：「馮文所曰：上六以一陰處極，其黨將盡，而恃三為應，恃五為比，則或號咷以求免，故絕之曰『無號』。爾之『終有凶』，其宜也，亦以戒三、五也。」

〔註139〕李過《西溪易說》卷九《夬》：「《象》曰『終不可長也』，陰居夬終，豈有復長之理？」

〔註140〕參《解》九三引「余銘缶曰」。按：此說又見毛奇齡《仲氏易》卷十九《夬》，稱「余銘缶曰」，是。而晏斯盛《易翼說》卷八《象下傳》、張其淦《邵村學易》卷十一《夬》，均稱「余銘岳曰」，誤。

〔註141〕錢士升《周易揆》卷七《夬》：「夬以中為主。初與三剛不中，四剛不當位，故凶咎悔吝皆所不免。二、五剛中，故二『勿恤』，五『无咎』。」

〔註142〕《經義考》卷六十一著錄喻安性《易參》五卷，稱其「字養初，嵊縣人。萬歷戊戌進士」。

無決然用壯之心，故趾可勿前，戎可勿恤，羊可牽，雨可遇，直待其無號可孚，剛長乃終，而後夬夬之心無復遺憾。蓋天地之數如此，君子之心如此。」

姤 ䷫ 巽下乾上

姤：女壯，勿用取女。《說文》：「姤，偶也。從女后聲。」○姤，古文作「遘」，鄭康成本同。馮奇之曰〔註143〕：「遘，遇也，以女遇男為象。王洙易改今文為『姤』。」按馮、王俱宋時人，唐歐陽《石經》本作「姤」，則古文作「遘」，「王洙易改今文」之說俱未必確。○《舉正》：「取」字下無「女」字。

《彖》曰：姤，遇也，柔遇剛也。「勿用取女」，不可與長也。天地相遇，品物咸章也。剛遇中正，天下大行也。姤之時義大矣哉！《舉正》：「勿用取女」上有「女壯」字，「取」字下無「女」字。

姤、復本造化之常理，聖人於姤獨以人事斷之，以為陰盛之機。〔註144〕姤，遇也，不擬其來而卒然相值〔註145〕，駭之之詞也。卦本剛遇柔，而曰「柔遇剛」，蓋夬方決於上，而柔即生於下，剛無心於柔，而柔敢於遇剛也。剛來為反，內之也；柔來為遇，外之也。《夬》之一柔不能為主者，柔往而窮也，故曰「剛決柔」。《姤》之五剛不能為主者，柔來而信也，故曰「柔遇剛」。「女壯」有三義：一則巽為長女，一則一柔而遇五剛，一則自此而為《遯》、為《否》、為《觀》、為《剝》，皆一陰為之也。故曰「女壯」。四剛方成《大壯》，《姤》止一柔而即云「壯」，人心惟危，發即難遏。君子小人之進退，亦復如此。此作《易》之大旨也。「不可與長」者，小人漸長，君子必有以啟之，如「馴致堅冰」之類。與之長則長矣，故曰「不可與長」。在彼曰取，在我曰與，戒君子也。此已盡姤義矣。孔子又因「遇」之一字，別成一段佳話。孔《疏》〔註146〕所謂「就卦以驗名義，只是女遇於男，博尋遇之深旨，乃至道該天地。」蓋遇而不善，則犯女壯取女之戒；遇而善，則有咸章大行之美。此時此義，不可一端求，不可一事定也。〔註147〕以天

〔註143〕見馮椅《厚齋易學》卷三《易輯注第三‧遘》。
〔註144〕孫奇逢《讀易大旨》卷二《姤》：「劉念臺曰：『姤、復本造化之常理，而卦辭於姤獨以人事斷之，以為陰盛之機，可畏也而不可狃也，其旨深矣。』」
〔註145〕呂巖《呂子易說》卷下《姤》：「姤之言遇也。夬方決於上，而姤復生於下，陰有心於合，而陽不擬其來，出於不期之遇也。」
〔註146〕見《周易正義》卷八《姤》。
〔註147〕焦竑《易筌》卷三《姤》：「據《彖辭》本為不美，孔子又別成一段嘉話。蓋

運言，建午之月，天地相遇，「品物咸章」之時；以世道言，則剛遇中正，「天下大行」之世。皆以為可無憂者，而孰知一陰已生於下哉？〔註148〕

剛遇中正，指二五而言。使剛不遇中而柔遇之，則不為《姤》而為《遯》，是無臣也；剛不遇中正而柔遇之，則不為《姤》而為《剝》是無君也。〔註149〕「姤之時，上有君，下有臣，君子欲有為，無所不可，故曰『剛遇中正，天下大行』。」〔註150〕

司馬君實曰〔註151〕：「姤，遇也。世之治亂，人之窮通，事之成敗，不可以力致，不可以數求，遇不遇而已。姤之時義大矣哉！」

焦弱侯曰〔註152〕：「齊桓公七年始霸。十四年，陳完奔齊，亡齊者已至矣。漢宣帝甘露三年，匈奴來朝，而王政君已在太子宮。唐太宗以武德丙戌即位，而武氏已生於前二年。宋藝祖受命之二年，女真來貢，而宣和之禍乃作於女真。」

來矣鮮曰〔註153〕：幽王得褒姒，高宗立武昭儀，養梟棄鶴，皆出於一時一念之差，而竟成莫大之禍。楊氏曰〔註154〕：「一許敬宗在文舘，唐為武氏矣。一楊畏居言路，元祐為紹聖矣。」

張芸叟曰〔註155〕：「《易》者極深研幾，當潛而勿用之時，必知有亢；當履霜之時，必知有戰。」邵堯夫曰〔註156〕：「《復》次《剝》，明治生於亂。

遇而不善，則犯女壯勿用取女之戒；遇而善，則有『品物咸章』，『天下大行』之美。此時此義，不可一端求，亦不可一事定也，故大之。」

〔註148〕高攀龍《周易易簡說》卷二《姤》：「姤之時，天地相遇，『品物咸章』之時也。剛居九五，剛遇中正，『天下大行』之時也。而一陰始生，方壯之女不可與長久，聖人為戒於方盛，而謹於幾微如此。」

〔註149〕焦竑《易筌》卷三《姤》：「剛遇中正，指陽剛居二、五而言。使剛不遇中而柔遇之，則不為《姤》而為《遯》；剛不遇中正而柔遇之，則不為《姤》而為《剝》。斯有難為力者矣。此時此義，所關甚大，聖人愍人深以為戒，故丁寧之。」

〔註150〕見錢士升《周易揆》卷七《姤》。

〔註151〕見司馬光《易說》卷三《姤》。

〔註152〕見焦竑《易筌》卷三《姤》，句首尚有「五陽之盛而一陰生，是以聖人謹於微」。按：此說見王應麟《困學紀聞》卷一《易》，焦竑直接引錄而不言係引用。

〔註153〕見來知德《周易集注》卷九《姤》。

〔註154〕見王應麟《困學紀聞》卷一《易》。作楊氏誤。

〔註155〕見王應麟《困學紀聞》卷一《易》、何楷《古周易訂詁》卷五《姤》、焦竑《易筌》卷三《姤》。

〔註156〕見邵雍《皇極經世書》卷十三《觀物外篇上》。

《姤》次《夬》，明亂生於治。時哉時哉！未有剝而不復，夬而不姤者。防乎其防，邦家其長，子孫其昌。聖人貴未然之防，是謂易之大綱。」

劉元炳曰〔註157〕：「遇以天，取以人。遇則可以明微，取則幾於用壯。係則處柔，往則乘剛。此卦爻之微旨也。」

《象》曰：天下有風，姤。后以施命誥四方。

「善入物而無不遇者惟風，善諭人而無不動者惟言。」〔註158〕

初六：繫於金柅，貞吉。有攸往，見凶。羸豕孚蹢躅。
《象》曰：「繫於金柅」，柔道牽也。

此正「女壯」之爻，聖人設兩端以告，如此則吉，如此則凶，是「勿用取女」之法，所以為君子謀也。「柅」之為物有二說。《蒼頡篇》：「柅」作「檷」，音你。絡絲柎也。王肅以為織績之器，婦人所用。來矣鮮解之曰〔註159〕：「柅者，收絲具。金者，籆音約。上之孔。籆，柄也，以金為之。」馬季長則以為柅在車下，所以止輪，令不動者也。〔註160〕按：初六陰爻，卦詞曰「女壯」，則王說為合。巽為繩，有繫之象。《詩》曰：「不績其麻，市也婆娑。」婦人無外事，惟以女紅為職。「繫於金柅」，是確守婦道也。誰繫之？九二也。二與初遇，在他卦則初正應於四，在《姤》則以遇為重。初遇二，而二即以金柅牽制之，其在人事，則謹其韜鏃，豐其豢養，羈縻而不動，此理之正、事之吉者也。若不繫而縱其所往，則立見其凶矣。「羸」即羸瘦之羸。林氏曰〔註161〕：「孚，孳尾也。」一陰初生，其性之污下也如豕，其柔弱而未能奔逸也如豕之羸，其志在樹黨而卵翼同氣也如豕之孚，其蠢動而不忘跳樑也如豕之蹢躅。此皆凶之象也。《傳》曰「柔道牽」，柔之為道，依阿淟涊，纏綿不斷，故二

〔註157〕不詳。

〔註158〕見沈一貫《易學》卷六《姤》。

〔註159〕見來知德《周易集注》卷九《姤》。

〔註160〕《周易正義》卷八《姤》：「正義曰：『柅者，制動之主者。柅之為物，眾說不同。王肅之徒皆為織績之器，婦人所用。惟馬云：柅者，在車之下，所以止輪，令不動者也。王注云：柅，制動之主。蓋與馬同。』」

〔註161〕林栗《周易經傳集解》卷二十二《姤》：「獸之淫者莫若豕，而牝為甚焉。《左氏傳》所謂『婁豬』是也。孚，孳尾也。既孚而猶蹢躅，淫躁之甚也。初六既繫於二，而求過不已，故有『羸豕孚蹢躅』之象焉。制之於早，則如金柅之不可移。縱而弗圖，則蹢躅而難制矣，可不戒哉？故子曰『繫於金柅，柔道牽也』。」

即以金桎授之，如服牛乘馬，因其性而馴擾之。巽為進退，故有繫有往。其究為躁卦，故以躊躇終焉。私記。

韓侂冑奔走於定策之際，自負有功，冀得節鉞，此時與之，以麼其心，亦金桎之繫也。汝愚靳而不與，遂至潰壞決裂，不可收拾，非攸往之凶乎？子產賂伯石曰：「無欲實難。」古之君子御小人，固自有道也。私記。

胡仲虎曰〔註162〕：「《彖》指一卦而言，則以一陰當五陽，故於女為壯。爻指一畫而言，五陽之下一陰甚微，故於豕為羸。壯可畏也，羸不可忽也。」

蔡子木曰〔註163〕：「《復》得乾初爻，故謹復之道，當如初九之『潛』，以待其盛。《姤》得坤初爻，故察姤之幾，當如初六之『履霜』，以謹其始。」

九二：包有魚，无咎，不利賓。包，王輔嗣作「庖」。

《象》曰：「包有魚」，義不及賓也。

大包小，外包內。姤之全卦，一陰小而在內，五陽大而在外，故多取象於包。「以杞包瓜」，言其作用。「包有魚」，言其時勢。「有」之為言，操縱自我之意也。巽陰為魚。二在初上，首與初遇，魚遂為二所有，可無與長之咎矣。《詩》詠《嘉魚》、《魚麗》，甚言燕賓之樂。而此曰「不利賓」，何也？魚餒不食，擊鮮烹小，貴在乘時。徧贊賓筵，味減鮮美，此「操刀必割，日中必彗」之意。《象》曰「義不及賓」，「不及」二字，何其迅捷。君子之於小人，太阿在手，當斷則斷。少為濡忍，必至大亂。此義也，非利也。私記。

張清子曰〔註164〕：「初與四為正應，初本四之有也，今初先與二遇，二包而有之，則二為主而四為賓矣，所以『不利賓』而四『包無魚』。」

馮宗之曰〔註165〕：「『包魚』者，穢之也。穢物豈容及賓？穢人豈升公所？」

〔註162〕見胡炳文《周易本義通釋》卷二《姤》。

〔註163〕潘士藻《讀易述》卷七《姤》、張振淵《周易說統》卷六《姤》：「蔡汝楠曰：《姤》得坤之初爻，《復》得乾之初爻。故謹復之道，當如初九之『潛』，以待其盛；察姤之幾，當如初六之『履霜』，以謹其始。」蔡汝楠，字子木，號白石。德清人。嘉靖壬辰進士。著《說經劄記》十卷（《四庫全書存目叢書》經部第149冊），卷一為《說易記》，未見此語。

〔註164〕胡廣《周易大全》卷十六《姤》。

〔註165〕不詳。

鄭申甫曰〔註166〕：「姤之君子、聖人委其擔於二，繫之、包之，全在於二。繫不住，包不過，二化而為陰，眾君子盡遯矣。故初之不遽消陽者，九二力也。」

九三：臀無膚，其行次且，厲，無大咎。

《象》曰：「其行次且」，行未牽也。

二與初遇，初為二有，三與初同體，見初之為二有也，不勝熱中，欲坐視而不安，欲籠致而無術，與《夬》之九四同病。為九三者，當念身為大臣小人道長遇不遇之際，關係甚大，操心慮患，則上不獲罪於君子，下不開釁於小人，咎固不能無也，「無大咎」而已。私記。

徐子與曰〔註167〕：「《夬》一陰在上，故下之五陽皆趨而上。《姤》一陰在下，故上之五陽皆反而下。陰陽相求之情也。」「九三以剛居下卦之上，於初陰無所遇，故雖『厲』而『無大咎』。上九以剛居上卦之上，於初陰亦不得遇，故雖『吝』而亦『无咎』。」〔註168〕《左傳》曰：「美疢滋毒，尤物移人」。如此女不遇，未為不幸也。

「行未牽」與「柔道牽」相反。「陰性喜牽，惟牽則為二剛所繫。陽性惡牽，未牽則不為初陰所制。」〔註169〕

焦弱侯曰〔註170〕：「《益》之六二即《損》之六五，皆曰『或益之十朋之龜，弗克違』。《姤》之九三即《夬》之九四，故皆曰『臀無膚，其行次且』。《夬》之九四志欲上行，而後迫於三，前阻於五，欲決而不能決也。《姤》之九三志欲下行，而後迫於四，前阻於二，欲遇而不能遇也。」「坐則臀在下，故《困》於初言之；行則臀在中，故《夬》、《姤》於三四言之。」〔註171〕膚

〔註166〕不詳。

〔註167〕見熊良輔《周易本義集成》卷二《姤》、焦竑《易荃》卷三《姤》。

〔註168〕見胡炳文《周易本義通釋》卷二《姤》。

〔註169〕見錢士升《周易揆》卷七《姤》。「制」，《周易揆》作「消」。

〔註170〕焦竑《易荃》卷三《姤》：「《益》之六二即《損》之六五，故皆曰『或益之十朋之龜，弗克違』。《姤》之九三即《夬》之九四，故皆曰『臀無膚，其行次且』。《夬》之九四志欲上行，而後迫於三，前阻於五。《姤》之九三志欲下行，而後迫於四，前阻於二。其實一耳。」按：此實項安世《周易玩辭》卷九《姤·臀無膚共行次且》之語，焦氏援用而未言係引用。「其實一耳」，《周易玩辭》作「雖前後不同，若以反對觀之，其實一也。」

〔註171〕見焦竑《易荃》卷三《姤》。又見何楷《古周易訂詁》卷五《姤》，稱「焦弱侯云」。按：此說早見於俞琰《周易集說》卷七《姤》，云：「坐則臀在下，故《困》初言臀；行則臀在中，故《夬》、《姤》三四言臀。」

者，臀之藉也。柔者，剛之藉也。初與二遇，而三乘二之剛，骨梗無肉、臀無膚之象，謂與二不相得也。

九四：包無魚，起凶。

《象》曰：「無魚」之「凶」，遠民也。

初與四為正應，初遇二而為二有，二有魚則四無魚矣。二本不欲以凶貽四，而四憤初之不為己有，據正應之理，而與二爭，於是操戈入室，上之「姤角」、三之「無膚」，皆四一人起之矣。「見凶者，為彼所傷也。往在陰，凶在陽也。起凶者，凶自此始也。事在今，災在後也。」〔註172〕《象傳》推原禍本，由於「遠民」。蓋天生君子，原以為民。士君子以斯世斯民為念，則功不必自己出，名不必自己成。荊人失馬，荊人得之。四有魚亦可，己無魚亦可，期於民之太平無事而已。故無魚非凶也。無魚而凶者，止因生民利害，漠不關心，所以傷功害能，荼毒一世而不悔。夫子揭出「遠民」二字，將千古娟疾肺腸剖剖發露，為人臣者亦可惻然矣。私記。

胡仲虎曰：「二剛得中，以近而得初之比；四剛不中正，以遠而失初之應。」〔註173〕「四在上而二為主，故視四為寇；初在下而四正應，故視初為民。」〔註174〕「易象或以陰為小人，或以為民。以為小人，遠之可也；以為民，不可遠也。」〔註175〕

九五：以杞包瓜，含章，有隕自天。

《象》曰：九五「含章」，中正也。「有隕自天」，志不捨命也。

當姤之時，小人固不可使長。為君子計，不可無以畜小人，故聖人既戒初之不可往，又於二、五言所以包制之道。人君之於小人，不宜悻悻然以誅鋤為事，但培植善類，使正人在朝，小人自忌憚而不敢動。五與二應，二與

〔註172〕見張元蒙《讀易纂》卷三《姤》、金貴亨《學易記》卷三《姤》、焦竑《易筌》卷三《姤》。

〔註173〕潘士藻《讀易述》卷七《姤》、焦竑《易筌》卷三《姤》：「二剛得中，以比近而得初之從；四剛不中正，以位遠而失初之應。民可近，不可遠。」

〔註174〕見錢士升《周易揆》卷七《姤》。

〔註175〕見胡炳文《周易本義通釋》卷四《象下傳》。

按：查慎行《周易玩辭集解》卷六《姤》所引與此一節相近，曰：

張彥陵曰：「二剛得中，以近比而得初之從；四剛不中正，以位遠而失初之應。為上而下離，故有凶象。」胡雲峰曰：「以為小人，遠之可也；以為民，民則不可遠也。」據此，則前一節乃張彥陵之說。

初比，五任二以制初，喬木世臣，亭亭屹立，杞之象也。瓜之為物，種類不一，依附蔓延，形容小人最為親切。杞非「包瓜」之物，而茂樹之下，雨露虧蔽，其草不蕃，猶君子未嘗斤斤欲制小人，而精神自足以懾服。汲黯在朝，淮南寢謀，孰敢肆也？五居中守正，不動聲色，一陰之來，不見害氣之伏，反為生氣之資，轉沴為祥，得之非意，故曰「含章」。「有隕自天」，周公推本造化，孔子歸功人事，而曰「志不捨命」。凡事委於氣運，是捨命也。力爭於形跡，非「志不捨命」也。「志不捨命」，全在「含章」內看出。捨則不含，含則不捨。中心藏之，有默與造化相通者，宜其「有隕自天」也。「『不利賓』，恐其失之疎。『含章』，恐其失之激。」〔註176〕瓜以五月生，杞以五月盛。二與初皆巽木，故以初柔為瓜，二剛為杞。「包瓜」使之自潰，是周公文字妙處。私記。

《傳》不徒言「含章」，而題以「九五」，有無窮義味。蓋以九居五，才大位尊，視贏豕有如蟣蝨，最易露才使氣。今乃韜其鋒穎，不大聲色，此非學問純粹、德性沖和，誰能至此？私記。

唐凝庵曰〔註177〕：「《姤》五即《夬》二也。《夬》二號五，以夬上。《姤》五用二以包初，蓋姤惟初時可包，陰初長也，惟九二一爻能包，與初近也。」

「初六取象不一。於本爻則曰豕，於二、四則曰魚，於九五則曰瓜，皆取陰而在下之義，明其勢之將蹢躅，義之不及賓終，必至於大潰也。」〔註178〕

上九：姤其角，吝，无咎。

《象》曰：「姤其角」，上窮吝也。

卦中五爻不言姤，初為二有，三、四、五不與初遇者也。上爻言姤，當二、五包含之後，初亦隨二、五以與上遇也。此時初垂頭弭耳，非復蹢躅之情狀矣。上位尊性剛，悻悻然猶以意氣相臨，如遇其角者。然居卦之上，毫無度量學問，徒憑藉客氣，可為窮矣。窮則可恥，故「吝」。然學者寧為子路，故「无咎」。私記。

初為成卦之爻，而主持世界，不使牝雞之晨者，五與二也。初與二遇，即為二有，如金中之魚，求脫淵漏網不可得。五陽所以無「女壯」之禍者，

〔註176〕潘士藻《讀易述》卷七《姤》。

〔註177〕見唐鶴徵《周易象義》卷三《姤》。（《四庫全書存目叢書》經部第10冊，第355頁）

〔註178〕見張獻翼《讀易紀聞》卷三《姤》。

皆二之力也。三與四、上優游坐享其成，足矣。乃憤初之不與己遇，又忌二之
不與同功，技癢而無膚，妄動而起凶，相觸而姤角，自非中正之五，何以含章
而造命耶？若此者，非諸君子有他腸，不過功名一念，熱中好事，遂至凶於
爾國，害於爾家，可不戒哉！可不戒哉！私記。

蕅君禹曰〔註179〕：「復為天根，陽含陰也。姤為月窟，陰含陽也。如陰
不遇陽，陽不遇陰，即天地無以成咸章之化矣。聖人之心亦然。謂陰可與長，
而不抑之，非也；謂陰可終絕，而使之不遇，亦非也。女不可取壯，豕不可使
蹢躅，何峻也！魚可包，瓜可包，又何宏也！有履霜堅冰之防，未嘗無納污
藏垢之量」，非所謂「剛遇中正，天下大行」乎？

萃☷☱坤下兌上

萃：亨。王假有廟。利見大人，亨，利貞。用大牲，吉。利有攸往。
《說文》：「萃，草貌。從艸卒聲。」蓋如草之聚也。

《彖》曰：萃，聚也。順以說，剛中而應，故聚也。「王假有廟」，
致孝享也。「利見大人，亨」，聚以正也。「用大牲，吉，利有攸往」，順
天命也。觀其所萃，而天地萬物之情可見矣。《舉正》：「大人亨」下有「利貞」
字。

萃，聚也。情同而後合，氣感而後群，「順以說，剛中而應」，故聚也。不
則蜂屯烏合，真意不屬，非聚也。人聚則亂，物聚則爭，事聚則紊〔註180〕。
當萃之時，在王者當假廟以致孝享，在君子則利見大人以行其道。何也？天
下崩離，民怨神怒，雖欲享祀，與無廟同。萃之時，人心聯屬，鬼神憑依，
可為「有廟」。有廟非王者不能假。假，格也，聚一己之誠孝而躬致之，非徒
修故事已也。聚而無主，或所主非其人，則亦割據之雄，天下何時而定，惟
「見大人」則聖作物睹，不為苟合，「聚以正」也。「大牲」乃假廟之事，物聚
則禮隆，不宜菲薄。利往乃「見大人」之事，人聚則立功，不宜近小。「此王
者受命而興，為天下神人之主之卦。『若《損》之時用大牲，《剝》之時有攸

〔註179〕見蘇濬《生生篇・姤》。（《四庫全書存目叢書》經部第13冊，第76頁）
〔註180〕程頤《伊川易傳》卷三《萃》：「天下之聚，必得大人以治之。人聚則亂，物
　　　　聚則爭，事聚則紊，非大人治之，則萃所以致爭亂也。萃以不正，則人聚為
　　　　苟合，財聚為悖入，安得亨乎？故利貞。」

往，是逆天命也』〔註181〕，何吉與利之有？」〔註182〕由是觀之，人生至眾也，而可一其歸仰；鬼神不可度也，而可致其來格。此不期而聚，情之不容己者，故「觀其所聚，而天地萬物之情可見」。

「宗廟者，人心所繫。武王伐商，載主而行。漢高初興，立漢社稷。」〔註183〕渙時假廟，所以收拾人心之亂而合其流。萃時假廟，所以返人心之初而報其本。然《萃》與《渙》稍異，渙初立廟，而萃則假廟也。〔註184〕

鄭申甫曰〔註185〕：「此卦當與《比》卦条看。《比》「地上有水」，《萃》「澤上於地」，據一卦觀之，則主上之比乎下、萃乎下而言也。據六爻觀之，則主下之比於上、萃於上而言也。《比》卦盡比五陽。此卦諸爻亦宜盡萃於五，而九四分五之權，故諸爻有萃五者，有萃四者。夫萃五正也，萃四不正也。卦辭曰『利見大人』，蓋恐人之萃於四也。天下無二主，初雖與四應，三雖與四比，卻宜捨以從五，以明從王之義，不得以比應論矣。陽者，陰之所附也，此卦有二陽，聖人慾其擇於所附，故諄諄於『利見大人』。」

蘓君禹曰〔註186〕：「人與天地萬物，總是一個精神。吾之精神不聚，則天自天，地自地，我自我，物自物，判不相屬。吾之精神既聚，則天與我一，地與我一，萬物與我一。絪縕化醇之景象，不在造化，而在吾心矣。」故觀其所聚，而天地萬物之情可見。所聚在我，不在天地萬物。徐子與曰〔註187〕：「言天地萬物之情者三。《咸》見其情之通，《恒》見其情之久，《萃》則見其情之合。」○〔註188〕坤為牛，「大牲」之象。

《象》曰：澤上於地，萃。君子以除戎器，戒不虞。

水聚而不防則潰，眾聚而不防則亂。「除」者，去舊取新之謂。〔註189〕

〔註181〕見潘士藻《讀易述》卷八《萃》，稱「姚麟曰」。
〔註182〕見焦竑《易筌》卷三《萃》。
〔註183〕見李過《西溪易說》卷九《萃》。
〔註184〕何楷《古周易訂詁》卷五《萃》：「」程子云：『萃、渙皆立廟，因其精神之萃而形於此，為其渙散故立此以收之。按：萃與渙稍異，渙初立廟，而萃則假廟也。』
〔註185〕見張振淵《周易說統》卷六《萃》。
〔註186〕見蘇濬《生生篇·萃》。(《四庫全書存目叢書》經部第13冊，第76頁)
〔註187〕見董真卿《周易會通·周易經傳集程朱解附錄纂注卷第九》、胡一桂《易本義附錄纂疏·周易象下傳第二》、張振淵《周易說統》卷六《萃》。
〔註188〕此處原為空格，今以「○」區分。
〔註189〕此一節見胡廣《周易大全》卷十六《萃》，稱「中溪張氏曰」。

初六：有孚不終，乃亂乃萃。若號，一握為笑，勿恤，往无咎。

《象》曰：「乃亂乃萃」，其志亂也。

此下三爻，《象》所謂「利見大人」者。孚有二義：有謂孚四者，以正應論也；有謂孚五者，以萃時論也。二說俱無刺謬。但玩「志亂」之語，則萃時孚五，不失從王之正，不得以棄四歸五為亂。唯以四為權勢所在，而孚五「不終」，則是惑於聲利，奔走私門，昧「利見大人」之義，命之為「亂」，不誣矣。故曰「乃亂乃萃」。萃者，萃五也。亂者，為四所亂也。

此六爻當以《比》參看。《比》初爻言孚，此亦言孚，皆孚乎九五也。《比》無他陽以分其比，故初得以專孚於五，《萃》有四爻以分其萃，又為初之應，故孚五「不終」而亂於四。夫不終而亂，非「利見大人」之正也。聖人於是就初志眩亂之際，將俗情說破，以斷其二、三之念，以決其歸往之志。曰「若號，一握為笑，勿恤，往无咎」，「號」者號五，笑者群陰。或云捨親近而就疎遠，則笑。或云昧本始而修晚節，則又笑。畢竟號者是正，笑者非正，何必以此介意。止是往從於五，晚節末路自可无咎，蓋邪正之極定於內，則流俗不能易，遠近不能間，毀譽不能惑。此一卦六爻準的，故聖人於初爻言之詳悉如此。「一握」猶言一班，團聚之意。

六二：引吉，无咎。孚乃利用禴。「引」字、「孚」字宜讀。

《象》曰：「引吉，无咎」，中未變也。

當萃之時，或欲萃未能，或求萃不得。二以陰居陰，志於靜退，與眾同聚而異操者也。民之多僻，獨處則危，變節則悖，惟因初、三之或笑或嗟，搖搖不定，引而合萃於五，乃為吉而无咎。蓋二、五正應，君臣之分宜爾也。凡同類相聚，牽挽而進，半是聲名相附，意氣相朝，非其誠然者也。夫心之誠然，所謂孚也。二之引萃，本於天性，發於至誠，將蘋蘩蘊藻可以格鬼神，而況引賢才以進於君父乎？故曰「孚乃利用禴」。私記。

九五，萃之主也，得力全在於二。初應四，三比四，若非二之引，則權分勢散，不成其為萃矣。四處疑逼之地，亦安所得大吉而无咎哉？私記。

「祭有四：春曰祠，夏曰礿，秋曰嘗，冬曰烝。《周禮》改勺從禴。禴，和樂之器。其祭以樂為主。夏物未備，惟薦麥與魚而已。」〔註190〕張中溪曰

〔註 191〕：「卦以『大牲』為吉，而二以『用禴』為利，何也？備物，王者所以隨時；樸誠，臣子所以格主。」「中未變」，於卦外另立一義，即達不變塞之意。凡人情散則不聚，聚則呼朋引類，全無介特之操。二牽挽二陰以從五，祇是君臣至誼，中體淡然，絕無逐臭慕羶之意，故曰「中未變」。私記。

章本清曰〔註 192〕：「坤兌皆陰。『假有廟』、『用大牲』、『利用禴』皆取象於祀典者，陰幽之義也，何必謂其互艮互巽而伏坎耶？凡象義不原本卦，皆妄也。」

六三：萃如，嗟如，無攸利。往无咎，小吝。

《象》曰：「往无咎」，上巽也。

五為卦主，而不得近上為己應，而非其正。下引於二，既有道義之援；上比於四，又有勢利之炙。徘徊岐路，但有歎息而已，何利之有？不利則當往。初之往，往五也。三捨五，安之乎？初之往已无咎矣，三豈復有咎乎？但初未免為笑，三未免小吝耳。若是者，以不能斷之於早也。私記。

何閩儒曰〔註 193〕：「當萃之世，要以利見大人為正，故初、三皆決之曰『往无咎』。」

九四：大吉，无咎。

《象》曰：「大吉，无咎」，位不當也。

下比三陰，上比九五，而以剛居柔，為得眾而不敢自有，率之以媚于天子之象。君臣相安，社稷之福，故曰「大吉」。耳目所屬，眾忌攸歸，故又以「无咎」足之。

易之義，有取於純剛純柔者，則以不當為咎；有取於剛柔相濟者，則以不當為美。此「位不當」有二義：以剛居柔，位不當也；居五之下，群陰之

〔註 191〕 胡廣《周易大全》卷十六《萃》：「中溪張氏曰：『卦以用『大牲』為吉，而二乃以『用禴』為利，何歟？曰：備物乃王者所以隨其時，有孚乃臣下所以通乎上也。』」

另外，王宗傳《童溪易傳》卷二十一《萃》：「《象》以用大牲為吉，而六二以用禴為利，何也？曰：備物者，王者所以隨其時；有孚者，人臣所以通乎上。」

錢士升《周易揆》卷七《萃》：「卦用大牲，二用禴者，備物，王者所以隨時；至誠，臣下所以通上也。」

〔註 192〕 見潘士藻《讀易述》卷八《萃》。

〔註 193〕 見何楷《古周易訂詁》卷五《萃》。

上，位不當也。位不當即以位不當處之，有歉仄不自安之意，四之所以「大吉」而「无咎」也。易之妙用若此。

九五：萃有位。句。无咎，匪孚。句。元永貞，悔亡。

《象》曰：「萃有位」，志未光也。

此姬公告戒之語也。九五陽剛中正公，不言其有德，而言其有位，就萃之時言也。萃之時，九四在下，有旁撓上逼之勢，下之「匪孚」，事所必有。然懋數在躬，業已有位矣。有位則人之孚不孚在我，何必歸咎於「匪孚」哉？「元永貞」則「悔亡」矣。初之亂，三之嗟，上之涕洟，皆「匪孚」也。名為萃，而心苟未得，大人所深恥，故曰「悔」，曰「未光」。庸人之論，必曰破私家，散群小。聖人不然，惟教以「元永貞」，則「匪孚」者自孚而「悔亡」。《比》之辭曰「元永貞」，此亦曰「元永貞」，上之於下，捨「元永貞」更有何者聯屬人心哉？私記。○〔註194〕咎，猶「又誰咎」之咎。

丘行可曰〔註195〕：「土無二王，尊無二上。《比》以一陽統五陰，一陽為之主也。一則專，故五有『顯比之吉』。《萃》以二陽統四陰，二陽為之主也。二則分，故五有『匪孚，元永貞』之戒。初之亂，二之引，三之嗟，以見下之萃於上為難。五之永貞，上之涕洟，以見上之萃其下亦不易。」

上六：齎咨涕洟，无咎。

《象》曰：「齎咨涕洟」，未安上也。

錢塞庵曰〔註196〕：「上在說終，與《比》上之居險極不同。故《比》上絕無求比之意，《萃》上實有求萃之心。三隔於四，求萃不得，尚可往也。上居五之外，卦之終，求萃不得，將安往乎？此居位使然。上惟有『齎咨涕洟』而已，亦有何咎？」又曰〔註197〕：「三、上皆處卦極，三失萃而嗟，所謂庶婦羈臣靡室靡家者也；上六無位失萃而涕洟，此孤臣孽子操心慮患者也。」

〔註194〕此處原為空格，今以「○」區分。

〔註195〕見趙汝楳《周易輯聞》卷五《萃》。又見潘士藻《讀易述》卷八《萃》、張振淵《周易說統》卷六《萃》，均稱「趙汝楳曰」。

〔註196〕見錢士升《周易揆》卷七《萃》。

〔註197〕見錢士升《周易揆》卷七《萃》。又見潘士藻《讀易述》卷八《萃》，未言係引用。

萃極則散。勢之常、說極則悲。情之變。「齎諮」，兌口之聲。「涕洟」，兌澤之流。自目出曰涕，自鼻出曰洟。〔註198〕

人之真情，莫真於聚散。處孤獨而恬不介意，此莊老之學，非孔孟之道。曰號、曰笑、曰嗟、曰諮、曰涕洟，皆真情發見，故總歸於孚。所謂「見天地萬物之情」者以此。〔註199〕

李子思曰〔註200〕：「《萃》六爻，或有應無應，或當位不當位，而詞皆曰无咎。萃乃天地萬物之真情，真情相合，吉多凶少，茲萃之所以亨與？」

〔註198〕張振淵《周易說統》卷六《萃》：「萃極則散，勢之危。說極則悲，情之變。故其所齎者，特諮涕洟而已。自口曰諮，自目曰洟，自鼻曰涕。」

〔註199〕此一節見張振淵《周易說統》卷六《萃》，稱「彥陵氏曰」。

〔註200〕見董真卿《周易會通》卷九《萃》、胡廣《周易大全》卷十六《萃》。

《周易玩辭困學記》卷十

升䷭巽下坤上

升：元亨。用見大人，勿〔註1〕恤。南征吉。《說文》：「升，龠也。從斗。象形。」十合為升，無上進之義。鄭康成作「昇」。《說文》：「昇，日上也。從日升聲。」古只用升。《詩》云「如日之升」是也。

《彖》曰：柔以時升。巽而順，剛中而應，是以大亨。「用見大人，勿恤」，有慶也。「南征吉」，志行也。

柔升通指四柔而言。《萃》、《升》反對之卦。《萃》下卦之坤，今升而在上，此升之已然者，時也。巽陰下伏，如木在地中，有駸駸上升之勢，此升之將來者，亦時也。何也？以柔下剛者，分也；柔進而上者，時也。時之為道，宜緩不宜躁，內巽外順，諒可而進，此元亨之本也。二氣迭為升降，而陰必以陽為主。九二剛中而五應之，此升之際遇、元亨之事也。方升之初，宜擇所從，見大德之人則無憂；更宜擇所往，向陽明之方則得吉。蓋陰性多疑，或憂剛柔異德，尊卑異位，有所疑阻，故啟之以「用見」，申之以「勿恤」，鼓之以「有慶」、「志行」以掖進之。「有慶」、「志行」皆元亨之實。慶莫大於得君，志莫切於行道。

「《萃》、《升》皆剛中而應。《萃》剛中在上，其眾必聚；《升》剛中在下，其勢必進。故《萃》以五為大人，《升》以二為大人。」〔註2〕巽東南，

〔註1〕「勿」，四庫本作「物」，誤。
〔註2〕見項安世《周易玩辭》卷九《升·萃升》。

—387—

坤西南。南者，巽坤之交，聖人嚮明而治之地。若以陰之陰，彌增其暗矣〔註3〕。

《象》曰：地中生木，升。君子以順德，積小以高大。王肅本「順」作「慎」。

王汝中曰〔註4〕：「地中生木，長而上升，升之象也。因其生理之自然，而無容私焉之謂順。木之生，自毫末以至於尋丈，人莫見其升之跡，以順積而致之耳。此行遠自邇，登高自卑之意。順德，坤地象；積小高大，巽木象。」

《荀子》曰〔註5〕：「積微者，月不勝日，時不勝月，歲不勝時。善日者王，善時者霸。補漏者危，大荒者亡。故王者敬日，霸者敬時。」

初六：允升大吉。

《象》曰：「允升，大吉」，上合志也。

坤三爻，柔之已升者也，所難者初耳。初居卦下，切比二陽，既非同道之朋，上與六四又非正應之人，疑於難升者。而公斷為「允升」，慶其「大吉」。允，二允之也，故夫子推原之曰「上合志」。上謂二也。初與二合，二與五合，推諸三、四，無非此志，其非聲勢相附可知矣。更有誰為媢嫉、誰為摧沮而不同升諸公者乎？此社稷蒼生之福，大吉也。《升》曰「上合志」，《晉》曰「志上行」，士君子進退問諸心而已。「上合志」與「大得志」相應，所謂志不過致君澤民而已。

胡仲虎曰〔註6〕：「《晉》三『眾允』，下為二陰所信也。《升》初『允升』，上為二陽所信也。以陰信陰，不過悔亡。以陽信陰，則得大吉。」

九二：孚乃利用禴，无咎。

《象》曰：九二之「孚」，有喜也。

二之於初，賦性既殊，地位復異，老成之於新進，易生嫌隙，所謂「咎」也。二協恭和衷，無猜無疑，因其以剛居中，稟性誠實，良由緇衣之好，發於性命，通於神明，何咎之有？初之「允升」，全賴此爻。私記。

〔註3〕《周易正義》卷八《升》：「正義曰：『南征吉』者，非直須見大德之人，復宜適明陽之地。若以陰之陰，彌足其闇也。南是明陽之方，故雲南征吉也。」
〔註4〕見王畿《大象義述》（《王畿集》，第667～668頁），無「知日自知，甚而暴日自暴，棄日自棄」。
〔註5〕見《荀子·彊國篇》。
〔註6〕見胡炳文《周易本義通釋》卷二《升》。

　　楊庭秀曰〔註7〕：「臣有所當然〔註8〕，則遂事而不為專；上有所重發，則衡命而不為悖。皆『用禴』之義也。」

　　《萃》與《升》相反。《萃》之二曰『孚乃利用禴』，則宜如《損》六二『十朋之龜』言之於反卦六五可也。今皆在下卦中爻言之，何哉？《萃》六二以中虛為孚，而與九五應；《升》九二以中實為孚，而與六五應。二爻虛實雖殊，其孚則一。〔註9〕

　　九三：升虛邑。

　　《象》曰：「升虛邑」，無所疑也。

　　晦庵曰〔註10〕：「陽實陰虛，坤有國邑之象。九三以陽剛當升時，進臨於坤，其象如此。」

　　凡人一入仕宦，相猜相忌，滿路荊榛，一步不可行，皆疑為之也。九三以陽剛上遇純坤，四順五貞，爾無我猜，我無爾虞，欲行則行，欲止則止，高足闊步，如入無人之邑，此升時之樂境也。非唐虞三代，其孰得而遇之？私記。

　　當柔升之時，而二、三以剛介於其間，未免有異己之嫌，此人情之所難者。今二有喜，三無疑，剛柔合德，惟以進賢為事。《象》所謂「有慶志行」者，此也。私記。

　　六四：王用亨於岐山，吉，无咎。

　　《象》曰：「王用亨於岐山」，順事也。

　　內三爻皆升而上者，外三爻皆受下之升者。

　　自初至四，蓋由士而大夫、而卿、而公，已極人臣之位矣。斯時皋、夔、稷、契比肩接踵，四復何所為哉？惟精白一心，合天下之賢才以事其上，如「王用亨於岐山」者然，如是則造子孫黎民之福，故「吉」；無竊位蔽賢之罪，

〔註7〕見楊萬里《誠齋易傳》卷十二《升》。

〔註8〕「然」，《誠齋易傳》作「為」。焦竑《易筌》卷三《升》、潘士藻《讀易述》卷八《升》、張振淵《周易說統》卷六《升》引楊氏之說，均作「然」。

〔註9〕胡炳文《周易本義通釋》卷二《升》：「《萃》與《升》相反。《萃》之二曰『孚乃利用禴』，則宜如《損》六二『十朋之龜』言之於反卦六五可也。今皆在下卦中爻言之，何哉？《萃》六二求萃於上，《升》九二求升乎上，故其義同。《萃》六二以柔而應九五之剛，《升》九二以剛而應六五之柔，其以至誠感應則一也，故爻辭同而《象》『剛中而應』之辭亦同。」

〔註10〕見朱熹《周易本義》卷二《升》。

故「无咎」。坤德為順，四以柔居柔，上不拂君之心，下不逆諸賢之意，順之至也。易之為道，順則吉，逆則凶。《隨》「王用亨於西山」本兌言，此「王用亨於岐山」本坤言，皆在上卦取象。〔註11〕私記。

徐子與曰〔註12〕：「《升》卦二、四不言升，何也？曰：五，君位也。二應五，大臣也。四承五，近臣也。升則有逼上之嫌，故在二言孚，在四言順。」

六五：貞吉，升階。

《象》曰：「貞吉，升階」，大得志也。

六五柔正居中，下應九二，《象》所謂「剛應志行」者也。虛己用賢，人君之正道，故曰「貞」。得人圖治，有國之盛事，故曰「吉」。天下之賢，以次而進，高高下下，各當其位，故曰「升階」。人君樂事，無過求賢，故曰「大得志」。私記。

上六：冥升，利於不息之貞。

《象》曰：「冥升」在上，消不富也。

朱康流曰〔註13〕：「『冥升』，知升而不知降也。升而不降，則精氣日散於上，故『消不富』。惟貞固以守之，使升者可以降，降者可以復升，升降迴環，永無止息，斯升道之最利者也。荀慈明曰：陰升失實，故『消不富』。」東坡詩云〔註14〕：「蝸涎不滿殼，聊足以自濡。升高不知疲，黏作壁上枯。」此「冥升在上，消不富」注腳。

胡仲虎曰〔註15〕：「《豫》上六『冥豫』，《升》上六『冥升』，《豫》上體震動，因其動心而欲變其豫；《升》上體坤順，順其進心而欲移於貞。」

〔註11〕馮椅《厚齋易學》卷二十三《升》：「案：象與《隨》上六相似，特西為岐耳。《隨》上體兌，兌正西，故曰西山；此卦上體坤，坤位西南，羑里視岐其方也，故曰岐山。山皆以在上卦取象。」胡炳文《周易本義通釋》卷二《升》：「通曰：隨上體兌，兌正西，羑里視岐山為西方，故曰西山。此卦上體坤，坤位西南，故只曰岐山。山皆以在上卦取象。」

〔註12〕見董真卿《周易會通》卷九《升》、胡廣《周易大全》卷十六《升》、張振淵《周易說統》卷六《升》。

〔註13〕朱朝瑛《讀易略記》未見此語。

〔註14〕詩題《蝸牛》。「蝸涎」，蘇詩原作「腥涎」。

〔註15〕見熊過《周易象旨決錄》卷三《升》。又見焦竑《易筌》卷三《升》、潘士藻《讀易述》卷八《升》，均標注「《象旨》」；陳祖念《易用》卷三《升》，稱「熊叔仁曰」。

一卦六爻，盡善盡美，無一凶悔吝之語，蓋士人同朝共主，最忌爾猜我虞，已**升**者摧抑其下，未**升**者掩襲其上。今六五以貞主持於上，初合志，二有喜，三無疑，四順事，同心一德，朝無媢嫉之臣，野無放棄之士，六十四卦豈能多得？上居卦終，階級已極，無地可**升**，聖人於是別設一義，謂之「冥**升**」，又於「冥**升**」轉開一徑，曰「利於不息之貞」，理欲利害如環無端，易之為道於是為不可測矣。私記。

困 ䷮ 坎下兌上

困：亨。貞，大人吉，无咎。有言不信。困從口從木。木之生必受天陽。今在口中，不得通遠，倦劇力乏也。

《彖》曰：困，剛揜也。險以說，困而不失其所「亨」，其唯君子乎？「貞，大人吉」，以剛中也。「有言不信」，尚口乃窮也。

朱元晦曰〔註16〕：「『困』者，窮而不能自振之義。坎剛為兌柔所掩，九二為二陰所掩，四五為上六所掩，所以為『困』。坎險兌說，處險而說，是身離困而道則亨也。二、五剛中，有『大人』之象。『有言不信』，又戒以當務晦默，不可尚口，益取困窮。」

蘇子瞻曰〔註17〕：「困者，坐而見制，無能為之辭也。陰之害陽者多矣，陽不能堪而戰。戰者，勝負未可知之辭也，尚不為困。困之時，陰掩陽而陽無所致其怒，其為害也深矣。」劉調甫曰〔註18〕：「不曰柔掩剛，而曰『剛掩』者，無所歸咎，故以剛自掩為詞，蓋卦為君子設也。」

胡仲虎曰〔註19〕：「蹇能止，則知足以避。需不陷，則義無所窮。困之為卦，上下三剛皆掩於柔，意氣不能發抒，學問無從展布，所以為困也。然剛之

〔註16〕見朱熹《周易本義》卷二《困》。

〔註17〕見蘇軾《東坡易傳》卷五《困》。

〔註18〕見張振淵《周易說統》卷七《困》。劉元卿，字調父，號瀘瀟。吉安人。明萬曆時人。《經義考》卷五十七著錄其《大易觀》二卷。彭樹欣編校《劉元卿集》（上海古籍出版社2014年版）作《大象觀》上下篇。

　　按：此說早見董真卿《周易會通》卷九《困》，稱「劉氏槩曰」；胡廣《周易大全》卷十七《困》，稱「東平劉氏曰」。馮椅《厚齋易學》附錄一《先儒著述上》著錄劉槩《繫辭解》，稱：「《中興書目》：《周易繫辭解》十卷，劉槩撰。有論以括其大意。槩字仲平。」此處沿襲《周易說統》之誤。

〔註19〕見胡炳文《周易本義通釋》卷二《困》。按：馮椅《厚齋易學》卷二十四《困》：「李元達曰：『若蹇之能止，則知足以避。若需之不陷，則義無所窮。困之為卦，上下二剛皆揜於柔，若無所逃於天地之間，此所以為困也。』」

困如此，剛之亨自如。處坎之險，不失兌之說。時雖困而道則亨，身雖困而心則亨也。他卦言貞亨，不貞則不亨，亨由於貞也。此卦言亨貞，處困能亨，則得其貞，貞由於亨也。」

吳叔美曰〔註20〕：「『不失其所』為句，『亨』字為句。所如『止其所』之所。」〔註21〕「此所至危而安，人失其所則困。若險得有至險者，又曉得險中有至說者，便困而不失其所，不失其所則亨矣。這不是剛而得中，不濡染、不矯激之君子如何有此，故曰『其唯君子乎』。」〔註22〕君子即大人，所謂五也。蘇君禹曰〔註23〕：「『不失』字最有味，胸中原有自得之妙，不因困而失，非因困而得也。」

「无咎」語脈屬下。觀《象傳》以吉字絕句，可見「无咎」謂無用怨尤也。當困之時，「有言不信」，怨尤無為也。《傳》申明之曰非徒不信，若尚口乃至於窮。「乃」字中有二意：困何能窮？惟「尚口乃窮也」；尚口本欲求通，不知「尚口乃窮」也。曰「尚」，有見諸述作囂囂自明之意。君子處世，不是無所尚，只不尚口耳。顧、廚、俊〔註24〕、及互相標榜，黨錮遂起，宜聖人以尚口為戒也。私記。

孫聞斯曰〔註25〕：「文之《繫》、《彖》，公之繫爻，孔子之《春秋》，孟子之七篇，皆此心也。夫本心不可明，而必見之庸庸；眾人不可明，而必詔之賢智；當身終不可明，而必垂之著作，俟之來世。此其言之『不信』也。如何而尚口之窮，大人亦惡得而避之？」◎兌，口不掩，言象。

〔註20〕吳桂森（字叔美）《周易像象述》未見此語。

〔註21〕龍仁夫《周易集傳》卷八《彖下傳》：「愚謂『所』字合為句，『亨』字為句。所如『艮止其所』之所。雖在困中，不愧不怍，泰然不失其常，處此之謂亨。能此者，其唯君子乎？」

〔註22〕吳桂森《周易像象述》卷六《困》：「這所至危而安，至變而常，只怕人自失所，則困而困矣。若曉得『險以說』，既見得此心有至險可危者，又見得險中有至安可說者，從險得說，便困而不失其所，不失其所困而亨矣。這不是陽剛君子，如何有此，故曰『其惟君子乎』，指九二也。」

〔註23〕蘇濬《生生篇·困》：「《象傳》『不失』二字，極好玩味。君子之心，在世故之中，而超乎世故之外。通如是，困亦如是。此胸中一段獨得之妙，不因困而有所失，非因困而後亨也，貞順受其正也。」

〔註24〕「俊」，四庫本作「後」，誤。《後漢書》卷六十七《黨錮列傳》：「自是正直廢放，邪枉熾結，海內希風之流，遂共相標榜，指天下名士，為之稱號。上曰『三君』，次曰『八俊』，次曰『八顧』，次曰『八及』，次曰『八廚』，猶古之『八元』、『八凱』也。」

〔註25〕見卓爾康《周易全書·困》。四庫全書存目叢書補編第90冊，第446頁。

《象》曰：澤無水，困。君子以致命遂志。

曰屯、曰蹇、曰困，皆以坎名也。然而莫若困甚者，坎在內也。坎在內，欲動如屯、止如蹇，不可得也。《解》與《渙》坎亦在內，然得雷而動，得風而散，水在澤上則涸之象也。澤者，龍蛇之窟，穴無水則龍蛇安所託命乎？故曰困。

丘行可曰〔註26〕：「兌上離下，其卦為革，聖人象之曰澤中有火。兌上坎下，其卦為困，聖人象之以澤中有水，則困之義隱矣。因心立論，但取下漏上枯之象，以見其為困。聖人談經靈活，不主故常，此亦可窺其一斑也。」劉元炳曰〔註27〕：「窮源而後知天下，無枯澤致命而後知天下無窮途。」

胡仲虎曰〔註28〕：「澤無水，命也。井有水，性也。知困之義則安命，知井之義則盡性。」

初六：臀困於株木，入於幽谷，三歲不覿。歲，從步從戌。《石經》作「歲」。

《象》曰：「入於幽谷」，幽，讀。不明也。《舉正》：「不明」上無「幽」字。

卦之三柔爻皆掩剛者，三剛爻皆為柔掩者，當就中取義。困之時，不必得位之小人能掩君子也。雖無位者，亦乘機而掩君子，初六是也。初爻柔位，下既無權勢，又無才力，而與三同居險體，見神龍之失勢，日與二為難，不知正人國家元氣。元氣一壞，自貽伊戚，坐而受困，無安身之地，行而冥迷，無見天之日，「臀困於株木，入於幽谷，三歲不覿」之象。《象》單拈「幽不明」以提醒之。凡困人與困於人者，不論君子小人，要有見識。初不明於邪正，又不明於利害，自取窮困，又何疑哉？幽指本心昏昧言，不明指暗於事機言〔註29〕，初在下臀之象。徐氏鍇云〔註30〕：「本入土曰根，在土上曰株」。私記。

〔註26〕胡廣《周易大全》卷十七《困》：「建安丘氏曰：『兌上離下，其卦為革，聖人象之曰澤中有火。兌上坎下，其卦為困，聖人宜象之以澤中有水，而曰澤無水，何哉？曰：澤中不宜有火也，而有火所以為革之象。澤中宜有水也，而反無水，非困而何哉？若亦言有水，則困之義隱矣。有無二字，聖人蓋有深意存焉。』」

〔註27〕不詳。

〔註28〕見胡炳文《周易本義通釋》卷二《井》。按：此前，鄭汝諧《易翼傳·井》：「澤無水為困，此命也。澤雖無水而井則有水焉，此性也。君子知澤或涸而井則不涸，是以致命而盡性。」

〔註29〕張振淵《周易說統》卷七《困》：「彥陵氏曰：（略）幽指本心昏昧說，不明指暗於事變說。」

〔註30〕見何楷《古周易訂詁》卷五《困》。

　　既曰「困於株木」矣，又曰「入於幽谷」，又曰「三歲不覿」，《象》又釋之曰「不明」，何也？君子治世，三綱五常，煥然整飭，如日月經天，耳聰目明；君子受困，是非顛倒，如黃霧四塞，不知何年得見天日。困時氣象，大概如此，故特於初言之，非獨指小人一身也。私記。

　　馮元敏曰〔註31〕：「卦名困，以剛為柔所困也。然以柔揜剛，非理之正。長惡不悛，柔亦自此困矣。故六爻別言之。柔之困也，以犯剛為忌，以退守為安。剛之困也，以動躁為戒，以靜俟為福。蓋陰困其宜也，陽困其變也。而株木、葛藟、金車、赤紱，其詞低昂，則聖人扶抑之意也。」

　　株木，九二象。坎於木為堅多心，二正當其心處。人之體，行則趾為下，坐則臀為下，初困而不行，此坐困之象也。

　　鄭少梅曰〔註32〕：「水者，木之母也。澤無水，水竭則木枯。初在坎下，屬正冬。霜雪之餘，枯木僅存，為株木。六三秋冬之交，葉脫刺存，為蒺藜。上六一陰始秋，蔓草未殺，曰葛藟。」

　　九二：困於酒食，朱紱方來，利用亨祀。征凶，无咎。紱，從犮，不從反。
　　《象》曰：「困於酒食」，中有慶也。

　　《井》、《困》二卦，以坎水之上行下漏反對。《井》之坎在上體，五為主；《困》之坎在下體，二為主。九二，受困之主也。「困於酒食」，其說不一。沈

〔註31〕馮時可《易說》卷四《困說四》。此外，何楷《古周易訂詁》卷五《困》：「卦名困，以剛為柔所困也。然以柔揜剛，非理之正。長惡不悛，將自及也，柔亦自此困矣。故六爻別言之。柔之困也，以犯剛為忌，以退守為安。剛之困也，以動躁為戒，以靜俟為福。蓋陰困其宜也，陽困其變也。而株木、葛藟、金車、赤紱，其詞低昂，則聖人扶抑之意也。人之體，行則趾為下，坐則臀為下。初六居困體之下，故曰臀。徐鍇云：『木入土曰根，在土上曰株。』按：株從木從朱。《樂書》云：『一在木下為本，在木上為末，在木中為朱。』木之為物，含陽於內，南方之火所自藏也。今借為丹朱之朱。以此推之，則株乃木身也。株又無枝無葉之稱，當指二言。坎於木為堅多心，變兌為毀折。初欲困二，剝落枝葉，故象株木。」
〔註32〕鄭東卿，字少梅，三山人。《經義考》卷二十五著錄其《易卦疑難圖》二十五卷、《易說》三卷、《先天圖注》一卷。胡廣《周易大全》卷十七《困》：「合沙鄭氏曰：『困，坎兌相重，兌正西，坎正北。兌一陰始得秋氣，而蔓草未殺，故為葛藟之困。六三秋冬之交，蔓草葉脫而刺存，故為蒺藜之困。若初六在坎之下，正大冬之時也，蔓草霜雪所殺，靡有孑遺，所存者株木而已。三爻皆陰，故繫以草木之象。』」
　　《周易玩辭困學記》所引文字見錢士升《周易揆》卷七《困》，未言係引用。

氏曰〔註33〕：「小人之困君子，力能制則制之，不能制則以飲食男女磨耗其神明」，如公瑾之欲留玄德是也。是說與「剛揜」之義相合。「朱紱」，君服，非二之服也。而以此加二，正小人困九二之處。蓋既縻以豢養之恩，又加非分之寵，欲觀二之如何耳。二於此逃之不能，拒之受之，俱不敢。「朱紱」，祭服，惟用以亨祀而已。亨祀之道，亦有酒而神固未嘗飲也，亦有食而神固未嘗咽也。朱紱未嘗不服，而不敢委蛇以自得也。循此而行，精誠達於神明，雖凶而无咎。「征凶」以事言，「无咎」以理言。韓子曰〔註34〕：「惟乖於時，乃與天通」，處困之道也。《象》單提「飲食」一句，而以「中有慶」釋之，諺云「酒在肚裏，事在心頭」，人但見其厭飫醉飽，孰知其意之所存乎？《彖》所謂「不失其所」，《象》所謂「致命遂志」，俱囊括於此。古詩云〔註35〕：「韜精日沉飲，誰知非荒宴。」私記。

上六以一柔揜二剛，其力小。初三以二柔揜一剛，其勢橫。又坎剛為兌柔所揜，而上與三為應，則上亦未嘗忘情於二者，故九二之受困獨深，而以剛居中處困之道，亦惟二為獨得。私記。

坎為水，水潤萬物，如飲食之養人，故《需》五、《坎》四有坎體者，皆有飲食之象。〔註36〕朱紱指五，赤紱指二。《說文》云〔註37〕：「天子朱紱，諸侯赤紱。」《詩》曰「朱紱斯皇」，君紱也；又曰「赤紱三百」，臣紱也。古「市」與「紱」通用。朱紱、赤紱皆祭服，故下即言「利用亨祀」、「利用祭祀」。「祭與亨，泛言則一；分言之，祭天神，祀地祇，亨人鬼。五君位，言祭。二臣位，言亨。」〔註38〕

六三：困於石，據於蒺藜，入於其宮，不見其妻，凶。藜，《石經》作「蔾」。
《象》曰：「據於蒺藜」，乘剛也。「入於其宮，不見其妻」，不祥也。

〔註33〕沈一貫《易學》卷七《困》：「凡小人之困君子也，力能制則刀鋸加焉。上與初合而困九五者是已；力不能制，必以飲食男女之欲壞其心，初與三合而困九二者是已。
〔註34〕見韓愈《送窮文》。「惟」，韓文作「雖」。
〔註35〕顏延之《五君詠·劉伶》，見《宋書》卷七十三《顏延之傳》。
〔註36〕胡廣《周易大全》卷十七《困》：「中溪張氏曰：『坎為水，水潤萬物，如飲食之養人，故《需》五、《困》二上下卦有坎體者，亦皆有酒食之象。況九二以剛居中，自有方來之慶，又豈真困於酒食也哉？』」
〔註37〕見《說文解字·市》。「紱」，《說文解字》作「市」。
〔註38〕見程頤《伊川易傳》卷四《困》。

此欲困人而不能保其妻子者也。《文言》曰〔註39〕：「非所據而據焉，身必危。」「據」者，以九二為同體至親，欲援二為黨以困四也。其謀最深，其心最毒，而孰知二之剛正，不可據哉？故《傳》不釋「困石」，而單釋此句。至於「不見其妻」，其為不祥，人所共曉，而《象》復贅此語，何也？小人殫精勞神，窮日之力以困君子，如醉如狂，妻子在前亦不之見，蓋天奪其魄，亦君子之精爽有以懾之也。自此殺身亡家，相尋而至，故爻要其終曰「凶」，《象》啟其端曰「不祥」。私記。

子瞻曰〔註40〕：「小人易合難久，故《困》之三陰，其始相與締交而掩剛，其終六三之妻亡、初六之臀困。」

九四：來徐徐，困於金車。吝，有終。

《象》曰：「來徐徐」，志在下也。雖不當位，有與也。

諸家以四與初為正應，故以四下就初為來，似為援初之險而發。然當「剛掩」之時，三與初共掩九二，二與四同德之友，初六困我同類，方疾之不暇，何為援之哉？〔註41〕王輔嗣曰〔註42〕：「感不以義，雖邇而不可懷也。應必以理，雖遠而不可棄也。」楊廷秀曰〔註43〕：「氣同則從，聲比則應，各從其類也。易之相應，豈必以位哉？四與初應者，位也。《困》之九四，其應不在初六而在九二者，類也。當困之世，為君子者，類苟同矣，應不在近；志苟通矣，來不在速。期於終不為小人所掩而已。」

二在險中，援之者五，觀變乘時，有可援之機者，四也。何也？四承五而比三，應初承五則居近君之地，比三應初則小人之怨毒未開，此時奉五之命因初、三之好，褰裳奔走而援二，猶恨其晚，乃從容援溺，揖讓救焚，優人之憂者，固如是乎？幸其與二同類，原是氣味中人，故夫子原其心曰「志在下」，要其終曰「有與」。下、與，謂二也。凡陽之困於陰者，必〔註44〕求其

〔註39〕語見《繫辭下》，非《文言》。
〔註40〕見蘇軾《東坡易傳》卷五《困》。
〔註41〕潘士藻《讀易述》卷八《困》：
　　　諸家以爻言「來」者內辭，故皆以四下就初為來，似為援初之險而發，則所謂「有終」、「有與」者，又何干於四也？況初六方「困株木」、「入幽谷」，何足為九四之與，而九四當困時顧欲藉之有終耶？故知「來徐徐」主二之來也。
〔註42〕見王弼《易總論》，唐順之《荊川稗編》卷四。
〔註43〕見楊萬里《誠齋易傳》卷十三《困》。
〔註44〕「必」，四庫本作「比比」。

與。〔註45〕四惟志在下，雖「來徐徐」，知其必來也。惟必來，雖不當位，而有剛德之與，終能成亨困之功也。〔註46〕私記。

焦弱侯曰〔註47〕：「坎為輿，兌為金，故稱金車。車乃貴者所乘，金乃富者所有。四居大臣之位，不能風行雷厲，援拔賢士於泥塗，而為富貴所困，亦三有以中之也。」鄭申甫曰〔註48〕：「凡人久坐車中，亦自困憊。惟『來徐徐』，故久而困。」困即是吝，有與即是有終。

九五：劓刖，困〔註49〕於赤紱，乃徐有說，利用祭祀。「劓刖」，鄭康成、王肅、陸績本皆作「臲卼」。祭從夕，𠕂也；從又，右手也。俗從𥝌，非。

《象》曰：「劓刖」，志未得也。「乃徐有說」，以中直也。「利用祭祀」，受福也。

九五以陽剛中正，操拯困之權，下與九二同德相應，忿其為初三所掩。上者我劓之，下者我刖之，輕用其威，威窮而物不服，困於赤紱者也。「赤紱」謂二，五居君位，二之困即五之困，《象》所謂「志未得者」也。拯困之功不在躁急，急則誤事，徐則從容觀變，自有機會，故以「乃徐有說」告之。此「徐」字從九四來。四以徐而吝，五乃徐而說，則時位之不同也。《象》曰「中直」，惟其胸中道理明，主意定，故能忍耐候時。不則，所謂「徐」者，亦因循怠緩而已。鄭申甫曰〔註50〕：「知其不可力爭，從容和說，靜俟機會，庶乎小人可去，君位可安，而可以主宗廟社稷之祭矣。利用祭祀者，不喪匕鬯之意。」兌為說。私記。

「利用祭祀」是「乃徐有說」之象。夫祭祀之受福也，豈朝拜而夕致者哉？誠一所至，通於神明，若啟若翼，有莫知其故者，惟從容以俟之而已。處困之時當如此。私記。

二利用亨祀，五利用祭祀，君臣之間，一段精誠通於神明，所謂「困而不失其所亨」也。用祀同，而「征凶」、「受福」異者，君臣之別也。

〔註45〕潘士藻《讀易述》卷八《困》：「凡陽之困於陰者，力不足以勝，而又無與。有與則非困矣。故困之道必求其與。」
〔註46〕潘士藻《讀易述》卷八《困》：「『志在下』，雖『來徐徐』，必來也。九四雖不當位，而有剛德之與，終能就五以成亨困之功也。」
〔註47〕見焦竑《易筌》卷三《困》。
〔註48〕見張振淵《周易說統》卷七《困》。
〔註49〕「困」前，四庫本有「則」。
〔註50〕見張振淵《周易說統》卷七《困》。「申」，四庫本作「中」，誤。

上六：困於葛藟，於臲卼，曰動悔。有悔，征吉。

《象》曰：「困於葛藟」，未當也。「動悔，有悔」，吉。句。行也。

楊用修曰〔註51〕：「上六下應六三，三柔而牽己，纏繞不決，故象葛藟；下乘九五，五剛而難柔，震動不動，故象臲卼。」〔註52〕「凡物〔註53〕窮則思變，困則謀通。處至困之地，用謀之時也。」〔註54〕「曰」者，自謂也，亦自謀也。心口相語曰不可動，動且有悔，而不知不動乃所以有悔。〔註55〕曰「動悔」者，處困極之時，懲羹而吹虀也。「有悔」者，失事機之會，噬臍而莫及也。物窮必變，困極則通。爻商〔註56〕其利害曰「征吉」，《象》斷之以理曰「行也」，謂柔不可牽合之可也，剛不可乘去之可也。五爻不謂言吉，獨於上言吉，困則凶，行則吉。苦海回頭，聖人為小人大開方便，正所以為君子也。

臲卼甚於葛藟，象不釋臲卼而釋葛藟，臲卼是身之搖動，葛藟是心之纏擾。惟心境不清，所以身體不得安穩。蓋上與三應，三援上以困君子，上六陰柔，以三為同類，不能毅然決斷，故雖以陰居陰，自以為當，而不知在困之時，猶未當也。不言位，位雖當，所以居位者未當也。有悔正是斬斷葛藤機括，故曰行也。行則掉臂直前，更有何物纏擾？私記。

鄭亨仲曰〔註57〕：「《困》有不可動，九二是也，故『征凶』。有不可不動，上六是也，故『征吉〔註58〕』。」蘇君禹曰〔註59〕：「困而安坐於初，卒無聞見之期。困而臲卼於終，尚有征行之吉。」

潘去華曰〔註60〕：「上之一爻，有處一卦之上者，有處一卦之外者。處上則為尊高之極，《乾》之上九是也；處外則為吉凶之輕，《困》之上六是也。」

〔註51〕不詳。

〔註52〕熊過《周易象旨決錄》卷三《困》：「按：巽為木，無為葛藟者，豈以巽為風，木柔易隨風，為葛藟之象邪？五居互巽之上，既高而不安，上在五上則愈微，故蒙上文而不復出困字，止稱臲，卼也。三柔而牽己，五剛而難乘。」

〔註53〕「物」，四庫本作「遠」。

〔註54〕見《周易正義》卷八《困》孔《疏》。

〔註55〕蘇軾《東坡易傳》卷五《困》：「曰不可動，動且有悔，而不知其不動乃所以有悔也。」

〔註56〕「商」，四庫本作「商」。

〔註57〕見鄭剛中《周易窺餘》卷十一《困》。

〔註58〕「吉」，四庫本作「志」，誤。

〔註59〕見蘇濬《生生篇·困》。

〔註60〕見潘士藻《讀易述》卷八《困》。按：此語先見楊萬里《誠齋易傳》卷十三《困》，潘士藻引用而未加注明。又見張獻翼《讀易紀聞》卷三《困》，亦未言係引用。

九二，受困者也。據二之上，憑藉權勢以揜二者，三也。伏二之下，竭股肱之力以助三者，初也。上與三應，遙為聲勢，以張羽翼者也。四與五，因援二之困而得困者也。上與二遠，又居卦終，氣勢漸衰，不覺悔心之萌而吉。然則小人亦何苦而多方以困君子哉！為君子者，亦惟緘口結舌，不失其所亨而已。私記。

井 ䷯ 巽下坎上

井：改邑不改井，無喪無得，往來井井。汔至，亦未繘井，羸其瓶，凶。楊止菴曰〔註61〕：「井本井田之名。《字書》：井，中加一〇為井。蓋於八家公田內為穴地取水之處也。」《世本》云：「伯益作井。」古於汲水處為市，故稱市井。

《彖》曰：巽乎水而上水，井。井，讀。養而不窮也。「改邑不改井」，乃以剛中也。「汔至，亦未繘井」，未有功也。「羸其瓶」，是以凶也。《舉正》：「乃以剛中」上有「無喪無得，往來井井」八字。

「巽乎水而上水」，「巽乎水」者，巽在坎下之象；「上水」者，坎在巽上之象。巽取其德之入，非取象於木也。蓋掘地得泉，非鑿木為機之說。「巽水，井之體立；上水，井之用行。」〔註62〕沉潛深入，養德養民，時出不窮，非用功之深，何以至此？古者立邑，必相水泉之所在，《詩》曰「相其陰陽，觀其流泉」是也。不得泉，難以立邑，則改邑以就之，是之謂「改邑不改井」，蓋邑緣人建，故可改泉，由地脈不可改也。此卦《困》反為《井》，坎位下，今位乎上，在上在下不同，而中爻陽剛不動，是邑改而井不改也。其所以不改者，天德之剛渾然在中，不為堯存，不為桀亡，不可得而改也。汲而不竭，故「無喪」。不汲而不盈，故「無得」。「剛往居五，柔來居初，往者得水而上，來者求水於下，又在困則坎來而下，在井則坎往而上，皆『往來井井』之義。」〔註63〕其在學問，則可富可貴、可貧可賤，外境可改，而內性不改，「改邑不

〔註61〕楊時喬《周易古今文全書》卷七《井》：「井本井田之名。《字書》：井，中加一〇為井。指穴地取水之處。即此聖王經野之制方里界為九區，中為公田，外八區為私田，故其字象田界畔形，外私田八，中公田一之形。而井者，即井中之中間公田之內掘一井，八家共之，為穴地取水之處，即汲此為資。一為飲食之利，一為灌溉之利，故此二字有辨。」（《四庫全書存目叢書》經部第 8 冊，第 666 頁）

〔註62〕見錢一本《像象管見》卷四上《井》。

〔註63〕趙以夫《易通》卷五《井》：「剛往居五，柔來居初，往者得水而上，來者求水於下，『往來井井』，此井之本體也。」

改井」也。終日應酬，未嘗言損；寂然不動，未嘗有益。得喪無與於己，往來一任之物，「無喪無得，往來井井」也。羸瓶，卦中無此象。文王繫辭到此，惕然動羸瓶之慮，蓋一瓶之得失何足言凶，不知敬為聖學始終，操之弗固，幾成而敗，則執德不恒，非凶而何？故戒之如此。

丘行可曰〔註64〕：「『改邑不改井』，井之體也。『無喪無得』，井之德也。『往來井井』，井之用也。此三句言井之事。『汔至，亦未繘井』，未及於用也。『羸其瓶』則並失其用也。此三〔註65〕句言汲井之事。」

季明德曰〔註66〕：「『剛中』專指九五。二之德，雖亦剛中，但『無喪無得，往來井井』。則九五成功之事，二尚未能有此。」

馬氏理曰〔註67〕：「凡水皆水也，溪、澗、沼、沚，其於世也，可灌可溉矣，然有盈涸；江、淮、河、海，其於世也，不盈不涸矣，然有利害。獨是井也，束其水之勢，若制於有涯之中；畜其水之源，乃留為可繼之澤。靜焉深焉，無波濤險阻之虞；斟焉酌焉，無德怨施受之跡。」

李子思曰〔註68〕：「嘗觀天下之水，冬而溫者，獨井泉而已。蓋得之地脈，不失其本真。及注之川澤，失其本性，無復有向來一陽之溫矣。載觀井泉之水，在人身則精血是也；川流之水，在人身則涕洟之類是也。精血固藏者，井泉凝靜之性；而涕洟往而不返者，江河之泛濫也。」

「繘」，汲水索也。「瓶」，汲水器，古文從缶，瓦器也。以木器汲水，始於丁寬，可見古來皆用瓶，或用甕。「汔」，幾也，亦尚也，《詩》「汔可小康」、《未濟》「小狐汔濟」。「亦未繘井」者，繘未及盡收，井未及盡出也。羸即《大壯》「羸角」之羸，彼以進而不能退，象角之羸；此以下而不能上，象瓶之羸。未繘井而羸瓶，即《周書》功虧一簣之意。蓋德業垂成，而有以敗之也。

《象》曰：木上有水，井。君子以勞民勸相。勞，去聲。

「巽乎水」專以德言，「木上有水」專以象言。《彖》自《彖》，《象》自《象》，不宜相混。

〔註64〕見胡廣《周易大全》卷十七《井》、洪鼐《讀易索隱》卷四《井》、張獻翼《讀易紀聞》卷四《井》、張振淵《周易說統》卷七《井》。
〔註65〕「三」，《周易大全》、《讀易索隱》、《讀易紀聞》、《周易說統》均作「二」。
〔註66〕見季本（字明德，號彭山）季本《易學四同》卷四《彖象爻下傳》。
〔註67〕馬理《周易贊義》未見此語。
〔註68〕見馮椅《厚齋易學》卷二十四《井》。

郝仲輿曰〔註69〕：「『木上有水』，解者謂以木為汲水之器，則《象》已言瓶，瓶非木也。鄭康成謂為桔橰，懸瓶入水，汲而上水之象，則木在水上，與木上有水相戾。吾里中掘得古井，其制以木交互如井字，障土貯水，層累而上，然後砌以瓴甋。漢武帝立井干樓，謂其積木若井干也。此與卦象最合。」干音寒。

蘇子瞻曰〔註70〕：「人之於井，未有錮之者也。故君子體其道，以勞民勸相。」

汝中曰〔註71〕：「此即同井相助之義，所謂『五家相保，五比相愛，五閭相葬，五族相救，五黨相賙，五州相賓』是也。」

初六：井泥不食，舊井無禽。

《象》曰：「井泥不食」，下也。「舊井無禽」，時舍也。

「井以陽剛為泉，上出為功。」〔註72〕初以陰柔在下位，根器污下，原非清高之品，故曰「『井泥不食』，下也」。井貴汲多，猶學之貴時習也，「時舍」則日新，功疏自棄，而人亦棄之矣，故曰「『舊井無禽』，時舍也」。若初六者，所謂「困而不學，民斯為下者」也。唐凝庵〔註73〕謂「北方稱轆轤之軸為禽，所以運繘。廢井無水，則並轆轤俱廢矣，故曰『無禽』」。

康流曰〔註74〕：「《漢·張讓傳》：作渴烏以轉水。井上之禽，或當類此。」

杜詩〔註75〕：「鸕鶿窺淺井」，亦可想「舊井無禽」之義。

〔註69〕郝敬《周易正解》卷十四《井》：「吾里中人嘗掘地得古井，其制以木交午如井字，層疊而上，即古人所謂井韓者也。因知古聖尚象之義。解者謂以木為汲水之器，則《象》已言瓶，瓶非木也。或謂為井上桔橰，懸瓶取水者。桔橰反在井上，與卦象戾。皆未喻古人井韓之制耳。韓與翰通，築土者。栽木夾版為榦版，兩端障土者為翰。井韓，積木為之，亦以障土，使水出其中，故又云井榦。漢武帝立井榦，樓高五十丈，以其積木若井韓也。《楊子·重黎篇》：茅蕉井榦之死，亦謂始皇殺諫者二十七人，積屍闕下如井韓耳。以予所見正合。」

〔註70〕見蘇軾《東坡易傳》卷五《井》。

〔註71〕見王畿《大象義述》。（《王畿集》，第668頁）

〔註72〕見朱熹《周易本義》卷二《井》。

〔註73〕見唐鶴徵《周易象義》卷三《井》。（《四庫全書存目叢書》經部第10冊，第364頁）

〔註74〕見朱朝瑛《讀易略記·井》。（《四庫全書存目叢書》經部第24冊，第800頁）

〔註75〕見杜甫《秦州雜詩二十首》。

《淮南子》：「八方風至，濬井取新泉。」《管子》：「鑽燧改火，抒井易水。」古人以未濬未易水之井稱舊。〔註76〕

九二：井谷射鮒，甕敝漏。 甕，《說文》作「甕」。

《象》曰：「井谷射鮒」，無與也。

九二剛中有泉之象，然上無正應，下比初六，功不上行。以井言，如井旁穴出之水，僅能「射鮒」。以汲井言，如敝甕不足以上行，而反漏於下。論學問，則留心於一技一藝，而不務上達，徒滲漏其精神。論政事，則沾沾於小恩小惠，而不務養民，祇自開其倖竇。涓涓不息，終成尾閭，君子知其自治之疎矣。陸君啟曰〔註77〕：「德孤於喪朋，業隳於分緒，幾泄於屬耳，恩逗於竊潤。谷射甕漏，可不慎乎？」私記。

朱康流曰：《井》二即《困》五，《井》三即《困》四。《困》四「有與」，井二「無與」，何也？《困》貴同德相助，故九四比於九五為『有與』；《井》須二氣相濟，故九二比於九三為『無與』。亦猶《困》之上六以乘五為相掩，《井》之上六以乘五為『勿幕』也。上六以陰乘陽，則水自上出；初六以陰承陽，則水由下漏。」〔註78〕

《象》不釋「甕敝漏」，蓋甕之敝不敝、漏不漏，其權在操甕者，非二之事。至於「射鮒」，則二不能尊師取友之故，故歸重於此。私記。

谷，井旁穴也，一曰井中泉穴。《埤雅》：「鮒，小魚。即今之鯽也。此魚旅行吹沫，如星以相即也，謂之鯽以相附也，謂之鮒。」然井未有生鮒者。程沙隨以為蝸牛〔註79〕，凝庵謂科斗蚜蟹之類〔註80〕。按：《莊子》〔註81〕：「周視轍中，有鮒魚焉，曰『東海之波臣』」，則又非蝸牛之類。異體覆下，「甕敝漏」之象。

〔註76〕此一節見錢士升《周易揆》卷七《井》、錢一本《像象管見》卷四上《井》。

〔註77〕見陸夢龍《易略・井》。(《四庫全書存目叢書》經部第19冊，第511頁。)

〔註78〕見朱朝瑛《讀易略記・井》。(《四庫全書存目叢書》經部第24冊，第800頁)

〔註79〕項安世《周易玩辭》卷九《井・無禽》：「沙隨程迥曰：『《字書》鮒作蚹，蝸牛也，污渠中多有之。』今按：巽為蟲，則蝸牛近是。」黎靖德《朱子語類》卷七十三：「鮒，程沙隨以為蝸牛，如今廢井中多有之。」

〔註80〕唐鶴徵《周易象義》卷三《井》：「鮒，井中之魚，蚜蟹蝌斗之屬，以巽魚取類。舊井久不汲，遂生蚜蟹之類」。(《四庫全書存目叢書》經部第10冊，第365頁)

〔註81〕見《莊子・外物》。

九三：井渫不食，為我心惻。可用汲，王明，並受其福。渫，《石經》作「渫」。《字書》：渫與渫同。

《象》曰：「井渫不食」，行惻也。求「王明」，受福也。

「井渫不食」，固也。九三居得其正。井，潔者也。井潔而不食，何哉？不中也，不中者非邑居之所會也。我周公自謂「為我心惻」，非為私也。不可用則不惻，可用則行者皆惻，吾安得不惻？此以明好賢之公心也。王之不明，疑其未必有福也。王不求賢，賢乃求王。求也者，求其明也。王而明，則賢者在位，天下受其福，王「並受其福」，賢亦何負於王？其如王之不明，何哉？此以明慕君之本心也。周公、孔子於此有無限悲慨。私記。

項平甫曰〔註82〕：「上六之『有孚』即九三之『心惻』也。人之相與，苟非中心惻怛，何以見其有孚？爻言心惻，《象》言行惻。奇寶橫道而不收，則行路之人皆歎息之矣。況在上而為之應者，能不動心乎？」

介夫曰〔註83〕：「玩『求王明』語意，蓋云只為不遇王明爾，怎生討得王明來？上下『並受其福』矣，此旁人惻之之辭。」鄭申甫曰〔註84〕：「《井》諸爻通上下全體取象，不得論應。若論應，則九三有應矣？何為『不食』，蓋以各自為井言，則五爻近坎口，在通邑輳集之所，三在四、五之下，去坎口遠，乃荒僻之所也。」

《字書》：渫，治井也，又清也，惻痛也，愴也。引水於井曰汲。

六四：井甃，无咎。

《象》曰：「井甃，无咎」，修井也。

內卦已終，外卦方始，新舊相乘，修井之時也。《子夏傳》云〔註85〕：「甃，治也。以塼壘井，修井之壞，謂之為甃。」井既渫而不甃，則旁土易崩，雖有泉，且混濁而不洌矣。蘇子瞻曰〔註86〕：「陽為動為實，陰為靜為虛。泉者，所以為井也，動也，實也；井者，泉之所寄也，靜也，虛也。故三陽為泉，三陰為井。初六最下，故曰『泥』；上六最上，故曰『收』；六四居其間而不失正，故曰『甃』。甃之於井，所以御惡而潔井也，井待是而潔，故无咎。」

〔註82〕見項安世《周易玩辭》卷九《井‧行惻有孚》。
〔註83〕見蔡清《易經蒙引》卷七上《井》。
〔註84〕不詳。
〔註85〕見《周易正義》卷八《井》。
〔註86〕見蘇軾《東坡易傳》卷五《井》。

胡仲虎曰〔註87〕:「初才柔,有井泥像。三之渫,渫初之泥也。二位柔,有井谷象。四之甃,甃二之谷也。」丘行可曰〔註88〕:「三在內卦,渫井內以致其潔。四在外卦,甃井外以御其污。蓋不渫則污者不潔,不甃則潔者易污,此內外交修之道。」

九五:井洌,寒泉食。洌從水。

《象》曰:「寒泉」之「食」,中正也。

坎皆曰水,此獨曰泉。泉,水之始達者,蓋直指本體言。胡仲虎曰〔註89〕:「井至此,初泥已渫,二漏已修,井道全矣。所謂『井養而不窮』者,正在此爻。寒者,水之性也。坎北方也,井以寒洌為貴,泉以得食為功,然則寒與洌,性也;食與不食,命也。」

蘇君禹曰〔註90〕:「既曰洌,又曰寒,何也?凡人於世情冷不下,全是一片熱心薰炙。君子盡洗世情,濯以寒泉,焦火不入,熱中不生,此之謂中正。」

呂仲木曰〔註91〕:「居德而不中正,則貴戚有優渥之耗,疏遠無沾濡之益,是斜口井也。惟中正,則四方皆被其澤。」《詩》云〔註92〕:「池之竭矣,不云自頻。泉之竭矣,不云自中」,此德不中正者也。

《象》曰「寒泉之食」,所重在「食」字。井泉,地脈也,與山川之氣互為流通。凡近金鐵龍蛇之處,其水不可食,為其性偏頗而有毒也,故曰「寒泉之食,以中正也」。水味尚須中正,而況其他乎?私記。

〔註87〕胡炳文《周易本義通釋》卷二《井》,稱「或曰」。按:李過《西溪易說》卷十《井》:「三言『井渫』,渫初之泥也」;「四『井甃』,甃二之谷也。」

〔註88〕見董真卿《周易會通》卷九《井》、胡廣《周易大全》卷十七《井》、何楷《古周易訂詁》卷五《井》。按:此前,朱長文《易經解·井》:「三在內卦,渫井內以致其潔。四在外卦,甃井外以御其污。君子內外交養之道。」

〔註89〕胡炳文《周易本義通釋》卷二《井》:「井至此,初泥已渫,二漏已修,井道全矣。所謂『井養而不窮』者,正在此爻。寒者,水之性也。洌,潔也。三之渫,潔之也,潔之可食矣,而不知五之食者,何哉?五在上,三猶在下故也。然則渫與洌,性也;食與不食,命也。」
　　按:此前,李過《西溪易說》卷十《井》:「井至五爻,初泥已渫,二谷已修,井道已全,則井洌而泉寒,為時所食,所謂『養而不窮,往來井井』,皆在此爻。」
　　另外,「井以寒洌為貴,泉以得食為功」,見來知德《周易集注》卷十《井》。

〔註90〕見蘇濬《生生篇·井》。

〔註91〕見呂柟《周易說翼》卷二《井》。

〔註92〕見《詩經·頌·召旻》。

上六：井收勿幕，有孚元吉。收，《字書》從니。俗從氺，誤。

《象》曰：「元吉」在上，大成也。

收謂以轆轤收綆，綆以收瓶，汲之終也。〔註93〕凡物可收成者謂之收，如五穀之有收也。「古者，汲後則以布幕其上，以防污入。」〔註94〕「收」者，汲器之出。「幕」者，覆井之具。「勿」者，禁止之詞也。「夫苟幕之，則下有寒泉而不達，上有汲者而不獲。」〔註95〕今「勿幕」，則愛民之心出於至誠而有孚矣，豈非大善而吉之道乎？唐凝庵曰〔註96〕：「收者，收口，即今之井欄木。」坎口，不掩勿幕之象。

胡仲虎曰〔註97〕：「《象》始末揭下上二字，見井之用在上而不在下。下則為時所棄，上則由修而中正，由中正而大成，愈上則井之功愈大。」

朱康流曰〔註98〕：「一瓶之羸，致敗於垂成。一幕之去，功收於元吉。人有仁心仁政，而民或被其澤，或不被其澤者祗，爭於萬分之一，不可以不慎也。」

坎上之卦凡八，惟《井》六爻無險象，以水上出能養人也。他卦之終為極為變，惟《井》、《鼎》至上吉，以養人功成也。〔註99〕

李季辨曰〔註100〕：「《井》六爻綱領最好。初『井泥』，二『井谷』，皆廢井也。三淰初之泥，四甃二之谷，則井道全矣。故五爻井洌而泉食，此時井功已成矣。上爻但勉其『勿幕』其功，人進於五，故曰『大成』。」

革☰☱離下兌上

革：已日乃孚，元亨，利貞，悔亡。《說文・革》：「獸皮治去其毛，革更之。」又云：「古文從三十。三十年為一世，而道更也。」故革為改舊之義。

〔註93〕李贄《九正易因・井》：「劉濬伯曰：『收者，收繘收瓶，汲之終也。』」潘士藻《讀易述》卷八《井》：「劉濂曰：『井道成矣。收者，收繘收瓶，汲之終也。』」

〔註94〕見唐鶴徵《周易象義》卷三《井》。（《四庫全書存目叢書》經部第10冊，第366頁）

〔註95〕蘇軾《東坡易傳》卷五《井》：「夫苟幕之，則下雖有寒泉而不達，上雖有汲者而不獲，故『勿幕』則『有孚元吉』。」

〔註96〕見唐鶴徵《周易象義》卷三《井》。（《四庫全書存目叢書》經部第10冊，第366頁）

〔註97〕見胡炳文《周易本義通釋》卷四《象下傳》。

〔註98〕見朱朝瑛《讀易略記・井》。（《四庫全書存目叢書》經部第24冊，第801頁）

〔註99〕此一節見郝敬《周易正解》卷十四《井》、錢士升《周易揆》卷七《井》。

〔註100〕見董真卿《周易會通》卷九《井》、胡廣《周易大全》卷十七《井》、姜寶《周易傳義補疑》卷七《井》、葉良佩《周易義叢》卷九《井》。

《彖》曰：革，水火相息。二女同居，其志不相得，曰革。「已日乃孚」，革而信之。文明以說，大亨以正，革而當，其悔乃亡。天地革而四時成。湯武革命，順乎天而應乎人，革之時大矣哉！

革，變革也。凡不合，然後變生。此卦兌澤在上，離火在下，火然則水乾，水決則火滅，物理之不合也。中、少二女合為一卦，而少上中下，名位已紊，嫌隙易生，人情之不合也，故曰「革」。革者，所以處變之道也。凡民可與習常，難與適變；可與樂成，難與慮始。故革之為道，即日不孚，「已日乃孚」也。「革而信」，「而」字正發明「乃」字，謂其革至是而人信之也。夫革何以得人之信？卦德內離文明，則酌義理而非妄革；外兌和說，則隨時勢而非強革。斟酌調停，必然大通，而且至正矣。夫「大亨」而「以正」，則所革者上當天心，下當民心，妄革之悔乃可亡耳。不則，悔有不可勝言者，如介甫新法，噬臍何及！「當」字即是「貞」字，「乃孚」故「乃亡」。「乃」者，難辭也。「致其孚者，在已日之前。驗其孚者，在已日之後。」〔註101〕

卦與《睽》體同而位異。《睽》上火下澤，兩不相涉；此澤上火下，各據其勝。睽上中下少，倫序秩然；此少上中下，名分倒置。〔註102〕

睽，未嫁之姊妹也，故曰「不同行」。革，已嫁之妯娌也，故曰「不相得」。不同行不過有相別之意，故止於睽。不相得則將有相剋之事，故至於革。〔註103〕

不曰「相勝」而曰「相息」，滅息而後生息〔註104〕，正是除舊布新之義。

蘇子瞻曰〔註105〕：「兌金離火。火者，金之所畏也，而金非火則無以成

〔註101〕見張獻翼《讀易紀聞》卷四《革》。潘士藻《讀易述》卷八《革》曾引用，稱「張氏曰」。

〔註102〕潘士藻《讀易述》卷八《革》：「汝吉曰：『革，變革也。卦於《睽》體同而位易。上火下澤，性睽焉已也。澤上火下，水決則火滅，火然則水竭，相息矣。二女同居，志睽焉已也。少上中下，倫序有乖，且成仇隙，故不曰不同行，而曰不相得，則凶悔吝乘之，革也。』」

〔註103〕董真卿《周易會通》卷九《革》、胡廣《周易大全》卷十七《革》載李舜臣之說，云：「《睽·象》曰：『二女同居，其志不同行。』《革·象》曰：『二女同居，其志不相得。』不同行不過有相離之意，故止於睽。不相得則不免有相剋之事，故至於革。」

〔註104〕朱熹《周易本義》第二《革》：「息，滅息也，又為生息之義。滅息而後生息也。」

〔註105〕見蘇軾《東坡易傳》卷五《革》。

器，器成而後知火之利也，故夫革不信於革之日，而信於已革之日，以其始之不信，是以知悔者革之所不免也，特有以亡之耳。」

「離為日。日入澤，有已日象。」〔註106〕卓去病曰〔註107〕：「『已日』，干令升曰〔註108〕：『天命已至之日。』於是季氏申之曰〔註109〕：『已謂事窮而當革之日，即張子所謂『一日之間，天命未絕，則為君臣；當日命絕，即為獨夫』之義。』蓋已者，事理決絕之辭。『已日』言弊當革，害當除，已在必然，當為之日。是以革之即可革，孚之即可孚。若不到此時而為此，則人情必有未便，是非必致復淆。愚者未洞其本末，必以為多事；私者未受其決裂，必以為害己。事如何可革？人如何可孚？」

蔡子木曰〔註110〕：「『元亨利貞』，乾道也。隨不可以妄隨，必『元亨利貞』乃得『无咎』。革不可以妄革，必『元亨利貞』乃得『悔亡』。」卦詞未有言「悔亡」者，自《革》始重之也。〔註111〕

錢塞庵曰〔註112〕：「革春而夏，革秋而冬，方成歲功，然離兌之交，春夏為陽，盡於離；秋冬為陰，始於兌，是一歲中間大變易處。凡繼世更代皆為革，惟湯武革命以仁易暴，以臣放君，以征誅變揖讓，非常之原，黎民懼焉，必信後乃革，革後愈信，至天順人應，而後與四時合其序，故曰『革之時大矣哉』。」高存之曰〔註113〕：「天地之四時，差一日不得。湯武之革命，早一日不得。」

王汝吉曰〔註114〕：「天下之革，莫大於時變。」故主革者必如四時之不爽，使人灼見而不疑；又如寒暑之密移，使人相忘而不駭。

〔註106〕見胡炳文《周易本義通釋》卷二《革》。
〔註107〕見卓爾康《周易全書·革》。（四庫全書存目叢書補編第90冊，第462頁。）
〔註108〕見李鼎祚《周易集解》卷十《革》。
〔註109〕見季本《易學四同》卷二《革》。「已」，《易學四同》作「已日者」。
〔註110〕見李贄《九正易因·革》。
〔註111〕胡炳文《周易本義通釋》卷二《革》：「革必『已日乃孚』者，民難與慮始。革之初，人未遽信，必已日而後信也。離明則灼義理，而非妄革；兌說則隨時勢，而非強革。此所謂革之貞也。不貞則所革人不信，事不通，悔不亡矣。凡《彖》未有言悔亡者，此獨言之，重改革也。」
同書卷十二《象下傳》：「《彖》未有言悔亡者，惟革言之。」
〔註112〕見錢士升《周易揆》卷七《革》。
〔註113〕見高攀龍（字存之）《周易易簡說》卷二《革》。
〔註114〕見潘士藻《讀易述》卷八《革》，稱「汝吉曰」。

《象》曰：澤中有火，革。君子以治歷明時。

項平甫曰〔註115〕：水在澤下，謂之無水，言當有而伏，與無同也。火在澤下，謂之有火，言非其地，不當有也。

朱康流曰〔註116〕：「不曰『澤在火上』，而曰『澤中有火』，即水火相息之義也。『治歷明時』者，亦明其消長之變而已。一歲有一歲之消長，歲差有多寡，而歲為之進退矣。一月有一月之消長，月離有遲疾，而朔為之損益矣。一日有一日之消長，日躔有盈縮，而晷刻為之饒乏矣。此則歷法之通於易道者。後世乃以日法閏餘強合象數，何其固哉！」

按：「古者考天象，驗人時，皆以火為證。三月火出於辰，五月火中於午，七月火流於申，十月火伏於亥」〔註117〕是也。南方，火之本位。秋冬春夏，皆取相生。惟自夏徂秋，自離轉兌，火金之氣不免相尅，賴坤土以聯屬於其間，而五行始相生不斷，故特取兌離相合之卦，表「天地革而四時成」之義。〔註118〕

吳幼清曰〔註119〕：「歷謂日月五緯之躔次，時謂春夏秋冬之代序。推日月而後可以定四時，故治歷所以明時。」李季辨曰〔註120〕：「晝夜者，一日之革。晦望者，一月之革。分至者，一歲之革。歷元者，無窮之革。」「歷貴乎革，三辰有差，歷亦萬變也。」〔註121〕

朱元晦曰〔註122〕：「由遲速以定推遷，由積分以考盈縮。有晦朔弦望之

〔註115〕見項安世《周易玩辭》卷十《革‧澤中有火》。
〔註116〕見朱朝瑛《讀易略記‧革》。（《四庫全書存目叢書》經部第24冊，第801～802頁）
〔註117〕見明‧錢一本《像象管見》卷四上《革》。
〔註118〕此一節見何楷《古周易訂詁》卷五《革》。
〔註119〕見吳澄《易纂言》卷六《象下傳》。
〔註120〕見胡廣《周易大全》卷十七《革》、張振淵《周易說統》卷七《革》。又見張獻翼《讀易紀聞》卷四《革》、潘士藻《讀易述》卷八《革》，多「歷貴乎革，三辰有差，歷亦萬變也」。
按：李過（字季辨）《西溪易說》無此語。馮椅《厚齋易學》卷四十一《易外傳第九》：「李去非曰：『晝夜者，一日之革。氣候者，大數之革。晦朔者，一月之革。冬至者，一歲之革。歷元者，無窮之革。』」另外，朱長文《易經解‧革》：「晝夜，一日之革。晦望，一月之革。分至，一歲之革。歷元，無窮之革。用天時以興地利，君子體革之要務。」
〔註121〕楊萬里《誠齋易傳》卷十三：「歷貴乎革者，三辰有差，歷亦萬變也。」
〔註122〕張振淵《周易說統》卷七《革》：「朱子曰：『澤中有火，水能滅火，便有那四時改革底意思。』○按：治歷明時者，制為曆書，推日月星辰之纏次。時

序，有分至啟閉之期。五日為候，三候為氣，六氣為時，四時為歲，氣朔不差，寒暑不忒。在上者得以敬天而勤民，在下者得以因時而趨事。」

《丹鉛錄》〔註123〕：「《素問》云：『澤中有陽焰』，如火煙騰而起於水面者是也。蓋澤有陽焰，乃山氣通澤；山有陰靄，乃澤氣通山。《文選·海賦》『陰火潛然』，唐顧況《使新羅》詩『陰火暝潛然〔註124〕』是也。東坡《遊金山寺》詩云：『是時江月初生魄，二更月落天深黑。江心似有炬火明，飛焰照山棲鳥驚。悵然歸臥心莫識，非鬼非仙竟何物。』凡山林藪澤晦明之夜，則野火生焉，散見如人秉燭，其色青，異乎人火。」

洪景盧曰〔註125〕：「大衍之用四十有九，一行以之起歷，而《革》卦之序在《易》正當四十九，故後世以大衍名歷。」

初九：鞏用黃牛之革。

《象》曰：「鞏用黃牛」，不可以有為也。

即所謂春夏秋冬是也。治歷正所以明時，由遲速以定推遷，由積分以考贏縮。有晦朔弦望之序，有分至啟閉之期。五日為候，三候為氣，六氣為時，四時為歲。氣朔不差，寒暑不忒，於是在上者得以敬天而勤民，在下者得以因時而趨事。」

按：此一節係張振淵按語。張次仲在引錄時，因前有「朱子曰」而誤認為朱熹之說。張振淵之說亦有所本。

趙汸《周易文詮》卷二《革》：

澤中有火，火燃則水乾，水決則火滅，革之象也。君子以為革之大者，莫過於時。使不治歷以明之，則四序不分，歲令無別，何以欽天道而授人事？於是設占步之法以推天象運行之度，立布算之術以察氣機旋轉之變，由遲速以定推遷，由分積以考盈縮。使晦朔弦望不愆其序，分至啟閉不失其時。如是則七政齊而百揆序，在上者得以敬天而勤民，在下者得以因時而趨事。革莫大於此矣。

張鏡心《易經增注》卷五《革》：

象以之治歷明時，君子觀革之義，知四時寒暑之變中有數存焉，故曆象日月星辰以明數不可貫，歷察日月星辰躔次也。歷須年年改易，不革則天度漸差，此歲差法也。一日百刻，五日為候，三候為氣，六氣為時，四時為歲，三歲一閏，五歲再閏，十八歲八閏為一章，十九歲而氣朔齊焉。若三光晦朔弦望分至啟閉之時，由遲速以定推遷，由積分以定盈縮，而後四時正，歲功成焉。凡此皆必變之數，而非聖人之有意乎其間也。

〔註123〕見楊慎《丹鉛總錄》卷二《陰火》，《升菴集》卷六十《陰火》。

〔註124〕「然」，顧況《送從兄使新羅》、楊慎《升菴集》均作「燒」。

〔註125〕洪邁《容齋四筆》卷十二《治歷明時》：「況大衍之用四十有九，一行以之起歷，而《革》卦之序在《周易》正當四十九，然則專為歷甚明。」

《革》之諸爻，下則議革者也，上則主革者也。初非獨在下無應，權不在我，實以當革之初，法猶未敝，事屬可仍，故《象》曰「不可有為」〔註126〕，言非不欲為，時不可也。鞏，固也。黃，中色。牛，順物。以中順自守，堅確不移，此有能革之才，而為能固之用者也。〔註127〕卦以革名，聖人即借牛革以寓言，此文章遊戲之處。

六二：已日乃革之，征吉，无咎。

《象》曰：「已日」「革之」，行有嘉也。

程《傳》〔註128〕：「以六居二，柔順中正，文明之主，與五正應。中正則無偏蔽，文明則盡事理，體順則無違悖，應上則得權勢。時可矣，才足矣，位得矣。」猶且從容慎重，擬議於已日之久，然後從而革之，則人有從善之樂，已無紛更之失。甚矣，革之難也！

一爻為一日。初至二，已日也。〔註129〕卦辭「已日」，是革後之日，以人言信而後革。此爻「已日」，是將革之日，以事言革而後信。

王《注》〔註130〕：「二五雖有澤火之異，同處厥中，陰陽相應，往必合志，不憂咎也。」徐進齋曰〔註131〕：「凡卦中言嘉者，皆二與五應，如《隨》之『孚嘉』、《遯》之『嘉遯』是也。」

〔註126〕張振淵《周易說統》卷七《革》：「彥陵氏曰：『居初，舊解作不當事任者，非。蓋聖人最重改作，法到極敝處，方不得已去更張。惟居初則法猶未敝，事在可仍，所以教他去謹守成法，觀《象》『不可有為』自見。』」

〔註127〕章潢《周易象義》卷四《革》：「初九陽剛，雖有能革之才，然事在初，位在下，或有當革者，而時則未可為也。況離體，初、二相為附麗，必固守中順之德，而不敢自用自專，以至妄動，斯可矣，故以『鞏用黃牛之革』象之。黃，中色。牛，順物。六二柔順，必待已日乃革故也。鞏，局束；革，堅靭；初剛故也。未革則宜固守，初爻當如是耳。《象》曰『不可以有為』也，不可為即是不可革，言初當附麗中順，以自固守也。牛革用以固物，革字亦取卦名。人知變革之為革，抑知用堅革以鞏固者，亦革之義乎？」

〔註128〕見程頤《伊川易傳》卷四《革》。

〔註129〕蔡淵《周易經傳訓解》卷下《革》：「一爻為一日。過乎初，故曰『已日』。已日乃可革之時。」

〔註130〕見《周易正義》卷八《革》。

〔註131〕見胡廣《周易大全》卷十七《革》、焦竑《易筌》卷三《革》、潘士藻《讀易述》卷八《革》。又見張獻翼《讀易紀聞》卷四《革》、何楷《古周易訂詁》卷五《革》，未言係引用。

薛文清曰〔註132〕：「立法之初，貴於斟酌。事情必輕重得宜，久行無弊。既立之後，謹守勿失，則民知所畏而不敢犯。萬一綮酌不審，輕重失倫，遽施於下，既而見其不可行，不得不隱忍廢格，則後雖有良法，人將視為不信之具矣。令何自而行？禁何自而止乎？」

九三：征凶，貞厲。革言三就，有孚。

《象》曰：「革言三就」，又何之矣！

「凡革之事，時未至，其守宜固；時既至，其變宜決。少有繫累，非遲疑而喪幾，則躁擾而多事。」〔註133〕九三當上下之際，「時未可為，不可遽為，征則凶也；事有當革，不可不革，貞則厲也」〔註134〕。時勢兩難，斟酌商量，改革之言，至於「三就」，則「有孚」而可革矣。「三就」即《洪範》「謀及乃心，謀及卿士，謀及庶人」之意。〔註135〕張彥陵曰〔註136〕：「革之弊莫大於輕躁，故以詳審為戒。然詳審而復狐疑，則人懷苟且之念，事有叢脞之虞，故以『又何之』贊決之。」

丘行可曰〔註137〕：「革之征一也。而二征吉、三征凶者，以六居二，才順而位中；以九居三才，剛而位偏。革雖同，而時位異也。」

「兌為口，故象『言』。第三爻，故象『三就』。」〔註138〕「《士喪禮》云：「馬纓三就。」《注》：「刺繡一匝，還復刺為一就。」今云「三就」，猶言三匝也。」〔註139〕

九四：悔亡，有孚改命，吉。

《象》曰：「改命」之吉，信志也。

〔註132〕見谷中虛《薛文清公要言》卷上。
〔註133〕見郝敬《周易正解》卷十四《革》。
〔註134〕見俞琰《周易集說》卷八《革》。
〔註135〕沈一貫《易學》卷七《革》：「『三就』如《洪範》『謀及乃心，謀及卿士，謀及庶人，謀及卜筮』之意。」
〔註136〕張振淵《周易說統》卷七《革》：「彥陵氏曰：『革之弊莫大於輕躁，故聖人往往以詳審致戒。然已詳審而復狐疑不決，則人懷苟且之念，事有叢脞之虞，曰『行有嘉』，曰『又何之矣』，皆所以勸其斷也。』」
〔註137〕見胡廣《周易大全》卷十七《革》。又見張獻翼《讀易紀聞》卷四《革》，未言係引用。
〔註138〕見沈一貫《易學》卷七《革》。
〔註139〕見何楷《古周易訂詁》卷五《革》。

下三爻皆斟酌之詞，上三爻皆決斷之語。

方革之時，初不可為首，創其事者二也，經營謀議者三也，皆有謹重不輕改之意。〔註140〕至於四，離下而上居水火之際，革之時也；得近君之位，革之任也；剛柔相濟，革之用也。〔註141〕《彖》所謂「悔亡」，所謂「有孚」，皆於四觀厥成矣，故直曰「改命，吉」。「將革而謀謂之言，革而行之謂之命。」〔註142〕四乃出納王命之人，「革言三就」之後，天下曉然，知其當革，四直舉而布之耳。《象》曰「信志」，蓋非獨信其事，直信其志。「信事者，孚在事後。信志者，孚在事先。」〔註143〕「自三至五，皆言「有孚」，三議革而後孚，四有孚而後改淺深之序也。」〔註144〕爻在離火兌澤之交，夏令改為秋令，改命之象。陸君啟曰〔註145〕：「卦之『悔亡』，亡於事後。四之『悔亡』，亡於事先。卦當日新之初，四在三就之後，故耳。」

九五：大人虎變，未佔有孚。虎下從人。俗從几，誤。
《象》曰：「大人虎變」，其文炳也。

二、三、四共襄革事。九五居中處尊，以大人之德為革之主，創制立法，煥然一新，故曰「虎變」。變者，革之成也。《乾》九五龍飛，《革》九五虎變，堯舜揖遜如龍，湯武征誅如虎，皆「大人造」之象。〔註146〕占在未革之先，孚又在未占之先。「未佔有孚」，是龜筮有所弗詢，鬼神有所弗謀也。〔註147〕

〔註140〕胡廣《周易大全》卷十七《革》：「雲峰胡氏曰：『三剛居剛，故征凶。四剛柔不偏，故悔凶。然必有孚則有改命之吉。下三爻方欲革，故而為新，故有謹重不輕改之意。』」

〔註141〕程頤《伊川易傳》卷四《革》：「九四，革之盛也。陽剛，革之才也。離下體而進上體，革之時也。居水火之際，革之勢也。得近君之位，革之任也。下無係應，革之志也。以九居四剛柔相際，革之用也。四既具，此可謂當革之時也。」

〔註142〕見俞琰《周易集說》卷八《革》。另外，又見張振淵《周易說統》卷七《革》，稱「虞仲翔曰」。

〔註143〕見張振淵《周易說統》卷七《革》，稱「袁了凡曰」。

〔註144〕見胡炳文《周易本義通釋》卷二《革》。按：此前，馮椅《厚齋易學》卷二十五《革》：「自三至四皆言有孚於君，五有孚於天下也。三議革而後孚，四有孚而後改淺深之序也。五未占而有孚，積孚之素也。」

〔註145〕見陸夢龍《易略·革》。（《四庫全書存目叢書》經部第19冊，第511～512頁）

〔註146〕胡炳文《周易本義通釋》卷二《革》：「《乾》飛龍，《革》虎變，皆大人造之象。」

〔註147〕楊萬里《誠齋易傳》卷十三《革》：「革至於九五，聖人獨決之以未占而有孚，是龜筮有所弗詢，鬼神有所弗謀也。」

成湯未革夏命，而室家相慶於來蘇，正是此象。〔註148〕

陸君啟曰〔註149〕：「天下莫安於仍舊，莫美於更新，莫患於因循既久而不為振刷之謀，聖人以蠱干天下之釁；莫禍於瑕釁已萌而猶為調停之說，聖人以革新天下之治。然而一規一隨，庸人足以諧時；三甲三庚，聖人不免駭世。夫非常之原，黎民懼焉，不與眾人同之，則利不長；不與眾人信之，則志不行。故革莫重於孚。孚也者，聖人之所以消懼而免駭，以行其志者也。孚事先於孚人，孚人莫如孚志。卦語事，故革而後孚；二語人，故孚而後革。三以言孚者也，四以志孚者也。五之孚，天作之合，非但無就革之言，亦豈待改命之志哉？蓋未占而已然矣。孚而不待其孚，則變而不覺其變，殺不怨，利不庸，遷善而不知，變革之道於是為極，故以虎變之文當，龍飛之造，均稱大人焉。」

兌為虎。「『虎變』謂希革而毛毿，蓋仲夏毛希革易，仲秋毛落更生。卦體離夏革，為兌秋，故有此象。」〔註150〕

上六：君子豹變，小人革面。征凶，居貞吉。

《象》曰：「君子豹變」，其文蔚也。「小人革面」，順以從君也。

革道既成，君子如豹之變，小人亦脫皮換骨，毫無違忤，故曰順從，非謂面革而心不革也。夫天下事，始則患乎難革，已革又患不能久。初未可革，當中順以自守；上既已革，當靜正以自居，故曰「征凶」、「居貞吉」。〔註151〕三之「征凶」，戒於未革之先。上之「征凶」，戒於既革之後。〔註152〕鄷侯立法，平陽以清靜寧一守之，即此意也。

〔註148〕胡炳文《周易本義通釋》卷二《革》：「《乾》九五飛龍，《革》九五虎變，皆大人造之象。……蓋革重事也，占當在未革之先，而孚又在未占之先，則其孚也久矣。必如成湯未革夏命，而室家已相慶於來蘇之先，乃應此占。」

〔註149〕見陸夢龍《易略·革》。《四庫全書存目叢書》經部第19冊，第512頁。

〔註150〕見胡炳文《周易本義通釋》卷二《革》。

〔註151〕張獻翼（字幼於）《讀易紀聞》卷四《革》：「天下之事，始則患乎難革，已革則患乎不能守也。初未可革，當中順以自守。上既已革，當靜正以自居。」又見張振淵《周易說統》卷七《革》，稱「張幼于曰」。
　　　　按：此說有本。程頤《伊川易傳》卷四《革》：「天下之事，始則患乎難革，已革則患乎不能守也，故革之終戒以居貞則吉也。」胡炳文《周易本義通釋》卷二《革》：「初未可革，當中順以自守。上既已革，當靜正以自居。」

〔註152〕潘士藻《讀易述》卷八《革》：「彭山曰：『三之征凶，未革，戒其輕動也。上之征凶，既革，戒其輕動也。』」

「兌之陽爻稱虎，陰文稱豹。豹，虎類而小者也。」〔註153〕「虎文疏而著曰炳，豹文密而理曰蔚。」〔註154〕「文炳之文昭於天下，禮樂風化之類是也。文蔚之文止於一身，言動威儀之類是也。」〔註155〕

蘇君禹曰〔註156〕：「天下之變，勢為之也。法久則弛，俗久則偷。因變用權，不得不與天下更始。然事出於急遽，則後先易舛；權制於獨任，則謗讟易興。慮不顧後，則為烏喙之食；計不便民，則為治絲之棼。是故明以審之，說以順之，亨貞以成之。時尚持久，則鞏用黃牛，而不嫌其固；時尚通變，則有孚改命，而不憚其勞。言必三就，而不厭其詳；孚必已日，而不求其速。至於圖回周密之後，然後制作一新，而『文炳』、『文蔚』之治，舒徐以觀其成焉。聖人之慮始何其難，而令終何其久也。」

鼎 ䷱ 巽下離上

鼎，元吉，亨。《說文》：「鼎，三足兩耳，和五味之器也。」鼎，象〔註157〕析木以炊。蓋木字篆作「朮」。今鼎下作「米」，乃木之破體。

《彖》曰：鼎，象也。以木巽火，亨飪也。聖人亨以享上帝，而大亨以養聖賢。巽而耳目聰明，柔進而上行，得中而應乎剛，是以元亨。《舉正》：「帝」字下無「而大享」三字。

程正叔曰〔註158〕：「革物者莫若鼎變生為熟，易堅為柔者也。水火不可同處，惟鼎能相合為用而不相害，《鼎》所以次《革》。」

鼎，三足兩耳，烹五味之器也。此卦巽下離上，有足，有腹，有耳，有鉉，鼎之象也。以巽木入離火，而致烹飪鼎之用也。不曰「以木入火」，而曰「以木巽火」，火太緩則無力，太急則外乾中枯而失味，巽即文武火之謂。〔註159〕《井》曰「巽乎水」，《鼎》曰「以木巽火」，水火二物皆須勿忘勿助

〔註153〕見李鼎祚《周易集解》卷十《革》，稱「陸績曰」。
〔註154〕見李贄《九正易因·革》、逯中立《周易劄記》卷二《革》、熊過《周易象旨決錄》卷四《革》、潘士藻《讀易述》卷八《革》，稱「王德卿曰」。
〔註155〕見蔡清《易經蒙引》卷七上《革》。
〔註156〕見蘇濬《生生篇·革》。
〔註157〕「鼎象」，四庫本作「象鼎」。
〔註158〕見程頤《伊川易傳》卷四《鼎》。
〔註159〕錢士升《周易揆》卷七《鼎》：「烹飪本慾火氣之物，然火太緩不入，太緊愈不入，巽即文武火之謂。勿忘勿助，溫故知新，皆此法也。」

以致之也。享帝養賢，帝王盛事，而皆有藉於鼎。鼎之貴重如此，所以守之者必有道矣。此卦內巽外離，「巽而耳目聰明」，聰明從巽來，非作聰明可知。《革》下卦之離進而為《鼎》之上卦，「柔進上行」，以柔道治天下者也。六五居中，下應九二，虛中下賢者也，以此享帝養賢，則上當天心，下當聖賢之心，推而治天下，當使菽粟如水火，「是以元亨」。「耳目聰明」三句，俱以五言。五者，主鼎之人也。聖人於至小之物，皆成莫大之用如此。萬以忠曰〔註160〕：「聰明人所自有，只是不異便氣高心粗，自為蔽塞。」又曰〔註161〕：「木本是助火者，這一『巽』字便成妙用。今聰明人加以意氣，便是以薪助火。」

「『享帝』，貴質用犢而已。『養聖賢』，饔飧。牢醴皆備，故曰大烹。」〔註162〕聖賢，帝心之所簡在，若非養聖賢，則所謂享帝者亦具文矣。

「《周禮》：『烹人掌鼎鑊，給水火之齊。』鑊，煮牲體魚臘之器。既熟，乃升〔註163〕於鼎烹調之。」〔註164〕《禮記·內則》云：「鉅鑊湯，以小鼎薌脯於其中，使其湯無滅，鼎三日三夜無絕火，而後調之以醯醢。」蓋今之重湯煮法，飪熟食也。

〔註160〕見胡居仁《易像鈔》卷十一。

〔註161〕見胡居仁《易像鈔》卷十一。

〔註162〕吳澄《易纂言》卷四《象下傳》：
「象」謂形之似。卦體奇耦，似鼎器足、腹、耳、鉉之形，此言鼎之體也。「以木巽火」，謂巽內離外。「亨」，煮也。「飪」，熟也。以巽木入於離火之內，煮物而熟之，此言鼎之用也。「以木巽火，亨飪也」七字為句。蔡氏曰：「亨飪不過祭祀、賓客二事。而祭之大者上帝，賓客之重者聖賢。祀天尚質，故止言『亨』；養聖賢貴多，故曰『大亨』。」朱子曰：「享帝，用犢而已。養賢，則饔飧牢禮當極其盛。」
蔡氏即節齋蔡氏，其言見元·胡一桂《易本義附錄纂疏·周易象下傳第二·鼎》、明·胡廣《周易大全》卷十八《鼎》：「亨飪，鼎之用也。變腥而為熟，易堅而為柔。亨飪不過祭祀、賓客二事。而祭之大者，無出於上帝；賓客之重者，無過於聖賢。」
朱熹《周易本義·周易象下傳第二·鼎》：「享帝貴誠，用犢而已。養賢則饔飧牢禮當極其盛，故曰『大亨』。」
錢士升《周易揆》卷七《鼎》：「烹飪不過祭祀賓客。祭祀帝為大，賓客聖賢為重。『享帝』，貴質用犢而已。『養聖賢』，貴豐饔牲。牢醴皆備，故曰『大亨』。」

〔註163〕「升」，《讀易述》作「脊」。

〔註164〕見潘士藻《讀易述》卷八《鼎》。

《象》曰：木上有火，鼎。君子以正位凝命。

蘇子瞻曰〔註165〕：「革所以改命，而鼎所以凝之也。知革而不知鼎，則上下之分不明而位不正，其所受於天者流泛而不可知矣。」

卓去病曰〔註166〕：「禹疇九鼎，此載《書傳》可證者。伏羲之一，黃帝之三，何所睹記耶？鼎有不同。鼎俎之鼎，用以烹飪，小鼎也。九鼎之鼎，用為鎮寶，大鼎也。《彖》、爻俱是烹鼎，夫子以夏有九鼎，乃於《大象》取正位凝命之義，蓋四聖所取卦義時有不同，有相衍者，有相發者，總令本卦之義咸正罔缺而已。」

初六：鼎顛趾，利出否。得妾以其子，无咎。
《象》曰：「鼎顛趾」，未悖也。「利出否」，以從貴也。

「禮：祭先夕溉鼎滌濯。」〔註167〕當革之後、鼎之初，未實牲體，正洗濯之時。《鼎》三趾，初爻耦又陰柔，不能負重，有顛覆之象。鼎而「顛趾」，悖道也，而因可出否以從貴，則未為悖也。從貴，取新之意。湯之革夏，代虐以寬；高祖入關，除秦苛法；蓋舉前代之鼎，顛其趾而出其否也。吳叔美曰〔註168〕：「學問最妙是出否，將舊日腸胃傾倒而出，不藏匿些子，方有日新之路。」

簡端錄曰〔註169〕：「否之出也，於鼎大矣，何必待乎顛也？此所謂會逢其適者也，故君子幸之。不顛而出，亦必有道矣。」顛而出，亦不虛此一顛也。

鄭申甫曰〔註170〕：「為妾非人所樂，得為人妾而以子貴，不為無之。天下事不可知，往往猶是也。可以一時之顛踣為不幸哉？」《本義》謂「得妾而因得其子」，語殊兀突。**沈存中曰**〔註171〕：「古鼎三足皆空，所以容物。煎和

〔註165〕見蘇軾《東坡易傳》卷五《鼎》。按：《周禮》鄭玄《注》：「鑊，所以煮肉及魚臘之器。既孰，乃脀於鼎。」
〔註166〕見卓爾康《周易全書·鼎》。四庫全書存目叢書補編第90冊，第474頁。
〔註167〕見錢士升《周易揆》卷七《鼎》。
〔註168〕見吳桂森《周易像象述》卷七《鼎》。
〔註169〕見邵寶《簡端錄》卷二《鼎》。
〔註170〕不詳。
〔註171〕見明·楊慎《丹鉛總錄》卷二十五《瑣語類》，後見明·焦竑《易筌》卷四《鼎》，不言係引用。
　　　按：原見沈括《夢溪補筆談》卷二《器用》。

之法，常欲清在下，體在上，則易熟而不偏爛。及升鼎，則濁滓皆歸足中。《鼎》初『顛趾，出否』，謂濁否在下，瀉而虛之。」足居上，口居下，故曰「顛趾」。九二陽爻，為鼎有實。初當卦始，鼎未有實，傾倒蕩滌之時也。此合全象而觀。〔註172〕舊說以初應四為趾顛之象，非也。〔註173〕

九二：鼎有實。我仇有疾，不我能即，吉。

《象》曰：「鼎有實」，慎所之也。「我仇有疾」，終無尤也。

易以陽為實，九二剛中，「鼎有實」之象。「疾」即初之「否」也。一鼎之實，纖穢蒙之即敗其味，是我仇也。「不我能」即剛中自守，小人不能浼之象。兩著「我」字，明二自為主也。「慎所之」是珍重愛護之語。「鼎有實」則可「享上帝」、「薦聖賢」，而可不慎乎？惟「慎」則雖「有疾」而「終無尤」矣。語氣一串。○〔註174〕「或曰『有疾』當作『疾惡』之疾，如《兌》卦『介疾』意，故象直承以『終無尤』。」〔註175〕

胡仲虎曰〔註176〕：「《鼎》與《井》相似，《井》以陽剛為泉，《鼎》以陽剛為實。《井》初為『泥』，二為『泉』，而二視初則為『鮒』。《鼎》初為『否』，二為『實』，而二視初則為『疾』。」○〔註177〕鄭氏曰〔註178〕：「怨耦曰仇。仇音求。」

九三：鼎耳革，其行塞。雉膏不食，方雨，虧悔終吉。虧從虖，不從虛。

《象》曰：「鼎耳革」，失其義也。

《疏》〔註179〕：「鼎之為義，下實上虛，是空以待物者也。『鼎耳』之用，亦宜空以待鉉。今九三處下體之上，當此鼎之耳，宜居空地，而以陽居陽，是

〔註172〕何楷《古周易訂詁》卷五《鼎》：「初當卦始，鼎未有實，倒而滌之，足顛居上，口反居下，故曰『顛趾』。此合全象而觀。」
〔註173〕何楷《古周易訂詁》卷五《鼎》：「舊說以初上應四為趾顛之象，不可通也。」按：程頤《伊川易傳》卷六《鼎》：「六在鼎下，趾之象也，上應於四，趾而向上，『顛』之象也。」朱熹《周易本義·周易下經第二·鼎》：「居鼎之下，鼎趾之象也。上應九四則『顛』矣。」
〔註174〕此處原為空格，今以「○」區分。
〔註175〕見張振淵《周易說統》卷七《鼎》。
〔註176〕見胡炳文《周易本義通釋》卷二《鼎》。
〔註177〕此處原為空格，今以「○」區分。
〔註178〕見《詩經·關雎》鄭玄《箋》。
〔註179〕見《周易正義》卷八《鼎》。

以實處實者也。既實而不虛，則變革鼎耳之常義也。鼎所納物受鉉之處，今則塞矣。有其器而無其用，雖有雉膏，而不能見食也。」

「古鼎，耳有在腹旁者，有在口上者。」〔註180〕三居下之上，上之下，腹旁之耳也。九三陽剛而過，蓋以巽木入離火，木火迅烈，鼎中騰沸，耳亦變熱而不可舉移，故有「鼎耳革」之象。凡物皆行以足，獨鼎之行以耳。耳既革則行塞，雖有「雉膏」之珍，不見食矣，此人臣有才德而過於激烈者也。〔註181〕木火過盛，惟救之以水。《詩》曰：「誰能執熱，逝不以濯。」能明於水火消息之義，與時偕行，便可出為世用，尚何有「行塞」、「不食」之悔耶？義者，宜也。析木為炊，不可過，不可不及。今過中失宜，所以「耳革」。卦下巽上離，三乃變革之地，故取革之象。三變成坎，坎為雨。「方雨」者，將雨也。將雨，故不言無悔而言「虧悔」；不言吉而言「終吉」。

潘去華曰〔註182〕：「鼎耳，六五也，而言於三者，俞氏所謂『耳雖出於鼎口，而根於鼎腹』，三為鼎腹也。」

離為雉。「雉膏」即「鼎實」，「公餗」即「雉膏」。〔註183〕○〔註184〕《字書》：虧，少也。

九四：鼎折足，覆公餗，其形渥，凶。晁氏曰〔註185〕：「形渥，鄭作『刑剭』，重刑也。」

《象》曰：「覆公餗」，信如何也？

此爻是聖人持盈守滿之意。鼎之實備於二，鼎之量極於四〔註186〕，必有

〔註180〕見郝敬《周易正解》卷十四《鼎》。
〔註181〕何楷《古周易訂詁》卷五《鼎》：「內卦木，九三木之盛也。外卦火，上九火之盛也。兩皆過中，水火迅烈，鼎中騰沸，並其耳已革，變為炎熱而不可舉，故為『鼎耳革』之象。凡物皆行以足，獨鼎之舉措在耳，故行以耳。耳既革，故其『行塞』，雖有『雉膏』之珍，不見食矣。此人臣之有才德，而過於激烈以自塞者也。」
〔註182〕見潘士藻《讀易述》卷八《鼎》。
〔註183〕潘士藻《讀易述》卷八《鼎》：「『雉膏』即『鼎有實』，『公餗』即『雉膏』。」曹學佺《周易可說》卷四《鼎》：「『雉膏』即『鼎實』也。」
〔註184〕此處原為空格，今以「○」區分。
〔註185〕朱熹《周易本義》卷二《鼎》：「晁氏曰：『形渥』，諸本作『刑剭』，謂重刑也。」
〔註186〕蘇軾《東坡易傳》卷五《鼎》：「鼎之量極於四，其上則耳矣。受實必有餘量，以為溢地也，故九三以不食為憂，明不可復加也。至於九四，溢則覆矣，故孔子曰『德薄而位尊，知小而謀大，力少而任重，鮮不及矣』。」

餘地以防盈溢，方無傾覆之患。四知小謀大，力小任重，故曰「鼎折足，覆公餗」。「餗」者，美糝享帝養賢，非自私也，故曰「公餗」。「渥」者，霑濡也。餗覆，淋漓而霑濡其鼎也。其在於人則為敗乃公事，而猶膏腴自潤，施施自得之狀，故曰「其形渥」。「形渥」二字摹寫最酷。鄭康成改為「刑剭」。《廣韻》「不殺於市曰剭」，則已極刑誅之慘，不必更加凶字矣。夫不量其力，必至凶災；未驗而言，人必不信。今果如何也？一曰大臣身任天下，必有所以自信與見信於天下者，今果如何也？三曰「失其義」，四曰「信如何」，下之事上，以信義為本。

卓去病曰〔註187〕：「鼎安在足，鼎行以耳。上無耳，則足雖頓而不行，故三之『行塞』以『耳革』言之；下無足，則耳雖貫而不安，故四之『覆餗』以『折足』言之。」

錢國端曰〔註188〕：「三之實在內卦，象士人文德之腴，故曰『雉膏』，四之餗在外卦，象公家大烹之養，故曰『公餗』。」

三位乃行鼎之際，四位乃奠鼎之所，故三以「耳革」象其不能行，四以「折足」象其不能奠，皆聖人設言，以發明道理如此。李子思分上下為二鼎，下體之鼎有足無耳，故九三之鼎「耳革」；上體之鼎有耳無足，故九四之鼎「折足」。〔註189〕高叟譚詩，失立言之旨矣。私記。

虞氏曰〔註190〕：「餗，八珍之具也。」

六五：鼎黃耳，金鉉，利貞。

《象》曰：「鼎黃耳」，中以為實也。

《易學》曰：鼎之舉措一在耳，次在鉉。「在鼎之上，受鉉以舉鼎者，耳也，六五之象也。在鼎之外，貫耳以舉鼎者，鉉也，上九之象也。二、三、

〔註187〕見卓爾康《周易全書·鼎》。（四庫全書存目叢書補編第90冊，第479頁）
〔註188〕錢一本《像象管見》卷四上《鼎》：「『雉膏』、『公餗』皆鼎實。三實而液於內，象士人文德之腴，故云『雉膏』。四珍而列於外，象公家大亨之養，故云『公餗』。」
〔註189〕李過《西溪易說》卷十《鼎》：「以全卦之象言之，初為趾，二、三、四為實，五為耳，上為鉉，全體一鼎象也。分上下體之象而觀之，則上下體為二鼎。上體之鼎有耳而無足，故九四云『鼎折足』；下體之鼎有足而無耳，故九三云『鼎耳革』。」
其後，郝敬《周易正解》卷十四《鼎》：「上鼎有耳無足，故九四折足；下鼎有足無耳，故九三耳革。」
〔註190〕見陸德明《經典釋文》卷二《易》。

四皆鼎實也，然必五與上相得而後能有是實，必五有是中德而後能受鉉以有
是實，曰『中以為實』。」〔註 191〕其亦取友輔仁者乎？戒以「利貞」，要其
終也。

鄭申甫曰〔註 192〕：「金鉉作上九說為勝。九二非鉉象也，鼎非鉉無以為
舉，耳非虛無以受鉉。耳虛而鉉〔註 193〕實，鉉之實，耳之虛，中受之也。鼎
以陽剛為實，五陰柔非有實也，中即其實，故曰『中以為實』。貫鉉以行，必
正乃無傾覆，故利於正，即『正位凝命』之意。」

耳以行鼎，五以耦畫居鼎之上，耳之象；鉉以貫耳，上以一陽橫亙五之
上，鉉之象。「黃耳」、「金鉉」，虛中受善之象。離中爻即坤爻，坤為土，黃土
之色，故取象於黃。

唐凝庵曰〔註 194〕：「鉉有一梁，以玉為之；兩傍有索，下垂以貫耳，以
金為之；總名曰鉉。今所見古制提梁卣皆如此。意鼎亦然也。古鼎今皆用之
為爐，無所用鉉，其制不復存矣。五正耳貫索之處，故於五言金；上則鉉之梁
矣，故於上言玉。」

上九：鼎玉鉉，大吉，無不利。

《象》曰：「玉鉉」在上，剛柔節也。

干〔註 195〕令升曰〔註 196〕：「凡烹飪之事，自鑊陞於鼎，自鼎載於俎，入
於口，馨香上達，動而彌貴，故鼎之義，上爻愈吉。鼎主烹飪，不失其和；又
金玉鉉之，不失其所；公卿仁賢、天王聖明之象也。君相調和，剛柔得節，故
曰『吉無不利』。」

初「出否」，二「有實」，三剛而過，四滿而溢。五虛中任賢，以調燮之權
委之於上，所以節水火而調鹽梅者，全在於此。上居相位，與五比，剛而能

〔註 191〕 見沈一貫《易學》卷七《鼎》。按：此前，王宗傳《童溪易傳》卷二十二《鼎》
　　　　 云：「然在鼎之上，受鉉以舉鼎者，耳也，六五之象也。在鼎之外，貫耳以
　　　　 舉鼎者，鉉也，上九之象也。」王宗傳之說又見焦竑《易筌》卷四，未言係
　　　　 引用。
〔註 192〕 張振淵《周易說統》卷七《鼎》：「鄭孩如曰：『鼎非鉉無以舉耳，耳非虛無
　　　　 以受鉉。耳虛而鉉寔，鉉之寔，耳之虛，中受之也，故曰中以為實也。』」
〔註 193〕 「鉉」，四庫本作「言」。
〔註 194〕 見唐鶴徵《周易象義》卷三《鼎》。（《四庫全書存目叢書》經部第 10 冊，第
　　　　 370 頁）
〔註 195〕 「干」，四庫本作「于」，誤。
〔註 196〕 見李鼎祚《周易集解》卷十《鼎》。

柔，玉鉉之象。鉉無與於鼎，而鼎非鉉不成；鼎更無取於玉，而鉉非玉則不貴。蓋玉和物也，鼎道貴和，和則水火均齊，陰陽調適，大烹舉而仁賢在位，馨香達而帝命用休，鼎之功成矣，故曰「大吉，無不利」。〔註197〕鉉一也，五取金，上取玉。〔註198〕「自六五之柔言之，則上為金之剛；自上九之不偏言之，則上為玉之粹；各象其物宜而已。」〔註199〕

卓去病曰〔註200〕：「兩『鉉』總是一爻，兩爻總是一鉉。以六五言，則爻陰而位陽；以上九言，則爻陽而位陰；以兩爻言，則六五為陰，上九為陽；俱剛柔節之妙理。」「《井》、《鼎》用皆在五，成功皆在上，故《井》上『元吉』，《鼎》上『大吉』。」〔註201〕大抵水貴通，火貴節，《井》收以上，水通之也；《鼎》玉以鎮，火節之也；皆以養為利。〔註202〕

鼎之器體宜潔，故初以「出否」為貴。鼎之美實宜愛，故二以「我仇」為疾。鼎欲其用行，故以「行塞」為失。鼎欲其承受，故以折覆為凶。五，主鼎者也，須虛中以受善。上，調鼎者也，當剛柔以相節。學問人品，盡於斯矣。私記。

錢塞庵曰〔註203〕：「革，火金相剋曰去故。鼎，木火相生曰取新。火在澤上為《睽》，澤在火上為《革》。睽者，其情違；革者，其事變。火在木下為

〔註197〕潘士藻《讀易述》卷八《鼎》：「於是二五相應，剛柔得節，大烹舉而仁賢在位，馨香達而帝命用休，故曰『大吉，無不利』。」
〔註198〕李過《西溪易說》卷十一《鼎》：「上鼎之鉉，玉和物也，鼎道貴和，得玉鉉則陰陽和也，而鼎之功成矣。鉉一也，五取金鉉，上取玉鉉，金以剛為義，玉以和為義。五體柔，故以剛為貴；上體剛，故以和為貴。離上為火，而鉉居之，金畏火而玉不畏火，故成鼎之功，以玉為貴也。鼎之功成，則享帝養賢而鼎道亨矣，故大吉無不利。」
〔註199〕見馮椅《厚齋易學》卷二十五《易輯傳第二十一·鼎》。又見董真卿《周易會通》卷九《鼎》、胡廣《周易大全》卷十八《鼎》、葉良佩《周易義叢》卷十《鼎》、張振淵《周易說統》卷七《鼎》。
〔註200〕見卓爾康《周易全書·鼎》。四庫全書存目叢書補編第90冊，第479頁。
〔註201〕見趙汝楳《周易輯聞》卷五《鼎》。
〔註202〕呂巖《呂子易說》卷下《鼎》：「井之與鼎，水火之用也。水之貴通也，火之貴節也。收以上，水通之也；玉以鎮，火節之也，故二卦之上爻，所以皆言元吉也。」何楷《古周易訂詁》卷六《鼎》：「馮元成云：『井之與鼎，水火之用也。水之貴通也，火之貴節也。收以上，水通之也；玉以鎮，火節之也；此二卦之上所以言『元吉』、言『大吉』也。」錢士升《周易揆》卷八《鼎》：「大抵水貴通道，火貴節。井收以上，水通之也；鼎玉以鎮，火節之也；故二卦之上言『元吉』、『大吉』。」
〔註203〕見錢士升《周易揆》卷七《鼎》。

《家人》，木在火上為《鼎》。家人者，中饋之事；鼎者，大烹之養。金從革而鼎成，故《革》反為《鼎》；火附薪而革就，故《鼎》反為《革》。」

震䷲震下震上

震：亨。震來虩虩，笑言啞啞。震驚百里，不喪匕鬯。《說文》：「震，劈歷，振物者。從雨辰聲。」按：震，雷也。陰氣凝聚，陽氣在內，蘊結而不得出，於是奮擊而為雷也。匕，從一。匕乃古化字。

《彖》曰：震，亨。「震來虩虩」，恐致福也。「笑言啞啞」，後有則也。「震驚百里」，驚遠而懼邇也。出可以守宗廟社稷，以為祭主也。《舉正》：「出」字上有「不喪匕鬯」四字。

震，動也。一陽動於二陰之下，陰氣迸開，萬蟄俱動，振陰而達陽者也。〔註204〕震則流動暢達，無有不亨。「震來」四句正釋「亨」字之義。卦本坤體，自乾之初畫來而為震，故曰「震來」。以人事論，震即人心之動，來即一陽來復之來。「虩虩」是震來時惕然若驚之象。真陽震動，懈慢之氣皆消，自然舉動安和，「笑言啞啞」矣。「笑言啞啞」則本體常寧，天理畢見，故曰「有則」。看來言笑自如，便是莫大之福。「福由恐致，非外至也，不過意思安閒而已。『啞啞』又非侈然自放也，不過循其法度，不失常則而已。『笑言啞啞』即『震來虩虩』之福，『不喪匕鬯』即『笑言啞啞』之則，聖人所謂福者如此。」〔註205〕

「驚者，卒然遇之而動乎外。懼者，惕然畏之而變其中。」〔註206〕震在彼，懼在此，故曰「驚遠懼邇」。「遠」者，外卦。「邇」者，內卦。「出」者，震為長子，繼世而出也。守宗廟、守社稷，正釋「不喪匕鬯」之文，正了「亨」字之義。

〔註204〕潘士藻《讀易述》卷八：
　　卦取一陽動於二陰之下，氣從下以達上，則陰氣迸開，萬蟄俱動。蘇氏曰：「『震』者，陽德之先，震陰而達陽者也，故『亨』。」
　　按：蘇氏之說出蘇軾《東坡易傳》卷五《震》。
〔註205〕見焦竑《易筌》卷四《震》：
　　「笑言啞啞」即「震來虩虩」之福，「不喪匕鬯」即「笑言啞啞」之則，相承說。
　　福由恐致，然福非外至也。意思安閒，「笑言啞啞」而已。「啞啞」又非侈然自放也，循其法則不失常度而已。聖人之所謂福者如此。
〔註206〕蔡清《易經蒙引》卷七下《震》：「丘氏曰：『驚者，卒然遇之而動乎外；懼者，惕然畏之而變其中也。』」

高存之曰〔註207〕：「人心恐懼，一念是真。主人即長子也。」錢塞庵曰〔註208〕：「有此真主，守一身一家、守天下，無不可者。」

胡仲虎曰〔註209〕：「『虩虩』，一陽方動而為二陰所蔽之象。『啞啞』，陰破而上達之象。『震驚百里』，以震為雷取象。『不喪匕鬯』，以震為長子取象。」

《彖》言「虩虩」，止戒懼而已，《傳》申之「以致福」。《彖》言「啞啞」，止安詳而已，《傳》申之以「有則」。《彖》言「不喪匕鬯」，止鎮定而已，《傳》申之以「守宗廟社稷」。皆詳《彖》中未盡之意。

虩本壁虎之名，以其善於捕蠅，故曰蠅虎。虩捕蠅，周環壁間，不自安寧而驚顧，此用「虩」字之意。啞啞，笑聲。匕，撓鼎之器，以棘為之，取赤心也，長三尺，未祭烹牢於鑊，實諸鼎而加冪焉。將薦，乃舉冪以匕出之，陞於俎上。鬯，以秬黍酒加鬱金以灌地降神者。鬯者，暢也，上暢於天，下暢於地，故曰鬯祭。禮甚繁，獨言匕，鬯者人君祭禮，匕牲薦鬯而已，其餘不親為也。〔註210〕

客問酈炎曰：「雷震驚百里，何以知之？」炎曰：「以其數知之。陽動為九，其數三十六；陰〔註211〕為八，其數三十二。震一陽二陰，故曰百里。」〔註212〕附錄。

《象》曰：洊雷，震。君子以恐懼修省。

孫淮海曰〔註213〕：「『恐懼』非惶惑也，『修省』非矜持也。自此心之不

〔註207〕見吳桂森《周易像象述》卷七《震》，稱「高子曰」。
〔註208〕見錢士升《周易揆》卷八《震》。
〔註209〕見胡炳文《周易本義通釋》卷二《震》。
〔註210〕來知德《周易集注》卷十《震》：「『虩虩』，恐懼也。虩本壁虎之名，以其善於捕蠅，故曰蠅虎。因捕蠅常周環於壁間，不自安寧而驚顧，此用『虩』字之意。震、艮二卦同體，文王綜為一卦，所以《雜卦曰》：『震起也，艮止也。』因綜艮，艮為虎，故取虎象，非無因而言虎也。『啞啞』，笑聲。震大象兌，又中爻錯兌，皆有喜悅、言語之象，故曰『笑言』。匕，匙也，以棘為之，長三尺，未祭祀之先烹牢於鑊，實諸鼎而加冪焉。將薦，乃舉冪以匕出之，陞於俎上。鬯，以秬黍酒和鬱金以灌地降神者也。人君於祭之禮，親匕牲薦鬯而已，其餘不親為也。」
〔註211〕「陰」下，《太平御覽》有「靜」。「陰靜」與「陽動」相對，是。
〔註212〕見李昉《太平御覽》卷十三《天部十三·雷》。
〔註213〕潘士藻《讀易述》卷八《震》：「淮海曰：『君子一生工夫，只是『恐懼修省』四字。此四字工夫，只是『震來虩虩』、『笑言啞啞』，故『恐懼』非惶惑也，

放曰『恐懼』，自此心之不違曰『修省』。」陸君啟曰〔註214〕：「『恐懼』者，『修省』之因。『修省』者，『恐懼』之寔。變至而『恐懼』，眾人之所同。『恐懼』而『修省』，君子之所獨。」楊敬仲曰〔註215〕：「天下無二道，悟『恐懼修省』即何思何慮，則無所不通矣。」

初九：震來虩虩，後笑言啞啞，吉。

《象》曰：「震來虩虩」，恐致福也。「笑言啞啞」，後有則也。

震有二義：有震動之震，初、四皆震陰者也；有震懼之震，二、三、五、上皆受震者也。〔註216〕

此爻以三畫言，成震之主；以六畫言，處震之初。〔註217〕足以當全卦之義，故爻詞與《彖》同。〔註218〕《彖詞》「震來」二句一連渾說，周回審顧，閒雅安詳之意，聖人事也。爻辭加一「後」字，則謂惟審顧乃得閒雅，學人事也。范氏曰〔註219〕：「君子之懼於心也，思慮必慎其始，則百念弗違於道；懼於身也，進退不履於危，則百行不罹於禍。初九『震來』而致福，慎於始也。」

鄭申甫曰〔註220〕：「震之所以貴於六子者，以其擔當有氣力，能為諸子

『修省』非矜持也。小心翼翼，昭事上帝，自此心之不放曰『恐懼』，自此心之不違曰『修省』，可謂奉天矣。」

按：原出孫應鼇《淮海易談》卷三《震》。（《四庫全書存目叢書》經部第 7 冊，第 687 頁）

〔註214〕見陸夢龍《易略·震》。《四庫全書存目叢書》經部第 19 冊，第 514 頁。

〔註215〕見楊簡《楊氏易傳》卷十六《震》。

〔註216〕鄭汝諧《易翼傳·震》：「震有二義：有震動之震，有震懼之震。」

〔註217〕朱熹《周易本義》卷二《震》：「成震之主，處震之初，故其占如此。」蔡清《易經蒙引》卷七下《震》：「成震之主，以三畫之卦言。處震之初，以六畫之卦言。」

〔註218〕潘士藻《讀易述》卷八《震》：「初九一陽動乎下，為震之主，足以當全卦之義，故爻辭與《象》同，而以『吉』贊焉。」

按：潘士藻係引章潢之說，其《周易象義》卷四《震》曰：

初九一陽動於下，處震動之初，人之慎動在初，為尤要也。爻象與《象辭》同，觀後與「吉」字可見。先「虩虩」而「後笑言啞啞」，先震恐而後安定，何也？人心戒懼則擬之後，言樂然後笑皆當天，則所以吉也。蓋初為震主，足以當全卦之義，其所以「虩虩」而致福，「啞啞」而「有則」，由陽剛初動，真心始萌。其震動恐懼之功，一皆自然而然者耳。

〔註219〕見范仲淹《范文正公文集》卷五《易義》。

〔註220〕不詳。

之先鋒，故在家為家，督居則監國，出則撫軍。一於震懼，何以承乾而主器哉？故震者，動之謂，非懼之謂也。知懼之為動，則知初之『虩虩』，以動而為懼，非四之『遂泥』、三之『蘇蘇』、上之『索索』者也。」

陸庸成曰〔註221〕：「震，起也。艮，止也。上下皆震，獨初爻為震之主，而義不及四者，動惟發於初也。上下皆艮，獨上爻為艮之主，而義不及三者，止必要其終也。動不於最下則無力，止不於最上則未至。」

六二：震來厲，億喪貝，躋於九陵，勿逐，七日得。

《象》曰：「震來厲」，乘剛也。

震之為義，陽震陰也。輔嗣所謂「威駭怠懈，肅整惰慢」〔註222〕者也。玉不攻不成，劍不淬不利。柔不遇剛則懷其所有，而無振奮激發之意〔註223〕，所謂「沉潛剛克」也。故單以「乘剛」二字盡此爻之義。

李宏甫曰〔註224〕：「凡為學者，學問日博則聞見日廣，聞見日廣則道理日積，道理日積則寶惜日深。日積日深，日蔽日錮，雖有豪傑，不能自解脫矣。苟非鼓之以雷霆，至於喪身失命，大喪其貝，安能置身太空，無思無為，獲其故我哉？」

「震來厲」言其境遇之逆，「億喪貝」言其洗滌之淨，「九陵」言其地位之高，「勿逐」言其心神之定，「七日得」言其來復之易。楊廷秀曰〔註225〕：「有墮甑弗顧之達，自有去珠復還之理。」

鄭申甫曰〔註226〕：「人之所以常蹈禍者，利耳。遠利而自處於高，豈惟無厲，且將有得。喪者，喪其外來。得者，得其固有。固有者，不必逐而自得也。」

〔註221〕張振淵《周易說統》卷七《艮》：「文王卦位起於震而止於艮。然上下皆震，獨初爻為震之主，而義不及四者，動惟發於始也。上下皆艮，獨上爻為艮之主，而義不及三者，止必要其終也。動不於最下則無力，止不於最上則不至。」不言係引用。

〔註222〕王《注》見《周易正義》卷九《震》。

〔註223〕潘士藻《讀易述》卷八《震》：「震之為義，陽震陰也。輔嗣所謂『威駭怠懈，肅整惰慢』者也。陰柔非遇大震動，則懷其所有，而無振奮激發之意。」

〔註224〕見李贄《九正易因·艮》。

〔註225〕焦竑《易筌》卷四《震》：「廷秀曰：『有墮甑弗顧之度，必有去珠復還之喜。』」按：楊萬里《誠齋易傳》未見此語。而吳澄《易纂言》卷二《震》云：「若有墮甑弗顧之達，則有去珠復還之喜。」胡廣《周易大全》卷十八《震》、蔡清《易經蒙引》卷七下《震》引用，均稱「臨川吳氏曰」。

〔註226〕不詳。

「億」者，大也。十萬曰億，盛大之稱也，觀六五《象傳》可見。「貝」者，水中介蟲，古以為貨。《漢志》：「大貝二枚，值錢二百一十六；牡貝二枚，值錢五十；麼貝二枚，值錢三十；小貝二枚，值錢十九。」「陵」即初九。「躋於九陵」，二進在初之上也。「七日得」與《既濟》六二同。自二至上，又自上而二，凡七，七與九皆陽數，皆從「乘剛」取義。麼音腰，小也。

胡仲虎曰〔註227〕：「《屯》六二、《豫》六五、《噬嗑》六二、《困》六三、《震》六二皆言『乘剛』，惟《困》六三乘坎中爻，其餘乘震之初，皆不以吉稱。」

六三：震蘇蘇，震行無眚。

《象》曰：「震蘇蘇」，位不當也。

《字書》：死而復生曰蘇。《商書》〔註228〕「後來其蘇」、《春秋》「晉戮秦諜，六日而蘇」是也。學問不從死中得活，則凡心不盡，習氣未除，身心性命猶然故我，所謂「眚」也。蘇者，死而生蘇。蘇者，死之極而生之緩也。命根斷後，暖氣漸回，從此振起精神，脫皮換骨，何眚之有？《象》不釋「震行」，單釋「蘇蘇」而歸諸「位不當」，內卦之震未已，外卦之震又來，喪身失命在此，起死回生在此。私記。

二中正，「勿逐」則自得。三不中正，「震行」則「無眚」。〔註229〕

九四：震遂泥。荀爽本「遂」作「隊」。

《象》曰：「震遂泥」，未光也。

初九，動之初也。九四，動之繼也。人心精神全在第一念。〔註230〕《左氏》云：「一鼓作氣，再而衰，三而竭。」四剛而失位，震於已震之後，朝氣盡而暮氣用事之時也。「如塗塗附」〔註231〕，豈有壁立萬仞之鋒穎哉？故曰「震遂泥」。「遂」者，言其發而即衰也。當震之初，精神照耀，如太阿出匣，今則陽光未盡透露，故曰「未光」。「未」之為言，光焰固自在也。九四以一陽居四陰之中，有泥之象。私記。

〔註227〕見胡炳文《周易本義通釋》卷四《象下傳》。
〔註228〕見《尚書・仲虺之誥》。
〔註229〕潘士藻《讀易述》卷八《震》：「二中正『勿逐』而自得，三不中正能行則『無眚』。」
〔註230〕錢士升《周易揆》卷八《震》：「初九，動之初也。九四，動之繼也。人心第一念為真，第二念為雜，故泥而未光。」
〔註231〕見《詩經・小雅・角弓》。

六五：震往來厲。億無喪，有事。

《象》曰：「震往來厲」，危行也。其事在中，大無喪也。

「初始震為往，四洊震為來。」〔註232〕數經變故，無一時而忘戒懼，所謂「危行」也。操心危，慮患深，工夫純熟，不喪其所有之事。夫「有事」者何事？乃往來於危厲中而無所喪也。五之事俱在中上做工夫。中無時而喪，則事亦無時而喪，此至誠無息之學，孟子所謂「必有事」也。十萬曰億。言萬萬無喪，故曰「大無喪」。總形容中德之妙，無喪有事一句讀。

胡庭芳曰〔註233〕：「二曰『震來厲』，五曰『震往來厲』。二曰『喪貝』，五曰『無喪』。相似而相反，所以相似者，上卦之五即下卦之二；所以相反者，二以柔居柔，五以柔居剛，二乘初，五乘四也。」

程正叔曰〔註234〕：「諸卦二、五雖不當位，多以中為美；三、四雖當位，或以不中為過。中常重於正也。蓋中則不違於正，正不必中也。天下之理，莫善於中，於六二、六五可見。」

上六：震索索，視矍矍，征凶。震不於其躬，於其鄰，无咎。婚媾有言。

《象》曰：「震索索」，中未得也。雖凶无咎，畏鄰戒也。

凡變故之來，自家先要有本領，方能看得事明，立得腳定。上六當震之終，以陰居陰，過於畏懼，旁皇瞻視，有「索索」、「矍矍」之象。此有所恐懼，皆未有得於中而然也，所謂無本領也。如此心膽，無往不凶。「不於躬，於隣」者，謀之之辭也。江亡而秦懼，吳亡而晉弔，但於震五之時豫為之戒，自可无咎，何至「索索」、「矍矍」哉！諸子相曰〔註235〕：「凡致治未亂，保邦未危，皆『鄰戒』之義。」朱康流曰〔註236〕：「不得中道以為本領，欲隨事防之，不可勝防。語曰：『謹備其所憎，而禍發於所愛』，故『婚媾有言』。」

「三，內震之極。上，外震之極。故三曰『蘇蘇』，上曰『索索』、『矍矍』。」皆因平時不「虩虩」以至此。〔註237〕

〔註232〕見來知德《周易集注》卷十《震》、曹學佺《周易可說》卷四《震》。

〔註233〕見董真卿《周易會通》卷十《震》、胡廣《周易大全》卷十八《震》。

〔註234〕見程頤《伊川易傳》卷四《震》。

〔註235〕不詳。

〔註236〕見朱朝瑛《讀易略記·震》。（《四庫全書存目叢書》經部第24冊，第805～806頁）

〔註237〕見錢士升《周易揆》卷八《震》。

　　丘行可曰〔註238〕：「震，動也，以一陽動於二陰之下也。六爻以初、四為主，四以剛居柔，失其所以為震。全震之用者，獨在於初。四陰爻，則皆為陽所震者。」

　　陸君啟曰〔註239〕：「震之吉在初不在終，震之凶不於鄰於躬，震之眚不在行在泥，震之有喪也而未嘗無得，震之無喪也而不可無事，震之笑言在恐懼，震之恐懼在修省。蘇蘇似啞啞，而非矍矍，索索似虩虩而非〔註240〕。」

　　質卿曰〔註241〕：「禍患之來，聖人亦不能不動心，所謂『吉凶與民同患』也。其一要平時有手腳，其一要立得住，其一要進得步，其一要退得步。平時手腳，誠敬常存是也。立得住，『不喪匕鬯』是也。進得步，『震行無眚』是也。退得步，『喪貝』、『躋陵』是也。捨此則『震遂泥』、『索索』、『矍矍』矣。」

　　郭相奎曰〔註242〕：「震，動也，動無不止。艮，止也，止無不動。震之為卦，稱震者二十，而歸之有則，動中之止也。艮之為卦，稱艮者十二，而歸之動靜，不失止中之動也。」

〔註238〕見胡廣《周易大全》卷十八《震》。
〔註239〕見張振淵《周易說統》卷七《震》。
〔註240〕按：四庫本於「非」後注「闕」。
〔註241〕潘士藻《讀易述》卷八《震》。《讀易述》無「索索矍矍」。
〔註242〕郭子章（字相奎）《郭氏易解》卷九《震·震論上》（第133～134頁）：
　　　　夫震，動也，動無不止。艮，止也，止無不動。……震之為卦，稱震者二十，
　　　　而歸之有則。則，天則也。歸之天則，是謂真止，乃能不喪匕鬯，乃可以守
　　　　宗廟社稷，以為祭主，則動中之止之功也。艮之為卦，稱艮者十二，而歸之
　　　　時。時者，中也。時止則止，時行則行，是謂動靜不失其時，其道光明，則
　　　　止中之動之功也。

《周易玩辭困學記》卷十一

艮☶艮下艮上

艮其背，不獲其身；行其庭，不見其人；无咎。《說文》：艮，狠戾不進之意。從目從匕。匕目者，猶目相匕，不相下也。

《彖》曰：艮，止也。時止則止，時行則行。動靜不失其時，其道光明。艮其止，止其所也。上下敵應，不相與也。是以「不獲其身，行其庭，不見其人，无咎」也。「艮其止」，古本作「艮其背」。

「艮，止也」，一陽止於二陰之上，陽自下升，極上而止。其在人事則為主靜立極，聖人之能事也。說到止，便有沉空守寂之累，便非日用經世之學，故以「時行」、「時止」發艮止之義。蓋所貴於止者，非貴其靜而不交於物，貴其與物入於吉凶之域而不亂也〔註1〕。堯、舜之禪讓，湯、武之征誅，孔、顏之蔬食水飲，夏葛冬裘，出作入息，時未至不失之先，時既至不失之後，灑落高曠，其道何等光明！人心愈煩擾則愈昏暗，愈凝靜則愈光明，與二乘之黑漆漆地內守幽閒，大懸絕矣。艮止之名義如此，卦辭則工夫下手處也。

「艮其背」四句似乎相對，實以艮背為綱領，「不獲」、「不見」皆自艮背中來，故《彖傳》單提艮背，而以下三句總結，玩「是以」二字可見。

夫子以「所」字易「背」字，見所謂「背」者，非形骸之謂，即時行時止，至當不易處也。「上下敵應」二句，正發明「止其所」之義。陰陽相合，

〔註1〕蘇軾《東坡易傳》卷五《艮》：「所貴於聖人者，非貴其靜而不交於物，貴其與物皆入於吉凶之域而不亂也。」

謂之正應；陰應陰、陽應陽，謂之敵應。正應相與，敵應不相與。其在學問，則物來順應，不執我見，「不獲其身」也，是無我也；據理而行，不徇世情，「不見其人」也，是無人也。無我無人，天清地寧，湛然常寂，吉凶悔吝所不能加，「无咎」而已，所謂「光明」者如此。

楊敬仲曰〔註2〕：「善止者行，善行者止。知止而不知行者，實不知止。知行而不知止者，實不知行。知行止之非二，則行止皆當其時而自然光明矣。人精神盡在乎面，不在乎背，故聖人教之『艮其背』，使面之所向，一如其背。面如背，動如靜，寂然無我，不獲其身。雖『行其庭』，與人交際，亦不見其人矣。是『止其所』者，無所也，無止也，非有所而欲無之也，非本不止而強止之也。」無所無止，無止之止，真止矣。

鄭申甫曰〔註3〕：「卦不言『艮其心』而曰『艮其背』，以見艮不在心也。《象傳》不言『艮其背』而曰『艮其止』，又見艮不在背也。交互發明，心學無方之妙，令人自得。」

「古人捨生取義，殺身成仁者，『不獲其身』也；不侮鰥寡，不畏彊禦者，『不見其人』也。」〔註4〕蔡介夫曰〔註5〕：「『行其庭』者，如處事之際，正衝礙著人處，亦照管他不得。伊尹之放太甲，前古所不敢做的事，冒然以身當天下萬世不韙之名而不辭；伯夷、叔齊責武王之伐，商雖八百諸侯，皆以為當伐，吾亦全不管他，至不食其粟而死。此皆是不見人處。」

「身，動物也，惟背為止。」〔註6〕「耳、目、口、鼻皆有欲也，惟背無欲。」〔註7〕《明堂經》曰：「人五臟之繫，咸附於背。」是身心總會之處，雖不動而實眾動所繫，非離動以為靜也。此卦一陽橫亙於上，又兩象相背，皆「背」之象。艮為門闕，「庭」之象。一陽見於二陰之上，陽光著見，「光明」之象。

〔註2〕見李贄《九正易因·艮》。又見焦竑《易筌》卷四，無「無止之止」四字。原出楊簡《慈湖遺書》卷七《家記一·汎論易》，原文頗長，無「無所無止，無止之止，真止矣」。

〔註3〕見張振淵《周易說統》卷七《艮》。「交互發明，心學無方之妙，令人自得」，《周易說統》作「皆所以交互發明心學無方無體之妙」。

〔註4〕朱熹《晦庵集》卷五十一《答董叔重》：「古人所以舍生取義，殺身成仁者，『不獲其身』也；所以不侮鰥寡，不畏彊禦者，『不見其人』也。」

〔註5〕見蔡清《易經蒙引》卷七下《艮》。

〔註6〕見胡炳文《周易本義通釋》卷二《艮》。

〔註7〕見魏濬《易義古象通》卷七《艮》。

胡仲虎曰〔註8〕：「文王彖《震》、《艮》自是一例。『震來虩虩』以下三句，只是發明虩虩之效驗；『艮其背』以下三句，亦只發明艮背之徵驗也。」

八純卦皆六爻不應，何獨於此言之？謂此卦專論止義。六爻不相應，與止義相協，故取以明之。〔註9〕聖人釋《彖》，隨卦取義，大概如此。

《象》曰：兼山，艮。君子以思不出其位。兼，從又從秝。又，手也。以手持禾為秉，手持二秉為兼。

思不出位，取象兼山。凡兩雷、兩風、兩火、兩水、兩澤者，有往來之義，惟兩山並峙，則止而不動也。〔註10〕

王伯安曰：「思慮是人心生機，無一息可停。但主宰常定，思慮所發，自有條理。」〔註11〕「如主人坐中堂，豪奴悍婢自不敢肆，閒思雜慮從何處得來？」〔註12〕

「位」字不必深看。人生定位，不過五倫，為臣思忠，為子思孝，本分內自有許多曲折煩難細微奧妙之處。若不是視無形、聽無聲，窮思極想，如何得盡性至命？若有一念不守本分，不踏實地，便是妄想，便是出位。《左傳》：「子太叔問政於子產，子產曰：『政如農功，日夜思之，思其始而成其終；朝夕而行之，行無越思。如農之有畔，其過鮮矣。』」此可為「思不出位」注腳。私記。

林無靜樹，川無停流，思慮原休歇不得。若以心制心，檻猿籠象，彌覺其苦。須認得位是何位，如珠走盤而不越於盤，方可證艮止之學。禪家悉未生前從何處來，既死後從何處去，便是出位。私記。

〔註8〕見胡炳文《周易本義通釋》卷二《艮》。
〔註9〕《周易正義》卷九《艮》孔《疏》：「然八純之卦皆六爻不應，何獨於此言之者？謂此卦既止而不加交，又峙而不應，與止義相協，故兼此以明之也。」
〔註10〕此一節見潘士藻《讀易述》卷九《艮》。
〔註11〕黃宗羲《明儒學案》卷十一《浙中一》載徐愛曰：「思慮是人心生機，無一息可停。但此心主宰常定，思慮所發，自有條理。造化只是主宰常定，故四時日月往來自不紛亂。」
〔註12〕趙臺鼎《脈望》卷六：「心之官則思。思原是心職，良知是心之本體。潛天而天，潛地而地，根底造化，貫串人物；周流變動，出入無時。如何禁絕得它？只是提醒良知真宰，澄瑩中立，譬之主人在堂，豪奴悍婢自不敢肆，閒思雜想從何處來？」

初六：艮其趾，无咎，利永貞。

《象》曰：「艮其趾」，未失正也。

當艮之初，內欲初萌，外誘將作，腳跟不定，全體皆差。「艮趾」之義，從腳跟第一步用力者也。只工夫愈早愈好，故「无咎」。愈久愈妙，故「利永貞」。初爻柔位，剛非正也。止於其初，猶未發之體，故曰「未失正」。「永」者，到底不失敦艮之始也。初六陰柔，故以「永貞」為戒。

《咸》之拇為足大指趾，則五指皆在其中。人行，趾必先往。人止，趾必先止。故初「艮趾」。

六二：艮其腓，不拯其隨，其心不快。

《象》曰：「不拯其隨」，未退聽也。

腓，足肚，有肉無骨，居趾之上、股之下，上則隨股，下則隨趾者也。六二陰柔，在下卦之中，故有此象。二蓋有見於時行則行之學，而無義比之功，如無柁之舟，隨波靡靡，不能自適，此心如何得快？後世言止，祇求息心。大易言止，卻欲快心。快即自慊之學，自慊全要此心作得主。凡情俗念屏除，退聽方能時行則行，時止則止，浩然於天地之間。今「不拯其隨」，非不欲拯也，太阿旁落，識情用事，雖欲拯之，其可得乎？私記。

方伯雨曰〔註13〕：「六二當腓之處，腓不自動，象二之止腓；不能不隨足以動，象二之未得所止。夫腓本不欲動者，及其隨足以動，而又無由以拯之，二之所以不快於心，而恨不能自降伏其心者以此。」

鄭申甫曰〔註14〕：「股、趾、脛、腓，合之為足，動則全體皆動。若論先後，先舉趾而脛、腓、股隨之，謂腓隨趾隨足則可，謂腓隨股隨限則不可。人之行，權在於足，足亦不能自行，權在於心。以心為制，全足皆止。以腓為制，趾動則腓隨之矣。豈能拯之乎？」「《象》曰『未退聽』，言未知以腓而聽命於心也。天君為主，則百體從令矣。」〔註15〕

劉去非曰〔註16〕：「因人詭隨，莫能救止。此無論名義所非，撫心循省，亦豈甘為卑下，遂退聽於人乎？蓋必有不自快然者矣。窮其隱而指謫之，所

〔註13〕見李贄《九正易因・艮》。

〔註14〕不詳。

〔註15〕見蘇濬《生生篇・艮》。

〔註16〕不詳。

以起其懦也。『未退聽』即『不快』。荀文若之於曹瞞，王文正之於真宗，所不免焉。」附錄。

九三：艮其限，列其夤，厲薰心。「列」，孟喜作「裂」。「薰」，李鼎祚作「闔」。《字書》：薰從薰。《石經》從熏。

《象》曰：「艮其限」，危薰心也。

「九三一奇橫一卦之中，有『艮限』之象；一陽間隔四陰，有『列夤』之象。」〔註17〕人身脈絡，貴於流通，惟不至飛播亂行即謂之止。若結聚一處，便成風痺。學問亦然。三與二相反，二陰柔，誤認時行則行，而一意隨順，其學近於墨；三剛愎，誤認時止則止，而一意靜專，其學近於楊；皆艮之病也。艮止之學，物來順應，則形神融暢。三當限之處，屈伸之樞紐也，性情堅愎，外絕應緣，內屏思慮，內外不洽，各為一境，所謂「艮其限」、「列其夤」也。原其本心，謂盡絕外感，可以息心自養。不知「惡動之心非靜也，求靜之心即動也」〔註18〕。心體焦灼，無自得之趣，故曰「厲薰心」。《象傳》不別下注腳，亦不兼言「列夤」，則是「艮限」便「危薰心」了，欲其求清涼穩當之處，為安身立命之地。「危」字較「厲」字更激切。私記。

二狥物，三絕物，各謂有得，而成一家之學。公於得意處，抉其隱隱受病之狀，曰「心不快」，曰「厲薰心」，可見聖學只是時止時行，便心事安穩，便是風月襟懷，所謂「其道光明」也。二非時行，三非時止，偏枯之學，非陰勝而鬱結，則陽盛而焦爍矣。聖人言其病而其藥自見，此立言之妙。私記。

腓非能艮之物，限非可艮之地。

胡仲虎曰〔註19〕：「《震》所主在下，初九下之下，九四雖亦震所主，而溺於四柔之中，有泥之象，故不如初之吉。《艮》所主在上，上九上之上，九三雖亦艮所主，然介乎四柔之中，有『艮限』、『列夤』之象。」

徐衷明曰〔註20〕：「人身脊膂謂之督脈，自股上夾脊兩旁前對臍輪謂之腰

〔註17〕見潘士藻《讀易述》卷九《艮》，稱「章氏曰」，原出章潢《周易象義》卷四《艮》。
　　　又見曹學佺《周易可說》卷四《艮》、焦竑《易筌》卷四《艮》，未言係引用。其中，「艮限」，《讀易述》、《周易可說》、《易筌》均無「艮」。
〔註18〕見明·劉宗周《學言》，稱「陽明子曰」。
〔註19〕見胡炳文《周易本義通釋》卷二《艮》。
〔註20〕不詳。

眼，即限也。夤，腰絡也。限分上下，夤列兩旁，此腎之所在，呼吸之根，上與心通，水火升降之會。」

六四：艮其身，无咎。

《象》曰：「艮其身」，止諸躬也。

三艮限，分上下為兩截；四艮身，則通上下為一體矣。「艮其身」是近裏寡過之學。〔註21〕陸君啟曰〔註22〕：凝神於身，猶凝水於盎，未聞盎壞而水凝，豈有身亡而神靜哉？聖學與佛氏不同，全在於此。

《咸》四心位不言心，此亦心位，不言心而言身。釋氏曰：「將心與汝安。」心上著不得工夫，一著工夫，非沉空則執有。故言艮可也，言心可也，言艮其心則舛謬極矣，故曰「艮其身」。視聽言動皆身也，皆心也。離身無心，離身之止，無心之止。勞而御物，不如逸而證身也；虛而妄揣，不如切而實踐也。《彖》曰「不獲其身」，爻曰「艮其身」，不艮其身，何以能不獲其身哉？私記。

「躬」即身也，然亦有辨。《說文》「躬從呂」，即背脊也，伸而能屈者也。王伯厚曰：「傴身為躬，見躬而不見面」；〔註23〕《論語》曰「躬行」，武侯曰「鞠躬盡瘁」，躬之為言，匍匐力行，儼如負重，無分毫傲惰之氣，真篤行君子也。故以「躬」字代「身」字，不則，此句為剩語矣。私記。

六五：艮其輔，言有序，悔亡。

《象》曰：「艮其輔」，以中正也。

「艮其輔」矣，又曰「言有序」，然則「艮輔」非不言之謂。以此推之，艮背、艮身、艮趾非不動之謂也。「以中正者，位雖不正，以居得其中，不失其正，故『言有序』，明『艮輔』亦不易能。本之以中正之德，則樞機之發自審。不然，如制逸馬，如遏決川，安得而止之？」〔註24〕

〔註21〕高攀龍《周易易簡說》卷二《艮》：「六四艮身，如近裏著己之學，守而未化者，要亦无咎也。」

〔註22〕見陸夢龍《易略·震》。《四庫全書存目叢書》經部第19冊，第516頁。又見張振淵《周易說統》卷七《艮》。

〔註23〕熊過《周易象旨決錄》卷四《艮》：

「止諸躬」，王伯厚云：「傴身為躬，見躬而不見面。」《說文》：「躬，從呂從身。」呂，背脊也。猶言艮諸其背耳。

潘士藻《讀易述》卷九《艮》引之。

〔註24〕見潘士藻《讀易述》卷九《艮》，稱「張中溪曰」。

葉爾瞻曰〔註25〕：「『輔』者，言之所自出，在頰兩旁。不待動頰舌，而先『艮其輔』，止在言前，非出口方思止也。然有序為止，止非緘默之謂。」

趙氏汝楳曰〔註26〕：「『言有序』，出令有緩急，發語有先後，治事有本末。緩者急則民不信，後者先則機不密，本者末則事不成。有序則千里之外應之，悔斯亡矣。」

上九：敦艮，吉。

《象》曰：「敦艮」之「吉」，以厚終也。

諸爻各象身之一體，上九成艮之主，德性本自堅凝，工夫又極純熟。前之所艮者，至此倍加完固，渾渾沌沌，非一肢一節所可擬矣，是之謂「不獲其身」，是之謂「不見其人」，是之謂「其道光明」，故曰「敦艮，吉」。〔註27〕《象》曰「厚終」，厚非旦夕可辦，自艮趾至此，心中不知經多少迷悶，指二之「不快」。受多少煩躁，指三之「薰心」。然後身口二業无咎無悔，而得一「吉」字，輕浮淺露之習庶其免矣。厚，其可易言哉！私記。

九三一陽據二陰之上，有背之象。上復據三之上，艮背之象。「『敦臨』、『敦復』皆取坤土象，「敦艮」乃坤土而隆其上者也。凡上爻除《井》、《鼎》外，鮮有吉占，惟《艮》之在上體者凡八而皆吉，人可不自厚哉？厚於始，可不厚於終哉？」〔註28〕

焦弱侯曰〔註29〕：「《咸》、《艮》皆近取諸身，《咸》主感，故拇、股、頰、舌皆在前，艮主止，故趾、限、夤、躬、輔皆在背，惟腓同於《咸》，皆為不能止之象。」

初，艮之始。上，艮之終。二、三兩爻求靜得動，此艮學之流弊也。四慎行，五謹言，此艮學之工夫也。上言顧行，行顧言，慥慥之君子，故以「敦

〔註25〕見張振淵《周易說統》卷七《艮》。
〔註26〕見潘士藻《讀易述》卷九《艮》。原出趙汝楳《周易輯聞》卷五《艮》，云：「言不躁發，發必中倫。出令有緩急，發言有先後，論事有本末。緩者急則民不信，後者先則機不密，本者末則事不成。倘有序焉，千里之外應之，悔斯亡矣。」
〔註27〕張振淵《周易說統》卷七《艮》：「諸爻皆取象於人身之一，惟上九成艮之主，且在艮終，當得全艮，故以艮字與之，而獨許其吉。夫艮而曰敦，渾身皆心，化形合神。艮身猶有矜持之跡在，敦則不依形而立矣。是之謂『不獲其身』，是之謂『不見其人』，是之謂『動靜不失其時，其道光明』，故吉。」
〔註28〕見胡炳文《周易本義通釋》卷二《艮》。
〔註29〕見焦竑《易筌》卷四《艮》。

艮」終焉。看來言行是學問大端，言寡尤，行寡悔，心上過得去，對青天而不慚，聞迅雷而不懼，《大學》所謂「定」、「靜」、「安」也，非止而何到此田地？身之與世，一片光明，有何身而獲身，有何人而見人，相與為寡過之人而已。《象傳》是上達之學，六爻是下學之學，未有不下學而可上達者也，文、周各自標義。私記。

唐詩云〔註30〕：「幽蹊鹿過苔還靜，深樹雲來鳥不知。」可想敵應不相與景象。補遺。

漸䷴艮下巽上

漸：女歸吉，利貞。《說文》：「漸，水名。出丹陽黟縣。從水斬聲〔註31〕。」《地理志》「漸江」，今浙江也。借解作漸次，取水流漸次之義。

《彖》曰：漸之進也，「女歸吉」也。進得位，往有功也。進以正，可以正邦也。其位，剛得中也。止而巽，動不窮也。「漸之進也」，《本義》以「之」字為衍文。「女歸吉也」，王肅本去「也」字，加「利貞」二字。皆不得聖人立言之趣也。

漸之為卦也，止於下而巽於上，有不遽進之義。以少男下長女，長女待年而未歸，少男將迎而未往，有女歸以漸之義。蓋女之歸，必六禮備而後行。進之以漸，無如女歸也。《彖》曰「漸之進也，女歸吉也」，同一進也，此進乃「漸之進」。漸之進，女歸自吉也，漸之進如女歸則吉也。不加注腳，只點綴數字，「利貞」意已自躍然。「進得位」以下皆釋「利貞」，而語氣相因，循次解釋。上四句是論道理，下四句以卦體卦德證之。兩「進」字從「漸之進」也來。「進以正」即是「進得位」，「正邦」即是「有功」，以「正」者，得位之本；「正邦」者，有功之驗；「進得位」、「進以正」，貞之義也；「有功」、「正邦」，貞之利也。此漸所以「利貞」也。卦中二、三、四、五皆得位，聖人恐人誤認，故特發明之，曰所謂「得位」者，何位也？「其位剛得中也」，「剛得中」謂五。得位而不正，未必有功；正而不中，未必正邦。九五之有功而可以正邦，以其位之得中也。「止而巽」又發明「進以正」之故，止則凝靜不擾，巽則相時而動，「以此而進則得位，以此而往則有功」〔註32〕，

〔註30〕見錢起《山中酬楊補闕見過》。

〔註31〕「從水斬聲」，四庫本作「以水漸聲」。

〔註32〕董真卿《周易會通》周易經傳集程朱解附錄纂注卷十《漸》、胡廣《周易大全》卷十九《漸》、姜寶《周易傳義補疑》卷七《漸》，均稱「楊氏曰」。

所謂「漸之進」者如此，所謂貞之利者如此。得位謂人與位相當，非徒得其位而已，故「往有功」。

胡仲虎曰〔註33〕：「《咸》『取女吉』，取者之占也。《漸》『女歸吉』，嫁者之占也。皆以艮為主。艮，止也，『止而說』則其感也以正，是為取女之吉；『止而巽』則其進也以正，是為女歸之吉。」

《紀聞》曰〔註34〕：「《漸》，男方求女之事；《歸妹》，女將歸男之時；以未成夫婦而名卦。《咸》，男女初合相與之情；《恒》，男女成配久處之道；以既成夫婦而名卦。」

章氏曰〔註35〕：「『止而巽，動不窮也』，『巽而止』則《蠱》矣。『說以動，所歸妹也』，『動而說』則《隨》矣。反覆毫釐之際，辨之不可不審。」

程正叔曰〔註36〕：卦有男女配合之義者：《咸》、《恒》、《漸》、《歸妹》也。《咸》與《歸妹》，男女之情也。《咸》『止而說』，《歸妹》『動於說』，皆以說也。《恒》與《漸》，夫婦之義也。《恒》『巽而動』，《漸》『止而巽』，皆以巽也。又曰〔註37〕：「諸卦多有『利貞』，而所施或不同。有涉不正之疑而為之戒者，《損》之九二是也；有其事必貞乃得宜者，《大畜》是也；有言所以利貞者，《漸》是也。」

《象》曰：山上有木，漸。君子以居賢德善俗。《舉正》：「善俗」作「善風俗」。《本義》〔註38〕：「『賢』字衍，『善』字下有脫字。」

木生於山，不見其長，以漸而大。人居仁里，不見其益，以漸而善。

范忠宣曰〔註39〕：「道遠者，理當馴致。事大者，勢難速成。人才不可以急求，積弊不可以頓革。」

〔註33〕見胡炳文《周易本義通釋》卷二《漸》。
〔註34〕見張獻翼《讀易紀聞》卷四《漸》。又見潘士藻《讀易述》卷九《漸》。按：此說早見吳澄《易纂言》卷二《漸》，云：「《咸》、《恒》、《漸》、《歸妹》四卦之為男女夫婦，何也？曰：《漸》者，男方求女之事；《歸妹》者，女將歸男之時；以未成夫婦而名卦也。《咸》者，夫婦始初相合之情；《恒》者，夫婦終久相處之道；以已成夫婦而名卦也。」崔銑《讀易餘言》卷二《漸》、逯中立《周易箚記》卷二《漸》加以引用，均稱「吳幼清曰」。
〔註35〕見章潢《圖書編》卷三《六十四卦反對圖》。又見何楷《古周易訂詁》卷六《漸》。
〔註36〕見程頤《伊川易傳》卷四《歸妹》。
〔註37〕見程頤《伊川易傳》卷四《漸》。
〔註38〕朱熹《周易本義》：「疑『賢』字衍，或『善』下有脫字。」
〔註39〕見范純仁《上神宗論求治不可太急》，載趙汝愚《諸臣奏議》卷二《君道門》。又見胡居仁《易像鈔》卷十二。

初六：鴻漸於干。小子厲，有言，无咎。

《象》曰：「小子」之「厲」，義无咎也。

六爻以鴻取象。鳥飛獸行，皆無倫序，惟鴻木落則南翔，冰泮則北徂，行則翼次肩隨，有漸之象焉。又匹偶不亂，失其偶更不再偶，有夫婦之象。漸者，婚姻之卦，以相應相與為貴，二應五，三比四。初、六無應，孤立水湄，年少才弱，時抱矰弋之憂；特立獨行，或來世俗之議。然而「无咎」者，《象》言之矣。《象》曰「小子之厲，義无咎也」，「厲」者，心之危懼，以義揆之，寧有危懼而陷於過者乎？「无咎」從「厲」中來，所謂「懼以終始，其要无咎」。初最少，故曰「小子」。鴻，陽鳥而水居，在水則以得陸為安，在陸則以得水為樂〔註40〕，故六爻惟木非鴻所棲。若干、若陸、若陵、若逵，只以爻位之高下取象，所謂安危不專在此。《本義》於「干」曰「未得所安」，於「陸」亦曰「陸非所安」，非也。干，水涯。鴻，水鳥。干非厲，漸干而離群獨處乃為厲耳。鴻鵠未舉，近人而易侮，厲始无咎。

「鴻之飛，長在前，幼在後。幼者惟恐失群而號呼，故為『小子厲，有言』之象。」〔註41〕又鴻性多警，必以少者伺之，故常有彈射之恐。〔註42〕

六二：鴻漸於磐，飲食衎衎，吉。

《象》曰：「飲食衎衎」，不素飽也。

凡禽鳥之食，俛而啄，仰而四顧，一或驚心，則飛而去之。今由干而進於磐，「飲食衎衎」者，何也？二與五中正相應〔註43〕，「觀五之『三歲不孕』，則二猶為未遇者，然不急於進，自養以待時，故其象如此。《象》恐人不達，故以『不素飽』明之，言其從容涵養，待時而動，非甘豢養而妄進者比也。」〔註44〕

〔註40〕蘇軾《東坡易傳》卷五《漸》：「鴻，陽鳥而水居，在水則以得陸為安，在陸則以得水為樂者也。故六爻雖有陰陽之異，而皆取於鴻也。」

〔註41〕見胡炳文《周易本義通釋》卷二《漸》。

〔註42〕錢士升《周易揆》卷八《漸》：「鴻性多警，每集必少者伺察，凜凜避害，常有哀鳴之聲，『有言』之象。」

〔註43〕胡廣《周易大全》卷十九《漸》：「中溪張氏曰：『凡禽鳥之食也，俛而啄，仰而四顧，一或驚心，則飛而去之。今鴻漸而進，由於干而處於磐之上，高而不危，『飲食衎衎』，何其吉也。二與五為正應，進居大臣之位，猶鴻漸於磐也。安然飲食，有衎衎和樂之意，其吉可知。』」

〔註44〕見焦竑《易筌》卷四《漸》、何楷《古周易訂詁》卷六《漸》。

崔氏曰〔註45〕：「隨分而止，人之大美，治自此成。非分而求，人之大惡，亂自此作。」

「磐」，《漢武紀》引作「般」。裴龍駒注云：「水旁堆也。」《集注》：磐，大石。鴻不棲石，因磐字從石而悮其說耳。〔註46〕「衎衎」，和樂也。《小雅》：「嘉賓式燕以衎。」

九三：鴻漸於陸。夫征不復，婦孕不育，凶。利禦寇。

《象》曰：「夫征不復」，離群醜也。「婦孕不育」，失其道也。「利」用「禦寇」，順相保也。

九三居下體之上，故曰「鴻漸於陸」。劉氏濂曰〔註47〕：「『夫征不復』者，少男無應，而上近於四，務進妄動，故征則不可還；『婦孕不育』者，長女無應，而下比於三，失守私交，故孕則不敢育。」凶可知矣。

王輔嗣曰〔註48〕：「三本艮體，棄乎群醜，與四相得，遂乃不反，至使婦子不育。貪進忘舊，凶之道也。巽本合好，順而相保，物莫能間，故『利禦寇』也。」

「不復」、「不育」，凶之極矣，而曰「利用禦寇」，曰「順相保」，然則怨女曠夫患難相依，天理人情之至，聖人亦不忍深絕之也。不如此，則無以見易道之大。私記。

胡庭芳曰〔註49〕：「卦辭『女歸吉』者，以三、四兩爻也。爻辭夫婦凶者，亦三、四兩爻也。卦以兩體論，巽女有歸艮男之象；爻以應否論，當相應之位者為正，不當相應之位者為邪。四女無歸三男之理也，特相比而相得，為私情之相合耳。」

〔註45〕 見崔銑《洹詞》卷四《六二鴻漸於磐飲食衎衎吉》。

〔註46〕 何楷《古周易訂詁》卷六《漸》：「《史》、《漢》武紀引作『般』。裴龍駒注云：水涯堆也。楊用修云：水涯堆之訓為是。鴻固不棲石也，因磐字從石而誤其說耳。經書所以貴古文也。」

〔註47〕 見潘士藻《讀易述》卷九《漸》。又見曹學佺《周易可說》卷四《漸》，不言係引用。
按：董真卿《周易會通》卷十《漸》、胡廣《周易大全》卷十九《漸》、張振淵《周易說統》卷七《漸》載：「鄭氏剛中曰：『三上無應而親四，四下無應而奔三，三務進而妄動，故征則不可還；四失守而私交，故孕則不敢育。』」此說又見沈一貫《易學》卷七，亦不言係引用。

〔註48〕 王《注》見《周易正義》卷九《漸》。

〔註49〕 見董真卿《周易會通》卷十《漸》、胡廣《周易大全》卷十九《漸》、潘士藻《讀易述》卷九《漸》。

蘇君禹曰〔註50〕：「九三過剛無應。過剛，則躁進而易敗；無應，則自用而易窮。外焉不能舒徐以俟其進，而自窒其攸往之機，如夫之征而不復也；內焉不能涵泳以順其天，而自戕其生生之理，如婦之孕而不育也。離群醜，言其好高自用，違眾獨行耳。利禦寇，程子所謂『守正以閑邪』是也。人之一心，種種情識，種種利欲，皆謂之寇。禦寇者，克去己私，遏絕外誘，非極剛者不能也。順相保，極言其利人而無私，則順於義理，可以保身，可以保民，無往而不宜也。」附錄。

《爾雅》云：高平曰陸。陸在水上，則塘路也。「鴈水宿必有司夜，以防掩捕，遇警一號，舉群皆起，有『禦寇』之象。」〔註51〕

《易蔡》云〔註52〕：「夫婦謂鴻。鴻，水鳥，孕必於陸。其育也，夫婦共抱。夫既不復，故婦孕亦不育也。」

夫既離群，醜而不復，則四乃孤居之婦也。乃曰「順相保」，與誰相保而禦寇乎？經有不能強解者，此類是也。私記。

六四：鴻漸於木，或得其桷，无咎。

《象》曰：「或得其桷」，順以巽也。

鴻連趾不能木棲，曰「漸於木」者，迴翔木杪，繞樹無枝之際也。四與三俱無匹偶，孤侶難持，兩依得恃有，「或得其桷」之象。榱之方而直者曰桷。桷木，蓋平柯也。「或」者，偶然之詞。聖人於三以禦寇利之，於四以得桷幸之，蓋謂世道間關，男女仳離，三、四雖非六禮之正，猶愈於強暴侵陵、喪身污體者耳。《象》推本於順巽，言四性順體巽，所以得桷，非得桷而後順巽也。天下交臂之緣，亦須有臭味之合，類如此。兩「順」字相應。四入巽為木。九三一陽畫於下，有桷之象。

楊氏曰〔註53〕：「君子漸進於高位，不幸在剛暴小人之上，而人不忌之者，以柔居柔，為順之至，而又能巽乎剛，所以進而得安也。」

〔註50〕見蘇濬《生生篇・漸》。

〔註51〕見錢士升《周易揆》卷八《漸》。

〔註52〕見錢士升《周易揆》卷八《漸》。按：原出蔡鼎《易蔡》下篇《漸》。（四庫未收書輯刊第 2 輯第一冊，第 235 頁）

〔註53〕潘士藻《讀易述》卷九《漸》。

按：原出楊萬里《誠齋易傳》卷十四《漸》，文本不同，曰：「君子之漸進於高位，不幸而在剛暴小人之上，非順而巽、巽而降，未有能免者。」

九五：鴻漸於陵，婦三歲不孕。終莫之勝，吉。

《象》曰：「終莫之勝，吉，」得所願也。

何閩儒曰〔註54〕：「二、五中正相應，天作之合。然五近於四，四亦欲以為夫；二近於三，三亦欲以為婦。故五不得以速聘二，二不得以早許五也。久而他議寢，然後正配諧，所謂『終莫之勝』也。以五夫夫之正率二婦婦之正，以五、二夫婦之正率人夫婦之正，《傳》所謂「進以正，可以正邦」，正此爻也，故吉。」

唐凝庵曰〔註55〕：「三之『不育』者，已孕而不育，以合之不正也。五之『不孕』者，未合而不孕，以有待而合也。」

胡仲虎曰〔註56〕：「三與五皆言婦。五以二為婦，正也。三以四為婦，非正也。三、四相比而為夫婦，婦雖孕而不敢育，女歸之不以漸者也，故凶。二、五相應而為夫婦，婦不孕而三、四莫能勝，女歸之以漸者也，故吉。」「卦以巽為女，艮為男，而爻以五為夫，二為婦者，蓋以二、五相應而言，取義不同也。」〔註57〕

《爾雅》：高平曰陸。大陸曰阜。大阜曰陵。下視於磐、於陸，則陵為最高，此九五之象。〔註58〕

上九：鴻漸於陸，其羽可用為儀，吉。

《象》曰：「其羽可用為儀，吉」，不可亂也。

《傳》「陸」當作「逵」，謂「雲路也」。〔註59〕失偶之鴻，至死不配，孤飛隨後，憂然長鳴，其不可亂如此，豈非人倫之坊表乎？〔註60〕胡仲虎曰〔註61〕：

〔註54〕見何楷《古周易訂詁》卷六《漸》，稱「吳幼清云」。「二、五中正而應」至「所謂『終莫之勝』也」，見吳澄《易纂言》卷二《漸》。

〔註55〕見唐鶴徵《周易象義》卷三《漸》。（《四庫全書存目叢書》經部第10冊，第378頁）

〔註56〕見胡炳文《周易本義通釋》卷二《漸》。

〔註57〕見趙以夫《易通》卷五《漸》。

〔註58〕胡廣《周易大全》卷十九《漸》：「中溪張氏曰：『鴻漸於陵，陵為高阜，下視於磐、於陸，則於陵為最高，此人君處九五位之象也。』」

〔註59〕程頤《伊川易傳》卷四《漸》：「安定胡公以『陸』為『逵』，逵，雲路也。」

〔註60〕李贄《九正易因·漸》：「鴻若失偶，至死不配，孤飛隨後，憂然長鳴，其不可亂如此，非羽之可用為儀者乎？」錢士升《周易揆》卷八《漸》曾引用，稱「《易因》云」。

〔註61〕見胡炳文《周易本義通釋》卷二《漸》。

「鴻進以漸而不失其時，翔以群而不失其序，所謂進退可法者也。而獨於上爻言之者，要其終也。」錢啟新曰〔註62〕：「『鴻漸於陸』，九三南陸為木落南翔之陸，入於人中，故多凶；上九北陸為冰泮北歸之陸，超於天外，故無患。先儒改陸為逵，失聖人立言精蘊。」

何閩儒曰〔註63〕：「合六爻而觀，初、三、四、上俱無應，初守正以待時，上孤貞以著節，若二與五則女歸之經也，三與四乃其權也。權非所以立教，故不與咸例論，而復申以『利貞』，謹始之意可見矣。」

蘇君禹曰〔註64〕：「君子之於天下，莫重乎其進也。夫時有必至，事有適然。當其未來，知者不及圖，敏者不及乘，巧者不及奮。而一旦既至，可以安意而享。何者？千仞之登，非一蹴之功也；五穀之熟，非一瞬之力也；道德仁義，非捷徑之得也；蓋言漸也。苟凌躐之念一起於中，而功利之私又乘於外，厭庸行而妄希神化之知，薄下學而遽起登天之想，甚則競進於功名，熱中於勢利，如女歸不貞而大閒漸盡矣。君子之持身也，廣大高明，以為究境；而其循序也，子臣弟友，以為入門。造端於始學，則小子之屬，不以為勞；殫精於克己，則禦寇之勇，不以為艱。於木之棲，可異也，不可強也；得願之勝，可俟也，不可驟也。至於漸積之極，則躋於丘陵，而人不稱盈焉；安於磐石，而人不稱泰焉；入於逵路，超於塵世，而人不稱離群焉。身在倫物之間，心在太虛之表，跡在王公卿相之貴，意在九霄、九淵之間。茲其漸也，固所以為升耶？噫！士君子欲居賢德以善俗，寧為遲鈍，無寧為頓悟；寧為恬退，無寧為僥巧。斯不亦善始善終哉！」

歸妹䷵ 兌下震上

歸妹：征凶，無攸利。《說文》：歸，女嫁也。從止，從婦省，𠂤聲。妹，女之少者。從女未聲。女少故稱未聲，兼意也。

《彖》曰：歸妹，天地之大義也。天地不交而萬物不興。歸妹，人之終始也。說以動，所歸讀。妹也。「征凶」，位不當也。「無攸利」，柔乘剛也。

古者天子一娶九女，諸侯一娶三女，嫡夫人及左右媵皆以姪娣從，所以別尊卑，廣繼嗣也。此婚姻中一大事，故聖人特設一卦以盡其義。

〔註62〕見胡居仁《易像鈔》卷十二《漸》。非錢一本之說。

〔註63〕見何楷《古周易訂詁》卷六《漸》。

〔註64〕見蘇濬《生生篇·漸》。

　　《咸》卦二少相感，《恒》卦二長相承，此卦以少女承長男，非是匹敵，明是以妹為娣而嫁，故謂之「歸妹」。《彖傳》先以「歸妹」二字發許大道理，而後以本卦所由成者言之。若曰歸妹，天地之義，人道之終始，本無凶，本無不利，只為「說以動」、「位不當」、「柔乘剛」，所以「征凶」，所以「無攸利」。所謂「說以動」者，兌說震動，年少情逸，其歸也。妹自為政，無父母媒妁，奔則為妾者也。口誅筆罰，全在「妹」字。斥其為妹，而罪已自著矣。六三以陰居陽，為位不當，踞九二之上，為柔乘剛。位不當則無幽閒貞靜之德，柔乘剛則悖夫婦倡隨之理，故曰「征凶，無攸利」。「征凶」言其始。征，進也。干進求寵，並後匹嫡，自此始矣。「無攸利」究其終。才知之婦亦能把持門戶，牝雞司晨，到底有何好處？此皆指六三而言。舊以二、三、四、五為不正，三、五、上為柔乘剛，則罪不獨在女，失卦義矣。

　　「《漸》曰『女歸』，自彼歸我之辭。今曰『歸妹』，自我歸彼之辭。」〔註65〕以「歸」字之上下分得失。「古禮：男三十而娶，女二十而嫁。皆以長男娶少女，則歸妹亦自無害。獨以兌說在下，乃女說男，非男下女，是故在《隨》曰『動而說』，在《歸妹》曰『說以動』，上下懸殊，而歸妹於是乎始病矣。」〔註66〕

　　蔡子木曰〔註67〕：「『動以說』為《歸妹》，『止而說』為《咸》，無非性之欲也，而動止別公私焉。《咸》曰『取女吉』，吉在取也，以取屬男；《歸妹》『征凶』，凶在征也，以征罪女。」

　　《象旨》〔註68〕：「或誤指震為兌夫，失卦名義。且就震言說說〔註69〕兌

〔註65〕見楊萬里《誠齋易傳》卷十四《歸妹》。
〔註66〕見何楷《古周易訂詁》卷六《歸妹》。
〔註67〕見潘士藻《讀易述》卷九《歸妹》、張振淵《周易說統》卷七《歸妹》。又見焦竑《易筌》卷四《歸妹》，不言係引用。「《咸》曰『取女吉』」以後部分又見曹學佺《周易可說》卷四《歸妹》、錢士升《周易揆》卷八《歸妹》，亦不言係引用。
〔註68〕見熊過《周易象旨決錄》卷四《歸妹》、潘士藻《讀易述》卷九《歸妹》。
　　　按：此說本於俞琰《周易集說》卷十九《象傳六·歸妹》：「『說以動』，謂兌之說以震之動也，動而嫁妹，凡親黨之在內者，皆喜說也。大抵兄之於妹，未必如愛女之情甚切，今也父有遺孤而子能嫁之，宗族蓋無有不喜說者，以其所歸者妹也，故曰『說以動』。所歸妹也，夫震為長男，兄也；兌為少女，妹也。或者以震男為夫、兌女為妻，遂謂『說以動』為男說而動夫。卦名歸妹，則當以兄嫁妹求其義，指兄為夫，可乎？唯其誤以震男為兌女之夫，乃謂所歸者小女。而就震言說，遂謂長男說小女之色不以德，殊不思說者兌也，非震也。又就兌言動，遂謂少女說而動，殊不思動者震也，非兌也。」
〔註69〕「說說」、「動動」，《周易象旨決錄》、《讀易述》作「說」、「動」。

色，而不知說非震；就兌言動動於欲，而不知動非兌也。」

曰「凶」，曰「無攸利」，六十四卦辭未有若是之甚者。馮宗之曰〔註70〕：「古來豪傑亦有歸妹而殺身敗名者，種種歸妹非為媒母謀，為豪傑戒也。」

「婚嫁者，人之終。生育者，人之始。」〔註71〕

《象》曰：澤上有雷，歸妹。君子以永終知敝。

胡仲虎曰〔註72〕：「」澤中有雷，雷隨澤止。澤上有雷，澤隨雷動。張仲溪曰〔註73〕：「物生必終，有以永之則不終。事久必敝，有以知之則不敝。」

初九：歸妹以娣，跛能履，征吉。

《象》曰：「歸妹以娣」，以恒也。「跛能履，吉」。句。相承也。

在卦則以兌從震為歸妹，故主六三而言。在爻則各有歸妹之義。

六五曰「帝乙歸妹」，是帝乙嫁其妹也。此曰「歸妹以娣」，是帝乙嫁其妹，而以娣從也。「娣之為言第也，言以次第御於君也。」〔註74〕「《曲禮》『世婦侄娣』，蓋以妻之妹從妻來者為娣〔註75〕。」〔註76〕六五女君，下諸爻皆娣也。所以為娣者以體言。上體貴而下體賤，以象言，兌為妾；以初言，居下體而無應，故為娣也。「跛者不能專行，必須依人，如娣妾承正室以行則吉。」〔註77〕「以恒」，以分言明其古今常禮，非「說以動」者也。「相承」以德，言二承五，初承二，安於為娣而非柔乘剛者也。卦辭「征凶」，初辭「征吉」，

〔註70〕不詳。

〔註71〕見高攀龍《周易易簡說》卷二《歸妹》、錢士升《周易揆》卷八《歸妹》。按：此前，朱熹《周易本義》卷二《歸妹》：「歸者，女之終。生育者，人之始。」

〔註72〕見胡炳文《周易本義通釋》卷四《象下傳》。又見錢士升《周易揆》卷八《歸妹》，未言係引用。

〔註73〕見胡廣《周易大全》卷十九《歸妹》。又見焦竑《易筌》卷四《歸妹》、郝敬《周易正解》卷十五《歸妹》，均不言係引用。

〔註74〕見焦竑《易筌》卷四《歸妹》。

〔註75〕「妹」，《周易集注》、《古周易訂詁》均作「娣」。

〔註76〕見來知德《周易集注》卷十一《歸妹》、何楷《古周易訂詁》卷六《歸妹》。

〔註77〕董真卿《周易會通》周易經傳集程朱解附錄纂註卷十《歸妹》、胡廣《周易大全》卷十九《歸妹》錄蘭氏廷瑞之說：「跛者不能以專行，依人乃可。娣妾之道，承正室以行則吉。」張獻翼《讀易紀聞》卷四《歸妹》引之而不言。另，焦竑《易筌》卷四《歸妹》：「跛者不能自行，依人乃可，如娣妾承正室以行則吉。」亦本於此。

所謂「吉凶以情遷」也。歸熙甫曰〔註78〕：「賢女為娣，分非所宜，而道無所不在。」居易安命可也。此聖人教人無出位之意。

說者曰初非跛也，能履而託之乎跛。〔註79〕若是，則宜言履能跛矣。今曰「跛能履」者，跛乃人所共知，能履則聖所獨契，蓋傷之也。「『征』者，進供職役，承嫡以事夫也。」〔註80〕私記。

九二：眇能視，利幽人之貞。

《象》曰：「利幽人之貞」，未變常也。

此爻或以無「歸妹」句，不作媵妾看，非也。五，帝乙之妹。二與五應，二者，五之娣也。以眇視承跛履，則「歸妹以娣」，不待言矣。「初在下，履象。二在上，視象。婦道行不逾閾，窺不出戶，『跛能履』，『眇能視』，履不直前，視不矚遠也。」〔註81〕「媵妾以色為尚，曰跛、曰眇，見不尚色也。幽人猶曰靜女。」〔註82〕眇者眼前昏暗，幽人之象。言宜遵時養晦，無察察以為明也。

「以命言，則初薄於二。以德言，則二賢於初。」〔註83〕三則娣中之匪人矣。《象》於初曰「以恒」，於二曰「未變常」，惟各安其常，初所以吉，二所以利。

六三：歸妹以須。句。反歸。句。以娣。

《象》曰：「歸妹以須」，未當也。

三為說主，不中不正，卦之「征凶，無攸利」，俱此爻當之。蓋僕婢之流，非世家之裔。無姆師之訓，以色見售，不得列於娣者，故以「須」名之。《晉·天文志》：「須女四星，賤妾之稱。」歸妹而用須以從，禍有不可言者。毒蛇螫手，壯士斷腕，宜急急反而歸之，以娣用初九、九二也。初、二，班姬之亞。六三，飛燕之流。去三而用初、二，是驅梟養鳳，芟莠立苗，國家興亡，繫於

〔註78〕見歸有光《易經淵旨》卷中《歸妹》。（第48頁）

〔註79〕何楷《古周易訂詁》卷六《歸妹》：「初居位下最卑，而有陽剛之性，其才足任使令，故為跛能履之象。初非跛也，自嫌與嫡並，故能履而託之於跛也。」此說，後亦有餘波。如錢澄之《田間易學》卷五《歸妹》：「初能履而託之乎跛，二能視而託之乎眇，嫌並嫡也。」

〔註80〕見黃正憲《易象管窺》卷十《歸妹》、何楷《古周易訂詁》卷六《歸妹》。

〔註81〕見潘士藻《讀易述》卷九《歸妹》。焦竑《易筌》卷四《歸妹》引之而不言。

〔註82〕見潘士藻《讀易述》卷九《歸妹》。焦竑《易筌》卷四《歸妹》引之而不言。

〔註83〕見孫從龍《易意參疑》卷五《歸妹》。

此象。曰「未當」，謂歡昵未深，壼政未與，宜乘時去之也。聖人防微杜漸若此。私記。

《漸》言「夫征」，言「得桷」，是民間夫婦。《歸妹》言「其君」，言「以娣」，是帝室婚姻。大抵並後匹嫡之事，不在編戶細民，而在高門華屋，故聖人拳拳於齊小大，別貴賤，謂歸妹而以娣，則雖跛亦能履，雖眇亦能視；歸妹而以須，則不必言如何利害，亦無用別有商量，只是急反歸之，庶無《白華》《綠衣》之患。私記〔註84〕。

九四：歸妹愆期，遲歸有時。

《象》曰：「愆期」之志，有待而行也。

六爻皆以女取象，九四亦娣也。以陽居上體，而無正應，為「愆期」以待所歸之象。「『期』者，婚嫁之常期。『時』者，佳偶之良會。」〔註85〕《召南》之詩云：「江有汜，之子歸，不我以。不我以，其後也悔。」《序》云：「文王時，江沱間有嫡，不以其媵備數。媵遇勞而無怨，嫡亦自悔也。」次章云「其後也處」，三章云「其歗也歌」，蓋始則悔悟，中則相安，終則相歡，而嫡妾無間言矣。〔註86〕《象》所謂「有待而行」者，正待嫡之自悔耳。以《詩》證《易》，《易》亦足解人頤也。私記。

「九四之為妹，以陽處陰，不居其正，合歸妹之義。初陽正而象跛，二陽中而象眇，歸妹以不居其正為得宜也。」〔註87〕

「《詩》曰〔註88〕：『士如歸妻，迨冰未泮。』《家語》云：『霜降多婚。』，冰泮殺止，震則冰泮矣，故曰『愆期』。」〔註89〕

〔註84〕「私記」，四庫本無。

〔註85〕見孫從龍《易意參疑》卷五《歸妹》。

〔註86〕真德秀《讀書記》卷十三《夫婦》：「呂氏曰：（略）一章曰『其後也悔』，二章曰『其後也處』，三章曰『其嘯也歌』，始則悔悟，中則相安，終則相歡，言之序也。」

〔註87〕見潘士藻《讀易述》卷九《歸妹》。

〔註88〕見《詩經·邶風·匏有苦葉》。

〔註89〕董真卿《周易會通》卷十《歸妹》、胡廣《周易大全》卷十九《歸妹》、葉良佩《周易義叢》卷十《歸妹》引齊節初之說，曰：「九四正歸妹者也，而曰『歸妹愆期』，剛履柔，而能從容俟時，以全其妹之正者也。詩曰：『士如歸妻，殆冰未泮。』故《家語》云：『霜降多婚。』冰泮殺止，震則冰泮矣，而猶曰『遲歸有時』，非『愆期』乎？」齊氏之說又見何楷《古周易訂詁》卷六《歸妹》，未言係引用。

六五：帝乙歸妹，其君之袂，不如其娣之袂良。月幾望，吉。

《象》曰：「帝乙歸妹」，「不如其娣之袂良」也，其位在中，以貴行也。

《舉正》：「良」字下無「也」字。全不知立言意趣。

以卦論，六三為成卦之主；以爻論，六五為眾爻之主。五居尊位，歸妹中之女君也，故稱「帝乙」以別之。卦中言妹，元妃之妹。此言「妹」，帝乙之妹方歸曰妹，已歸曰君。五以柔居中，以德禮為光華，不以紈綺為容飾，故曰「其君之袂，不如其娣之袂良」，其無疾妒之意可知。〔註90〕聖人繫辭，風韻若此。「月幾望」者，謙柔之德無以加之象，故吉。《傳》芟去「其君之袂」句，而以「帝乙」二句連合成文，見得帝乙之妹何等尊重，乃不如娣袂之良，洗盡俗情，令人起愛起敬，有無窮歎賞之意。下則申言之曰「其位在中，以貴行也」，所貴在中，不在衣服，所以跛眇之娣皆得進御，壼德之盛莫與京矣。私記。

「王姬下降，自古而然，至帝乙而後正婚姻之禮。」〔註91〕「京房載帝乙歸妹之詞曰：『無以天子之尊而乘諸侯，無以天子之富而陵諸侯。往事爾夫，必以禮義。』其務自貶損，以無加於娣，可以想見。」〔註92〕

胡仲虎曰〔註93〕：「『月防望』，在《小畜》、《中孚》以位言，陰盛而與陽亢也；在《歸妹》以德言，陰盛而可與陽對也。」

上六：女，讀。承筐，無實。士，讀。刲羊，無血。無攸利。

《象》曰：上六「無實」，「承」虛「筐」也。

此爻子瞻所謂婚姻之道，非其至情，名存而實亡者也〔註94〕。言乎女則「承筐無寔」，言乎士則「刲羊無血」，縱不至凶，豈能承前啟後而有所利哉？先言女，後言士，罪在女矣。《象》不言士女，而斥言上六，且不別加語言，只以「承筐無寔」四字一為顛播。女有四德，所謂寔也。上六陰柔，既已「無實」矣，而復「承虛筐」，欺己欺人，可嗤可鄙，此女之最無良者。帝乙之妹，

〔註90〕錢士升《周易揆》卷八《歸妹》：「方歸曰妹，已歸稱君。君歸則初、三之娣皆歸矣。君之袂不如娣之袂良者，以二之中位，中為貴，不尚容飾也。且惠能逮下，無娥眉爭妒之意，婦德之盛可知。」
〔註91〕見程頤《伊川易傳》卷四《歸妹》。
〔註92〕見焦竑《易筌》卷四《歸妹》。
〔註93〕見胡炳文《周易本義通釋》卷二《歸妹》。
〔註94〕蘇軾《東坡易傳》卷五《歸妹》：「天地之情，正大而已。大者不正，非其至情，其終必有名存實亡之禍。」

袟不如娣。士人之女，虆筐是將。人之賢不肖相去若此。擇婦者以此觀之，亦可得其大都矣。推廣而論，君臣父子之道，亦不過若此。震，虆筐象。兌，羊象。私記。

焦弱侯曰〔註95〕：「《咸》、《恒》，男女少長，自為配偶，夫婦之正。《蠱》、《隨》、《歸妹》，男女少長，非其配偶，夫婦之變。長女惑少男為《蠱》，少女悅長男為《歸妹》，女下於男，女為主，故凶。長男先少女為《隨》，少女適長男為《漸》，男下於女，男為主，故吉。」

豐 ☷☳ 離下震上

豐：亨，王假之。勿憂，宜日中。《說文》：「豐，豆之豐滿者也。從豆，象形。」按：豐字，上作三直六短畫，已是變體，作曲字，益非矣。

《彖》曰：豐，大也。明以動，故豐。「王假之」，尚大也。「勿憂，宜日中」，宜照天下也。日中則昃，月盈則食，天地盈虛，與時消息，而況於人乎？況於鬼神乎？

離明震動，明則知幾，動則成務〔註96〕，非明則動無所之，非動則明無所用也〔註97〕。明以動，故豐。「豐」者，大也。「王假之，尚大也」，以明動致豐，豐則愈明，明則愈動，雖欲不狹小，前人紛紛制作，不可得矣。《書》曰〔註98〕「無疆惟休，亦無疆惟恤」，此其可憂者也。聖人曰「勿憂」，勿憂將何所宜乎？「宜昭吾明德，如日之中，照臨下土，豈有陰慝敢于〔註99〕其間哉？」〔註100〕「日中則昃」，聖人就日中處，又看出一種道理，以補《彖辭》之不逮。當其昃，不得不昃；當其食，不得不食。固是乘除倚伏之勢，亦便是持盈守滿之道也。堯、舜之禪讓，伊、周之歸老，所謂「日中則昃，月盈則食，天地盈虛，與時消息」也。張西農曰〔註101〕：「日會在朔，而食亦在朔。月盈於望，而食亦於望。」

〔註95〕見焦竑《易筌》卷四《歸妹》。

〔註96〕李鼎祚《周易集解》卷十一《豐》：「崔憬曰：『離下震上，明以動之象。明則見微，動則成務，故能大矣。』」

〔註97〕程頤《伊川易傳》卷四《豐》：「雷電皆至，成豐之象。明動相資，致豐之道。非明無以照，非動無以行，相須猶形影，相資猶表裏。……蓋非明則動無所之，非動則明無所用，相資而成用。」

〔註98〕見《尚書·召誥》。

〔註99〕「于」，《周易玩辭》、《讀易述》作「干」。

〔註100〕見潘士藻《讀易述》卷九《豐》。原出項安世《周易玩辭》卷十一《勿憂》。

〔註101〕張西農《射易淡詠·豐》未見此語。

豐雖明動相資，而以明為主〔註102〕，寧可明而不動，不可動而不明，故曰「宜照天下」。六爻亦貴明不貴動，如日中見斗，日中見沬，總是不明，不明則動，動則愈不明。豐蔀則見斗，豐沛則見沬。子瞻曰〔註103〕：「豐者，至足之辭，足則餘，餘則溢。聖人處之以不足，而安所求餘，故聖人無豐。豐非聖人事也。」私記。

假，古雅反。《詩·文王》篇曰「假哉天命」，《離》曰「假哉皇考」，皆大之義。離明，有日之象。震，東方。離下震上，日出東方，昧爽之際，明未普照，故曰「宜日中」。

《象》曰：雷電皆至，豐。君子以折獄致刑。

《埤雅》曰：「陰陽暴格，分爭激射，有火生焉。其光為電，其聲為雷。」然《月令》「二月雷乃發聲，後五日始電」，則雷電固有不合而章，亦有不皆至者。惟「合而章」乃成《噬嗑》，惟皆至乃成《豐》耳。〔註104〕

「明以折獄，威以定刑。」〔註105〕必先折獄而後致刑者，人之情偽難以盡知，法之輕重難於曲當，必折衷情法之間，然後致之於刑，則天下無冤民矣。〔註106〕「『明罰勅法』以立法者言，故曰先王；『折獄致刑』以用法者言，故曰君子。」〔註107〕

子瞻曰〔註108〕：「《易》於雷電相遇，則必及刑獄，取其明以動也。至《離》與《艮》相遇，曰『無折獄』，曰『無留獄』，取其明以止也。」

初九：遇其配主，雖旬无咎，往有尚。「配」，鄭作「妃」。嘉耦曰妃。

《象》曰：「雖旬无咎」，過旬災也。

查慎行《周易玩辭集解》卷七《豐》：「《象數論》曰：『豐為日食之卦。日會在朔，而食亦在朔；月盈在望，而食亦於望。』」

〔註102〕金貴亨《學易記》卷三《豐》：「卦雖明動相資，而明尤重。」
〔註103〕見蘇軾《東坡易傳》卷六《豐》。
〔註104〕此一節見胡居仁《易像鈔》卷十二。
〔註105〕見楊簡《楊氏易傳》卷十七《豐》。
〔註106〕蘇濬《生生篇·豐》：「折獄致刑，重折獄上，必折獄而後致刑也。人之情偽微暖，難以盡知；法之出入輕重，難以曲當。必折衷於情法之間，使是非曲直纖悉畢照，然後致之於刑，則天下無冤民矣。」蘇氏之說見張振淵《周易說統》卷八《豐》。又見曹學佺《周易可說》卷四《豐》，不言係引用。
〔註107〕見蔡清《易經蒙引》卷八上《豐》。
〔註108〕見蘇軾《東坡易傳》卷六《豐》。

初居卦下，故不言豐。〔註109〕為豐之始，故言守豐之道。守豐之道在得人而已。一唐明皇也，用姚、宋則治，用楊、李則亂。守豐豈不以人哉？

「配主」，或指二，或指四。指二謂其比，指四謂其應。「夷主」，或指初，或指二，或指五。指初謂其應，指二謂其離主，指五謂其卦主。今以《疏》為據。《疏》云〔註110〕：「初、四俱稱主者，互為賓王之義。自初適四，則以四為主；自四之初，則以初為主也。」如此乃見相與之深。焦弱侯曰〔註111〕：「初以四為配，四以初為夷，上下之辭也。自下並上為配，如妻配於夫，君配於天也。自上並下曰夷，如山之夷而入於川，日之夷而入於地也。《左傳》亦云『夷於九縣』。」

初與四，二與五，在他卦則兩剛兩柔，相敵而不相得，在《豐》則「雷電皆至」，明動相資，〔註112〕故曰「吉」，曰「无咎」。三與上正應，而曰「折肱」，曰「凶」者，蓋各處內外卦之極，剛而亢，柔而戾，兩不相下也。爻言乎變如此。私記。

十日為旬。十者，數之終，蓋盈滿之期也。遇其配主則互相警戒，雖時值豐大，勢處盈滿，可無侈泰之咎，且從此登三咸五，故「往有尚」。夫子讀《易》至此，惕然戒心，復轉一語曰「雖旬无咎，過旬災也」。「雖旬无咎」言盛猶可保，幸之也；「過旬災」言盛極必衰，戒之也。私記。

《注》〔註113〕：「旬，均也。」《禮・內則》「旬而見」，注亦釋均。今考《說文》：徧十日為旬。《書》曰：「至於旬時」。《漢書・翟方進傳》「旬歲」，滿歲也。凡卜筮亦以一旬為斷，當以旬為十日。《象》曰「過旬災」，如解作「均」字，則當云「過均災」矣，可乎？六爻皆以日論。旬，十日也。日中，日之中也。三歲，日之積也。

〔註109〕潘士藻《讀易述》卷九《豐》、曹學佺《周易可說》卷四《豐》：「質卿曰：『（略）初九去五上最遠，不受其暗，故不言豐。』」

〔註110〕《周易正義》卷九《豐》孔《疏》：「言四之與初交相為主者，若賓主之義也。若據初適四，則以四為主，故曰『遇其配主』；自四之初，則以初為主，故曰『遇其夷主』也。」

〔註111〕見焦竑《易筌》卷四《豐》。

〔註112〕俞琰《周易集說》卷九《豐》：「初之應在四。今九四與初九不相應，在它卦為兩剛相敵而不相得，在《豐》卦則『雷電皆至』，明動相資者也。初亟往而與之合，則有相資之益而可嘉尚。」焦竑《易筌》卷四《豐》：「初與四不相應，在他卦為兩剛，相敵而不相得，在《豐》則『雷電皆至』，明動相資，往而與合，則可因四以遇五，明良會而功業成，故可嘉尚。」

〔註113〕王《注》見《周易正義》卷九《豐》。

六二：豐其蔀，日中見斗。往得疑疾，有孚發若，吉。

《象》曰：「有孚發若」，信以發志也。

說者以五為柔暗之主，而以「豐蔀」、「見斗」為五之象，非也。「明以動，故豐」，豐非柔暗者所能也。六五「來章」，非柔暗者也。豐蔀、豐沛、豐屋、見斗、見沫，各就本爻看。

朱康流曰〔註114〕：「天之變異，日中見五緯者有矣，未有見經星者。『豐其蔀』，日有食之也，日食甚則斗可見矣。以其居陰從陰，故『得疑疾』。以其離明得中，故『有孚』。其疑也，如日之食；其孚也，如日之更。」

胡仲虎曰〔註115〕：「凡言往者，多自下而上。初之往上而從四也，初以陽居陽而四又陽，故『往有尚』。二之往上而從五也，二以陰居陰而五又陰，故『往得疑疾』。」

程敬承曰〔註116〕：「發，發生、發動也。時至則物雖枯槁，亦自發生。誠至則君雖昏愚，亦自發動。此聖人下字之妙。」同一「日中」也，《象》言「照天下」，而爻言「見斗」、「見沫」，何也？其病根在「豐其蔀」、「豐其沛」。豐之一念誤之也。民殷物阜，好大喜功，愈豐則愈暗，前有殘而不知，後有賊而不見，甚而「豐其屋」，並斗、沫亦無從見矣。私記。

九三：豐其沛，日中見沫。折其右肱，无咎。「沛」，古本作「旆」，旛幔也。〔註117〕

《象》曰：「豐其沛」，不可大事也。「折其右肱」，終不可用也。

〔註114〕朱朝瑛《讀易略記·豐》未見此語。

〔註115〕見胡炳文《周易本義通釋》卷二《豐》。

〔註116〕張振淵《周易說統》卷八《豐》：「程敬承曰：『發如樞機之發，其轉移惟我耳。五雖闇主，此心自有真明。惟我之積，誠可以動之，非可口舌爭也，故曰『信以發志』。』姚承菴曰：『所謂『有孚發若』者，謂積己之誠信，以發君上之志也。可見君心無不可開，患忠誠之未至耳。發，發生也，發動也。時至則物雖枯槁，亦自發生。誠至則君雖昏愚，亦自發動。此聖人下字之妙。』」故此處引文實姚承菴之語。原出姚舜牧《重訂易經疑問》卷七《豐》。（《四庫全書存目叢書》經部第12冊，第435～436頁）

按：「程敬承曰：『發如樞機之發，其轉移惟我耳。五雖闇主，此心自有真明。惟我之積，誠可以動之，非可口舌爭也，故曰信以發志。』」此語出程汝繼《周易宗義》卷七《豐》。（《續修四庫全書》第14冊第324頁）

〔註117〕程頤《伊川易傳》卷四《豐》：「『沛』字，古本有作『旆』字者。王弼以為幡幔，則是旆也。」

三以重剛居離明之極，介「豐蔀」、「見斗」之中，驕奢淫泆，相習成風。其豐彌熾，其暗彌甚，「豐沛」、「見沬」，一蹶而折其右肱，將安歸咎哉？蓋以三之才，當豐之世，自謂可以成事，而不知其不可大事也；自謂可以有用，而不知其終不可用也。若是者，皆因不知消息盈虛之理，不講於持盈守滿之道。敗亡接踵，又何怪哉？故一則曰「不可」，再則曰「不可」，諄諄告戒，惟恐其不悟也。私記。

蔀、沛之說，竟無定論。以理揆之，當豐之世，志得氣滿，禮樂征伐、神仙土木之事紛然並舉，蓋繁冗之象也。斗，經星。沬，斗之輔星。沛之蔽甚於蔀，沬之見甚於斗，蓋蔽愈大則見愈小〔註118〕，所謂「知亡桃而不知亡國」者也。私記。

九四：豐其蔀，日中見斗。遇其夷主，吉。

《象》曰：「豐其蔀」，位不當也。「日中見斗」，幽不明也。「遇其夷主」，吉，讀。行也。《舉正》：「行」字上有「志」字。

離之明在二，震之動在四，各擅明動之資，力量既同，障蔽無二，故俱曰「豐蔀」、「見斗」。「遇其夷主，吉」者，四以不明行於幽暗之中，下應於初，初體離明，引左而左，引右而右，可免昏迷，故爻曰「吉」而《象》曰「行」，言其信步而前也。

「豐蔀」、「見斗」，《象》不釋於六二而釋於九四，九四位不當而「豐蔀」，六二位當而亦「豐蔀」；九四不明而「見斗」，六二離明而亦「見斗」。當豐之時，位不論上下，德不論剛柔，此「豐蔀」，彼亦「豐蔀」，此「見斗」，彼亦「見斗」，紛紛好事，察察為明，傳之所謂多故窮大也。聖人標其義於四，則其餘不必盡釋矣。私記。

林素庵曰：「四與初遇，明動相資，斯固同心共濟，履險若平者也。曲逆之遇絳侯，汾陽之遇臨淮，梁公之遇柬之，趙鼎之遇張浚似之。」

六五：來章，有慶譽，吉。

《象》曰：六五之「吉」，「有慶」也。

何閩儒曰〔註119〕：「凡說卦，先論主爻。不明主爻，未有能得卦旨者也。」

〔註118〕胡炳文《周易本義通釋》卷二《豐》：「蔽愈大則見愈小，沛之蔽甚於蔀，故沬之見甚於斗。」
〔註119〕見何楷《古周易訂詁》卷六《豐》。

此卦以五為主，《彖》所謂「王假之」者，正是此爻。

質卿曰〔註120〕：「以豐致暗之主，豈是尋常？但氣魄太大，志願太廣，遂受其陰暗而不覺。聖人別設下賢之義以為教，曰『來章，有慶譽，吉』，蓋二與五應，四與五比，五得位得中，因二以來初，因四以來三，明動相資，合而成章。其為保大定功之主，無疑矣，故曰『來章，有慶譽，吉』。夫以豐時，許大氣焰，許大障蔽，許大隱憂，一來章遂成許大功名，此易道所以為妙。」

既曰「有慶譽」，又曰「吉」，非重複語。「慶譽」以作用言，「吉」以事應言。初、二諸爻皆殊才異能，非庸庸者，但豐亨之世，遇事風生，好自表見，任其馳逞，恐有顛蹶之虞，鋤抑太過，則厄塞困頓，不得展其懷抱。六五虛己招來，慶之以爵賞，假之以名譽，發抒其意氣而奔走於功名，豐部諸賢悉就陶冶，而為國家之用，盡善盡美，孰過於此？故曰「有慶譽，吉」。若無慶譽則不吉矣。譽者，虛名。慶者，寔惠。故《象》不曰「有譽」而曰「有慶」，見非出納之吝、印刓不與者。私記。

「自二之五曰往，自五致二曰來。」〔註121〕

胡仲虎曰：「初不言豐，初未至豐也。五亦不言豐者，五柔中謙抑，不知有豐也。」〔註122〕「四爻稱豐，皆無善道。初與五不言豐，獨為可尚。三爻稱日中，皆有所蔽。初不稱日中，豐之始也。六五正日中矣，不稱日中，直曰『來章』。聖人立言之意可窺矣。」〔註123〕

上六：豐其屋，蔀其家，闚其戶，闃其無人，三歲不覿，凶。

《象》曰：「豐其屋」，天際翔也。「闚其戶，闃其無人」，自藏也。闃，從臭。不從貝。

〔註120〕見潘士藻《讀易述》卷九《豐》。

〔註121〕見魏濬《易義古象通》卷八《豐》。
　　　　按：此前，胡炳文《周易本義通釋》卷二《豐》：「自二之五則曰往，五闇主也，往則得疾。自五致二則曰來，二文明者也，來之則有慶譽而吉。」

〔註122〕見胡炳文《周易本義通釋》卷二《豐》初九爻。

〔註123〕見胡炳文《周易本義通釋》卷二《豐》初九爻：「四爻稱豐，皆無善道。初與五不言豐，獨為可尚。三爻稱日中，皆有所蔽。六五不稱日中，蓋疑日中無蔽也。自二之五則曰往，五闇主也，往則得疾。自五致二則曰來，二文明者也，來之則有慶譽而吉。柔暗之五未必能如此。《本義》從程《傳》，謂『因其柔暗，而設此以開之』，真得聖人作易之旨矣。」

上六正「日中則昃，月盈則食」之時也，絕無滿盈之戒，愈逞飛揚之志，蓋秦始、隋煬之流。跡其雄風，豈不翱翔天際？而不親正人，不聞正言，雖有如林如旅之眾，不過一獨夫耳，故曰「闃其無人」。闃，寂靜也。人之謁之，因鬼見帝，有三歲而不得一見者，故夫子曰所謂無人非無人也。深居高拱，旁若無人，是自藏也，於人何尤？子雲曰〔註124〕：「炎炎者滅，隆隆者絕。觀雷觀火，為盈為實。天收其聲，地藏其熱。高明之家，鬼瞰其室。」何閩儒曰〔註125〕：「人以學識自高，翱翔天表，其終至於人莫敢親。而以學術殺天下後世者，何以異此？」

程可久曰〔註126〕：「六五以謙接物，六二敵應而必來，上六以亢自居，九三正應而不為用，此吉凶之斷也。」

國家之患，莫大蒙蔽。蒙蔽之害，豐時特甚。故曰「宜照天下」。夫階前萬里，人主何所用其明哉？致治以人，保治亦以人。但使賢者在位，何憂讒諂蔽明？此卦五「來章」，二「有孚」，君臣一德；初遇四，四遇初，大小同心。更何豐之足憂？上六有一九三而不能用，以至「闃其無人」，雖翱翔天際，亦何益哉？此六爻之旨也。私記。

旅䷷艮下離上

旅：小亨，旅貞吉。《字書》：旅，眾也。眾出則旅寓，故在外為旅。從㫃從二人。六書作𣃷，並人於下。㫃，旗之斿也，以旗致民眾。旗下非久居之地。會意。

《彖》曰：旅，小亨。柔得中乎外而順乎剛，止而麗乎明，是以「小亨，旅貞吉」也。旅之時義大矣哉！

男子生而桑弧蓬矢以射四方。〔註127〕閉門端居，妻孥相對，非丈夫之事。禹、稷過門不入，孔、孟轍環不倦。既有此事，即有此道。故六十四卦中特設此象，以為櫛風沐雨者之繩準。私記。○〔註128〕不釋卦名。

〔註124〕 見揚雄《解嘲》。
〔註125〕 何楷《古周易訂詁》卷六《豐》：「人以學識自高而大其障蔽者，其初之自視，亦足翱翔天表，藏身富美之室。其終至於人莫敢親，而猶自以為人莫及者，何以異此？」
〔註126〕 見董真卿《周易會通》卷十《豐》、胡廣《周易大全》卷十九《豐》。
〔註127〕 謝維新《事類備要》續集卷四十六《事為門·別離》：「男子生而桑弧蓬矢以射天地四方，言其當有四方之志也。」
〔註128〕 此處原為空格，今以「○」區分。

陸君敬曰：「順剛可以免侮，非柔中者不能。麗明可謂得明，非恬退者不得。」

柔中謂五，「外」謂外卦。言「外」者，明其為旅也。以陰柔處二剛之間，為「順乎剛」。「順乎剛」是柔中妙用。卦德艮止離明，止則隨寓而安，明則見幾而作。凡此皆處旅之善，物故「小亨」、「貞吉」。道無往而不在，事無微而可忽。〔註129〕難盡者，旅之義。難處者，旅之時。故言時義之大。〔註130〕三爻其義喪，上爻其義焚，正與時義相反。〔註131〕《彖詞》重提「旅」字，有鄭重叮嚀之意。「小亨」，小者亨也。小者，柔之謂也。

徐子與曰〔註132〕：「一柔在外而處二剛之中，是羈旅之人交於強有力者。苟非善處，卑則取辱，高則招禍。惟引分自守，無私交，無暗事，非賢不主，非善不與，『止而麗乎明』也。夫如是，內不失己，外不失人，雖在旅困，亦可『小亨』，得旅之正而吉也。」

《象》曰：「山上有火，旅。君子以明慎用刑而不留獄。」

孔《疏》〔註133〕：「火在山上，逐草而行，勢不久留，故為旅象。」仲虎曰〔註134〕：「明如火，慎如山。不留如山不留火。」

唐凝庵曰〔註135〕：「舜戒皋陶曰『惟明克允』，故《易》凡言刑獄之事，未有不取諸離者。『動而明』，『明罰敕法』之象也。『明以動』，『折獄致刑』之象也。『明以止』，『無敢折獄』之象也。『止而明』，『明慎用刑』之象也。」

〔註129〕 章潢《圖書編》卷三《六十四卦反對圖·小過》：「雖然，事須小也，道無往而不在；道雖大也，事無微而可忽。」

〔註130〕 胡炳文《周易本義通釋》卷十二《象下傳》：「難盡者，旅之義。難處者，旅之時。此其時義之所以為大。」

〔註131〕 錢士升《周易揆》卷八《旅》：「難處者，旅之時，難盡者，旅之義。三爻其義喪，上爻其義焚，正與時義相應。」

〔註132〕 見董真卿《周易會通》卷十《旅》、胡一桂《易本義附錄纂疏·周易象下傳第二》、胡廣《周易大全》卷十九《旅》。

〔註133〕 見《周易正義》卷九《旅》。

〔註134〕 見胡炳文《周易本義通釋》卷四《象下傳》。

〔註135〕 見唐鶴徵《周易象義》卷三《漸》。(《四庫全書存目叢書》經部第10冊，第383～384頁) 引文分別論及《噬嗑》、《豐》、《賁》、《旅》四卦。

初六：旅瑣瑣，斯其所取災。瑣，從小。俗從巛，誤。斯，《舉正》作「𣂪」。

《象》曰：「旅瑣瑣」，志窮災也。

　　士君子當流寓之日，一種高朗之懷自不可少。初以陰柔居下，不能識其大者，而瑣瑣然作乞憐之狀，較錙銖之獲，『焚次』、『喪童』皆其自取。爻賤其行，《象》鄙其志。瑣瑣，鄭、王云：「小也。」艮為小石。

六二：旅即次，懷其資，得童僕貞。

《象》曰：「得童僕貞」，終無尤也。

　　旅貴卑巽，故位陰爻柔者多吉，〔註136〕而六二兼之。「即次」則安，「懷資」則裕，得其「童僕」之貞，則無欺而有賴，旅之最善者。〔註137〕以六居二，得陰之本位為「即次」。陰主利，上承二陽，以虛受實為「懷資」。〔註138〕艮為閽寺下役，初六為得童僕之貞。《象》單釋「童僕」一句，而曰「終無尤」，旅之所與處者，童僕耳。既得童僕，然後「即次」、「懷資」，皆無所失。〔註139〕唐詩云：「漸與骨肉遠，轉於童僕親。」〔註140〕

〔註136〕馮椅《厚齋易學》卷二十八《易輯傳第二十四·旅》：「大抵旅貴卑巽，故位陰爻柔多言吉。」

〔註137〕朱熹《周易本義》卷二《旅》：「『即次』則安，『懷資』則裕，得其『童僕』之貞信，則無欺而有賴，旅之最吉者也。二有柔順中正之德，故其象占如此。」胡炳文《周易本義通釋》卷二《旅》：「旅貴卑巽，故位陰爻柔者多吉，而六二兼之。二以柔居中，承剛乘柔，旅之甚安而且裕者。『貞』字，諸家多自作一句讀。《本義》以連上文，蓋『即次』、『懷資』自見。六二有柔順中正之德，不必復以貞戒之。惟旅中不能無賴乎童僕之用，亦多不能免乎童僕之欺。惟得其貞信者，則無欺而有賴，此旅之最吉者也。」

〔註138〕焦竑《易筌》卷四《旅》：「二即陰之本位，為『即次』之象。柔巽在中，以虛承實，為『懷資』之象。」潘士藻《讀易述》卷九《旅》：「二即陰之本位，為『即次』之象。『即次』，暫止也。柔巽在中，以虛承實，為『懷資』之象。『懷資』，不露也。」

〔註139〕潘士藻《讀易述》卷九《旅》：「《象》曰：『得童僕貞，終無尤也。』夫在旅之所與處者，惟童僕耳。既得童僕，然後『即次』、『懷資』，皆無所失。旅道之正，莫踰於此，終何尤哉？」

〔註140〕魏濬《易義古象通》卷八《旅》：「唐人詩：『漸與骨肉遠，轉於童僕親。』旅，寡親也，得童僕之貞，則身不勞而勢不孤。『即次』之安、『懷資』之裕，可以保而不失，故終無尤。旅境之難，難於終也。」曹學佺《周易可說》卷四《旅》：「唐詩『漸與骨肉遠，轉於奴僕親』，亦寫盡旅況。」按：此詩題為《歲除夜有懷》，崔塗作，見《全唐詩》卷一百六十。

九三：旅焚其次，喪其童僕，貞。句。厲。

《象》曰：「旅焚其次」，亦以傷矣。以旅與下，其義喪也。

《象旨》〔註141〕：二即而三焚，二去離火遠而三近也。二得童僕而三喪，二去初近而三則遠矣。其相反者。六二柔得中，九三過剛不中也。

君子之處人國，視途次若家庭，童僕若一體，故所至如歸。苟旅人而即以旅待之，視若萍遇，毫無聯絡，其失人心宜矣。故曰「以旅與下，其義喪也」。

九四：旅於處，得其資斧，我心不快。

《象》曰：「旅於處」，未得位也。「得其資斧」，心未快也。

姚承庵曰〔註142〕：「九四離下而上，載贄出疆之君子也。志在行道，而僅得資斧，能快然乎？季孟之待，孔子所以行也；國中授室，孟子所以去也。」

《詩·公劉》：「于時處處，於時廬旅。」處者，久居。旅者，託宿。「旅而言處，旅於此因處於此也。」〔註143〕

〔註141〕熊過《周易象旨決錄》卷四《旅》：「二即而三焚，二去離火稍遠而三近也。二得童僕而三喪，二去初甚近而三則遠矣。其相反者。俞氏所謂『六二柔得中，九三過剛而不中也』。」又見潘士藻《讀易述》卷九《旅》。
按：此說早見俞琰《周易集說》卷九《旅》：「二即而三焚，二去離火稍遠三則近之也。童僕亦指初。二得而三喪，二去初甚近三則遠之也。一即一焚，一得一喪，相反如此。何哉？曰：六二柔而得中，九三過剛而不中也。夫居剛而仕剛，平居且猶不可，況在旅乎？在旅當以柔順謙下為先，不當過剛，過剛則人所不容，次安得而不焚？過剛則無徒，童僕安得而不喪？貞厲當自為句，謂占者如此，固執而不改則危也。」
〔註142〕潘士藻《讀易述》卷九《旅》：
九四爻，姚舜牧曰：「九四離下而上，其為旅也，載贄出疆之君子也。旅於其國，而僅得所處，得其資斧，不得居其位，行其道，其心能快然乎哉？季孟之待，孔子之所以行也；國中之授室，孟子之所以去也。」
按：原出姚舜牧（字虞佐，號承庵）《重訂易經疑問》卷七《旅》（《四庫全書存目叢書》經部第12冊，第440頁）：
載贄出疆之君子，意欲何為哉？得位以行其道也。旅於其國，而僅得所處，得其資斧焉，其心能快然乎哉？季孟之待，孔子之所以行也；國中之授室，孟子之所以去也。
〔註143〕見趙汝楳《周易輯聞》卷六《旅》。又見潘士藻《讀易述》卷九《旅》、張振淵《周易說統》卷八《旅》。

下三爻，士庶人之旅，其得喪不過旅次、童僕之事。上三爻，卿大夫之旅，故或以得而未快，或以亡而譽命，非區區於資斧、童僕間論得喪者。〔註144〕

胡仲虎曰〔註145〕：「三以剛居剛，而在下卦之上，剛而不能下人者也。四以剛居柔，而在上卦之下，猶能用柔而下於人者，故得資足以自利，得斧足以自防也。」「資以潤身，斧以斷事。」〔註146〕

艮之二曰「其心不快」，二之「不拯」，自為快。聖人觀之，知其心之不快也。旅《之》四曰「我心不快」，四得「資斧」，人以為快。四之自反，未足為快也。「我」、「其」二字，分屬有味。私記。

六五：射雉，讀。一矢亡，終以譽命。

《象》曰：「終以譽命」，上逮也。

自初至四，已備處旅之道。四未得位，五則得位矣，故不復言旅。在人事則為遠臣入國，應文明之會。射策命中，生平學術吐露無餘，「射雉」而「一矢亡」之象也。「一矢亡」似有所損，終以此得譽，以此受命。向之皇皇問津不虛矣，一矢何足惜哉！《象》言「上逮」，言非徒名譽，將出潛離隱，躋於高位也。私記。

離，文明之卦。雉，文明之物。五為離主，故取雉象。士見君卿，以雉為贄。「《解》二，坎之陽畫中實，故云『得黃矢』。《旅》五，離之陰爻中虛，故云『一矢亡』。」〔註147〕

上九：鳥焚其巢，旅人先笑後號咷。喪牛於易，凶。 巢，音曹，從臼。鳥在穴曰窩，在木曰巢。

《象》曰：以旅在上，其義「焚」也。「喪牛於易」，終莫之聞也。

淵明云：「雲無心而出岫，鳥倦飛而知還。」《旅》之上九，蓋倦飛之際也。「巢」者，鳥棲息之處，焚巢則無所歸宿矣。蓋自處高亢，喪其順德，始以遨遊為喜，後以塗窮為悲，宜其「凶」已。「喪牛於易」，正焚巢之故。《象》

〔註144〕李贄《九正易因·旅》：「內體三爻，同為商賈士庶人之旅，故其得喪亦僅僅旅次、童僕之事。外體三爻，則君侯卿大夫之旅，故以旅興，或以旅喪。旅之時義，豈不大哉？」張振淵《周易說統》卷八《旅》：「鄭孩如曰：『下體，士庶人之旅，求貨利者。上體，士君子之旅，求功名者。』」

〔註145〕見胡炳文《周易本義通釋》卷二《旅》。

〔註146〕見趙汝楳《周易輯聞》卷六《旅》。

〔註147〕參本書卷九《解》九二爻「章本清曰」。

曰「終莫之聞」，聞即令聞之聞，莫之聞則並「譽命」而失之矣。仲尼旅人，老而歸魯，刪《詩》定《禮》，其庶幾夙夜以永終譽考乎？【〔註148〕兩終字相應。私記。

潘天錫曰〔註149〕：「三以剛居下體之上則焚次，上以剛居上體之上則焚巢，位愈高則愈亢，而禍愈深矣。」《同人》親也，故「先號咷，後笑」。親寡，旅也，故「先笑後號咷」。「喪羊於易」，可以「無悔」；「喪牛於易」，不免於「凶」。羊壯而喜觸，不可不喪也；牛順而能守，不可喪也。〔註150〕

林黃中曰〔註151〕：「三『焚其次』，巢尚在也；『喪其童僕』，牛尚存也。巢在則有可歸之理，牛存則有可行之資。今也巢焚牛喪，欲歸則無其所，欲行則無其資，凶斯致矣。」

呂子木曰〔註152〕：「旅非在上之人也。旅而高亢以在上，其奚行之？故焚巢而喪牛。旅非與下之道也。旅而過剛以與下，其誰從之？故焚次而喪僕。天下之道，雖在旅，當如在家。處旅之道，雖在上，當如在下。」「得不求多，進不求速，處不求高，旅之善物也。」〔註153〕

劉濂曰〔註154〕：「離為科上稿巢象，又飛鳥象，又牝牛象。上九處旅之上，離之極，過剛自高，火炎上而焚巢之象。過剛不中，喪牛於易之象。」

胡仲虎曰〔註155〕：「旅不當用剛，故三陽爻皆不利。二柔順中】正，五柔順文明，皆得其道者也。內卦：初不及中，故有災；三過中，故焚次。外卦：四不及中，故不快；上過中，故號咷。蓋不及則弱不自持，過則剛必自折。」

〔註148〕以下至胡仲虎條「二柔順中」，四庫本注「闕」，加【 】以明起止。
〔註149〕見方實孫《淙山讀周易》卷十五《旅》、胡廣《周易大全》卷十九《旅》。
〔註150〕此一節見潘士藻《讀易述》卷九《旅》。
〔註151〕見董真卿《周易會通》卷十《旅》、胡廣《周易大全》卷十九《旅》。
〔註152〕見呂柟《周易說翼》卷二《旅》。
〔註153〕見呂巖《呂子易說》卷下《旅》。「物」，《呂子易說》作「者」。
〔註154〕潘士藻《讀易述》卷九《旅》：「劉濂曰：離為科上稿巢象，又飛鳥象，又牝牛象。上九處旅之上，離之極，過剛自高，故火延上而焚其巢，失所安矣。旅人處高以為快意，故笑。既而失其所安，故號咷。牛者，順物也。今以過剛不順而喪之於易，巢焚牛喪，欲歸則無所，欲行則無資，凶道也。」
〔註155〕見焦竑《易筌》卷四《旅》，稱「胡氏曰」。按：原出胡炳文《周易本義通釋》卷二《旅》：「旅之時不宜用剛，故三陽皆不利，六二柔順中正，六五柔順文明，皆得旅道。上九剛亢，失其柔順而不自知，故有喪牛於易之象。以內卦論：初六不及乎中，故有瑣瑣之災；三過乎中，故有焚次之危。以外卦論：四不及乎中，故不快；上過乎中，故號咷。不及則弱不自持，過剛則必自折，在內在外皆然。」

上以離明之體，居卦位之極，蓋修飾文采，高自標置，以求名譽者。不知輕世傲物之人，或可釣譽於一時，究竟如潦水之涸，影響俱絕。故夫子以「終莫聞」提醒之。補遺。

巽☴ 巽下巽上

巽：小亨，利有攸往，利見大人。《說文》：「巽，具也。」篆文下從丌，上從𢍝聲。徐鉉曰：「庶品皆具丌以薦之。」丌音箕，下基也，所以薦物者。楊止菴曰〔註156〕：「巽從兩几〔註157〕並立相下，指事，取卑以下人義。」《石經》從𢀜從共。

《彖》曰：重巽以申命。剛巽乎中正而志行，柔皆順乎剛，是以「小亨，利有攸往，利見大人」。《舉正》：「申命」下有「命乃行也」一句。

巽，入也。「重巽」，深入也。入人不深而徒以命令申之，亦復何益？下文「剛巽乎中正」，正發明「重巽」之義。〔註158〕

孔仲達曰〔註159〕：「此卦以卑巽為名，以申命為義。故就二體上下皆巽，以明可以申命也。上巽能接於下，下巽能奉於上，上下皆巽，命乃得行，故曰『重巽以申命』。雖上下皆巽，若命不可從，則物所不與。故又因二、五之爻，剛而能巽，不失其中正，所以志意得行，申其命令也。剛雖巽乎中正，柔若不順乎剛，何所申其命乎？故又就初、四各處卦下，柔皆順剛，無有違逆，所以教命得申，成小亨以下之義也。」

鄭亨虎曰〔註160〕：「九二巽乎中者也，『重巽』則兼九五言之，故曰『剛巽乎中正』。初六順乎剛者也，『重巽』則兼六四言之，故曰『柔皆順乎剛』。」李子思曰〔註161〕：「剛不『巽乎中正』則褊隘而為躁，柔不『順乎剛』則柔媚而為諂，故『柔順乎剛』、『剛巽乎中正』者，所以為巽之體也。若徒以一陰潛

〔註156〕見楊時喬《周易古今文全書》卷八《巽》。(《四庫全書存目叢書》經部第 9 冊，第 16 頁)
〔註157〕「几」，《周易古今文全書》同，四庫本作「已」。
〔註158〕張振淵《周易說統》卷八《巽》：「程敬承曰：『命之入人也，有在未申之先者矣。上下之間，兩情暌隔，而徒以命令申之，誰其信我，故曰『重巽以申命』。巽，入也。『重巽』，深入也。』」
〔註159〕孔《疏》見《周易正義》卷九《巽》。
〔註160〕見鄭剛中《周易窺餘》卷十四《巽》。
〔註161〕見董真卿《周易會通》卷十一《巽》、胡廣《周易大全》卷二十《巽》、潘士藻《讀易述》卷九《巽》、張振淵《周易說統》卷八《巽》。又見焦竑《易筌》卷四《巽》，不言係引用。

伏為巽，而不究乎陰畫在二陽之下，有順乎陽剛之象；陽畫在二、五之位，有順乎中正之德，則巽之所以致亨者，不可得而見矣。」

丘行可曰〔註162〕：「論成卦則以初、四之柔為主，論六爻則以二、五之剛為重。惟二、五之剛能『巽乎中正』，則剛不過而志得行矣，故曰『剛巽乎中正而志行』，此以二與五釋『利有攸往』之義。柔謂初、四，剛謂二、五也。『皆順』謂初順二、四順五也。柔者多不能自振，故必『順乎剛』，則柔得剛助而後可行，故曰『柔皆順乎剛』，此以初與四釋『利見大人』之義也。」

陽大陰小。兌、離皆一陰而不言小，獨於巽言之，巽，入也，伏也；「重巽」，入之至，伏之至也。與離之居中、兌之處上不同，故曰「小」也。小必從大，陰必從陽，「利有攸往」，往從陽也；「利見大人」，見乎陽也。二「利」字即「亨」字意。

巽為進退，為不果，病在不能行剛。既「巽乎中正」矣，不行則中正亦無用。惟其剛則志在必行，無因循委靡之意，此是巽對證之藥，故《彖》曰「志行」，《象》曰「志治」。私記。

崔仲鳧曰〔註163〕：「學莫善於巽。崒嵂之形，抔土不居；滔湧之泉，涓流難入。夫心易實而難虛，氣易揚而難抑，自視為有則眇人若無，自聰之極則聽言如醉。」

文、周〔註164〕卦爻辭絕無「申命」之旨，孔子於《象》、《彖》中特發此義。蓋《盤庚》、《洛誥》，委曲詳悉，固受民之心，亦衰世之象，聖人慾人反而求深入人心之處也。巽之為巽，「申命」其一端耳。讀《易》者不可不知。私記。

《象》曰：隨風，巽。君子以申命行事。

「『申命』者，致其戒於行事之先。『行事』者，踐其言於申命之後。命，風象。申命，隨風象。」〔註165〕

初六：進退，利武人之貞。

《象》曰：「進退」，志疑也。「利武人之貞」，志治也。

〔註162〕見胡廣《周易大全》卷二十《巽》、姜寶《周易傳義補疑》卷八《巽》。
〔註163〕見崔銑《洹詞》卷六《馬躋元崇巽名字解》。又見胡居仁《易像鈔》卷十二。
〔註164〕「文周」，四庫本作「文王周公」。
〔註165〕見張獻翼《讀易紀聞》卷四《巽》。「『申命』者，致其戒於行事之先。『行事』者，踐其言於申命之後」又見潘士藻《讀易述》卷九《巽》，未言係引用。

「初以陰居下，為巽之主，卑巽之過，故為『進退』不果之象。若以『武人之貞』處之，則有以濟其所不及，而得所宜矣。」〔註166〕《象》曰「志疑」，陰性多疑。疑者，事之賊也。志者，事之樞也。疑則不治，治則無疑。此一卦，六爻之繩準也，特於初爻發之。

章本清曰〔註167〕：「《巽》、《兌》皆陰卦也。《巽》成卦在初，《兌》成卦在三，而初、三爻詞俱未盡善，《巽》以陰入陽，《兌》以陰說陽，且二爻皆陰居陽位，故初不如四，三不如上。所取者反在二、五之陽爻也。」

此與《履》六三皆以陰居陽，皆言武人。《履》三惡其「志剛」，《巽》初取其「志治」。〔註168〕

顏應雷曰〔註169〕：「鄢陵之役，范文子及晉侯之左右皆不欲戰。欒書、卻至以為可戰，卒以勝楚。赤壁之役，群議皆欲迎操。孫權拔刀砍案，從孔明、魯肅之議，卒以破曹。淮蔡之師，三年不解，群臣爭勸罷兵。憲宗從裴度、韓退之之謀，卒擒元濟。澶淵之役，幸蜀幸江陵，朝議不一。真宗從寇準、高瓊之謀，敵遂退遁。自古旅進旅退，蓄疑敗謀，『武人之貞』不可無也。」

九二：「巽在牀下，用史巫紛若，吉，无咎。」

《象》曰：「紛若」之「吉」，得中也。

古尊者坐牀上，卑者拜牀下。「巽在牀下」，巽之至也。世固有勢屈情諂，色態為恭者。二惟用事神之道將之，則牀下為不虛矣。《禮運》前巫後史，與三公三老相次，為養心守正之助，故九二用之，則「吉」而「无咎」。蓋古之史巫皆精爽不攜，又能齋莊中正，如《國語》所云也。

歸熙甫曰〔註170〕：「禮文之繁縟，氣象之謙沖，苟出於心，雖煩不厭；苟當於禮，雖卑不屈。」故曰「得中」。中者，誠而已。

郝仲輿曰〔註171〕：「二據牀上，初居牀下，初為謀主，二俯聽之，反覆諮諏，或可或否，為吉為凶，史卜巫禱，紛然交作。《禮》所謂『前巫後史，

〔註166〕見朱熹《周易本義》卷二《巽》。
〔註167〕不詳。
〔註168〕錢士升《周易揆》卷九《巽》：「《履》三『武人為於大君』，惡其志剛也。此三『利武人之貞』，治其志疑也。」
〔註169〕不詳。
〔註170〕見歸有光《易經淵旨》卷中《巽》。（第49頁）
〔註171〕見郝敬《周易正解》卷十六《巽》。

皆在左右』是也。集思廣益，故『吉，无咎』。」○〔註172〕史巫紛若，近於諂媚，故象以「得中」明之。

凡《小象》二、五言中，皆因中位，即寓人事。〔註173〕巽為木，二奇初耦，有牀之象。

九三：頻巽，吝。
《象》曰：「頻巽」之「吝」，志窮也。

易以時為主。初之時已宜用武人矣，史巫紛若之後，上下之情已無不通矣。三位列大臣，才負剛健，宜以身任事。而當兩巽之間，躊躇顧盼，不敢任勞任怨，夫子知其心在富貴，不以天下國家為念，故曰「志窮」。「志疑」可恕，「志窮」可醜。私記。

六四：悔亡，田獲三品。
《象》曰：「田獲三品」，有功也。

悔與疑相因者也。初居事始，未免有疑。二「紛若」，已盡申命之道。三「頻巽」，便覺煩數可厭。四得位承五，依尊履正，復何疑哉？無疑則無悔，斷而行，鬼神避之矣。大凡事之不成，皆因內有悔心。既無悔，則何事不成？何謀不就？故不言「巽」，而直曰「悔亡，田獲三品」。蓋命下而有功之捷者，莫如田也。唐凝庵曰〔註174〕：「田而有三品之獲，正所謂『利武人之貞』也。蓋盡下三爻，懷『進退』之疑者、『用史巫』之吉者、為『頻巽之吝』者，俱於四奏功，所謂『田獲三品』也。」蘇君禹曰〔註175〕：「《解》『獲三狐』，去小人也。《巽》『獲三品』，親君子也。」「或曰九三陽剛在下體之上，乾豆象。初與己配，賓客象。二應五，充君庖之象。」〔註176〕

郝仲輿曰〔註177〕：「巽下一陰，震下一陽，皆成卦之主。重震初吉而四

〔註172〕此處原為空格，今以「○」區分。
〔註173〕來知德《周易集注》卷十一《巽》：「凡《小象》二五言中字，皆因中位，又兼人事。」
〔註174〕見唐鶴徵《周易象義》卷三《巽》。（《四庫全書存目叢書》經部第10冊，第387頁）
〔註175〕見蘇濬《生生篇·巽》。
〔註176〕見胡炳文《周易本義通釋》卷二《巽》。胡氏稱「或曰」，實出於朱長文《易經解·巽》。
〔註177〕見郝敬《周易正解》卷十六《巽》。「重震初吉」以下文字又見錢士升《周易揆》卷九《巽》，不言係引用。

遂泥，重巽初疑而四有功，何也？剛得初，柔得四，皆正也。陽在下，其出壯，重出則力衰。陰在下，其入深，再入則謀審。」

至文云〔註178〕：「春蒐夏苗，而火弊有獻獸之功，車弊有獻禽之功。秋獮冬狩，而羅弊有致禽之功，徒弊有餂獸之功。故曰『有功』。」弊音蔽，止也。

俞氏曰〔註179〕：「巽正位在四，乾在五，坤在二，震在初，離在二，艮在上〔註180〕，坎在五，兌在上〔註181〕。」

九五：貞吉，悔亡，無不利。無初有終。先庚三日，後庚三日，吉。
庚，從ꞓ。俗從ꞓ，非。

《象》曰：九五之「吉」，位在中也。

此「剛巽乎中正」之大人，當重巽之際，主變更之事者也。「居中履正，有通變宜民之本」〔註182〕，「貞」也。貞則發號施令，盡善盡美，故「吉」。貞則內不疑於心，外不疑於事，故「悔亡」。貞則推之準，動之化，故「無不利」。始而安詳審視，無赫赫之功；既而令下流水，有安居之業。故「無初有終」。若是其盡善盡美者，非可旦夕而至也。「先庚三日」，未更之前多少躊躇；「後庚三日」，既更之後多少調護。輔嗣所謂〔註183〕「以正齊物，不可卒也。民迷固久，不可肆也」。「重巽申命」，至此始無餘恨矣，故復以「吉」讚美之。「貞吉」之吉，吉在出命之人。下復贊之以「吉」，吉在聽命之人。《象》以一「吉」字包舉爻詞，以正中包舉辭中之義。私記。

張希獻曰〔註184〕：「《巽》九五乃《蠱》六五之變。蠱者，事之壞也，以

〔註178〕不詳。
〔註179〕見熊過《周易象旨決錄》卷四《兌》、潘士藻《讀易述》卷九《兌》。
〔註180〕「上」，《周易象旨決錄》、《讀易述》作「三」。
〔註181〕「上」，《周易象旨決錄》、《讀易述》作「六」。
〔註182〕見潘士藻《讀易述》卷九《巽》。
〔註183〕王《注》見《周易正義》卷九《巽》。
〔註184〕胡廣《周易大全》卷二十《巽》：「中溪張氏曰：『蠱言先後甲而曰終則有始，巽言先後庚而曰無初有終，何耶？蓋甲者十干之首，事之端也，故謂之終則有始。庚者十干之過中，事之當更者也，故謂之無初有終。況《巽》九五乃《蠱》六五之變。蠱者，事之壞也，以造事言之，故取諸甲。巽者，事之權也，以更事言之，故取諸庚。《易》於甲庚皆曰先後三日者，蓋聖人謹其始終之意也。』」又見張振淵《周易說統》卷八《巽》。
其後，張獻翼《讀易紀聞》卷四《巽》：「甲者，十干之首，事之端也，故謂之終則有始。庚者，十干之過中，事之當更者也，故謂之無初有終。自甲至戊巳，春夏生物之氣已備。庚者，秋冬成物之氣，故改生為殺，改榮為枯，

造事言之，故取諸『甲』。巽者，事之權也，以更事言之，故取諸『庚』。『庚』，更也。十干，戊、已為中，過中則變易。於甲、庚皆言先後，不過謹始慮終之意。」

「卦有六爻，故以六日為限，蓋取徹始徹終之意。」〔註185〕元晦謂〔註186〕：「『先庚三日』，丁也。『後庚三日』，癸也。丁所以丁寧於事前，癸所以揆度於事後。」看來事後宜丁寧，事前宜揆度，朱說未為確當。

上九：巽在牀下，喪其資斧，貞凶。

《象》曰：「巽在牀下」，上窮也。「喪其資斧」，正乎，讀。「凶」也。

三猶曰「志窮」，上則無志可言，止曰「上窮」。蓋在五之上卦之終，富貴已極，日暮途窮，無謀無斷，惟事諂佞，求老胴下，張禹、胡廣之徒也。疑其詞曰「正乎」，斷其理曰「凶也」，是文章籤防處。資謂謀，斧謂斷。私記。

項氏曰〔註187〕：「上九爻詞與九二同。當巽之時，惟此二爻以陽居陰，皆為失位，故皆為『巽在牀下』。」二居卦下，失位得中；上居卦上，失位不中，故一凶一吉。

沈氏曰〔註188〕：「君賴民以安，臣賴君以安。二在卦下，曰『巽在牀下』，巽於民也；上在卦上，亦曰『巽在牀下』，巽於君也。巽於民不失為仁人，巽於君則進不以禮，退不以義，意氣消沮，尚安望其岩岩侃侃為國家建大謀、斷大事哉？凶之道也。」

改燠為寒，改露為霜雪蠱者，事之壞也。以造事言之，故取諸甲。巽者，事之權也，以更事言之，故取諸庚。易於甲庚皆曰先後三日者，謹其始終之意。」

〔註185〕見何楷《古周易訂詁》卷六《巽》。

〔註186〕見朱熹《周易本義》卷二《巽》。

〔註187〕項安世《周易玩辭》卷十一《巽・巽在牀下》：

上九爻辭與九二同，皆以陽居陰也。當巽之時，惟此二爻以陽而失位，巽中之又巽者也，故皆為「巽在牀下」，言失位也。二雖失位而得中，中大於正，所以吉而无咎。上既失位愈巽，極而不反，故為喪資失斧之人，而猶固守其窮凶之道者也。

〔註188〕與沈一貫《易學》卷八《巽》文本頗有不同，曰：

夫二之「巽在牀下」，巽於初，巽於民也；上之「巽在牀下」，巽於五，巽於君也。巽於民不失為仁，而巽於君則為道諛，為從欲，於上下之分為正，於弼違之道為凶也。

胡仲虎曰〔註189〕:「《旅》九四以剛居柔而『得其資斧』,《巽》上九以剛居柔而『喪其資斧』,何也?《旅》貴用柔,故以剛居柔者得之;《巽》戒過柔,故以剛居柔者失之。」

丘行可曰〔註190〕:「巽之為卦,以居中得位為善。二得中而失位,三、四得位而失中,初、上則位與中俱失,皆不能盡巽之道。惟以九居五,位乎中正,所以『貞吉』、『無不利』,而為『申命』之主。」

鄭申甫曰〔註191〕:「巽爻若以『申命』言,初之『進退』,築室道旁,聚訟之令也;三之『頻巽』,政令無常煩數之令也;上之『巽牀』、『喪斧』,操柄下移之令也。二、五之中,四之正,得之矣。」巽,柔用事之卦,多疑少斷,故《彖傳》不言入伏之美,而以剛為綱領,曰「剛巽乎中正」,曰「柔皆順乎剛」。至於爻詞,用「武人」則利,「頻巽」則吝,「喪其資斧」則凶,聖人立言之旨可知矣。二之「史巫」,非取其言說之煩,取其誠而已。誠亦多疑者之所少也。五「先庚」、「後庚」,庚,金也,巽木而以金尅之,正對治之法。六四以陰居陰,得柔之本位,是純然一坤元也。詞曰「悔亡,田獲三品」,「三品」者,上殺、中殺、下殺也。苟無愧於心,獲之而不以為利,殺之而不以為怨,陰柔之習掃除殆盡,巽功於是成矣,故曰「有功」。知四之「有功」,則五之「剛巽乎中正」者,其「貞吉,悔亡,無不利」亦可知矣。私記。

《彖傳》首言「申命」,此卦當以「申命」為綱領。人君命令,或朝令夕更,或始勤終怠,未有能奏功者,「剛巽乎中正」,剛則有任事之才,中正則有安詳之德,天下臣民令出惟從,所謂「柔皆順乎剛」也。蓋此卦以五為主,以二為用。初之進退不果,是立法之始,疑者半,信者半也。九二不得不用史巫,諄諄告戒之矣。三以剛居剛,梗化之臣,貌從而心不服,「頻巽之吝」何疑?至四當重巽之際,朝廷詔令至再至三而四,又以柔居柔,《象》所謂「柔皆順乎剛」,正指此爻,寧復有進退不果之悔耶?自貴戚大臣以至閭閻編戶,

---

〔註189〕見胡炳文《周易本義通釋》卷二《巽》。又見胡廣《周易大全》卷二十《巽》。又見張獻翼《讀易紀聞》卷四《巽》,不言係引用。又見潘士藻《讀易述》卷九《巽》,稱「紀聞曰」。張振淵《周易說統》卷八《巽》,稱「程敬承曰」。

〔註190〕見胡廣《周易大全》卷二十《巽》、姜寶《周易傳義補疑》卷八《巽》、張振淵《周易說統》卷八《巽》。

〔註191〕不詳。

罔不率服，擬諸形容，真有「田獲三品」之象，非有功而何？觀四之「有功」，則五之「貞吉，悔亡，無不利」可知矣。上居卦終，乃猶「巽在牀下」，權柄下移，威令不行，此巽之流弊，非所以「申命」行事也。私記。